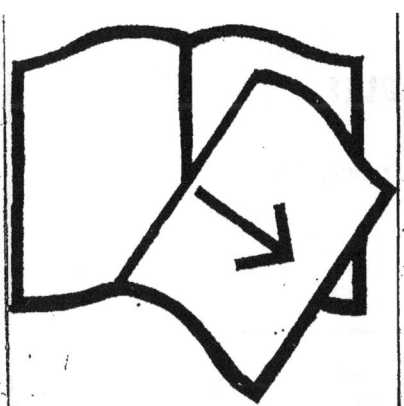

Couverture inférieure manquante

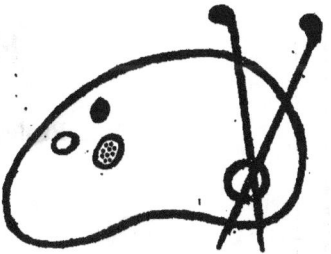

Original en couleur
NF Z 43-120-8

ENCORE
SUR
LES CONTEMPORAINS

LEURS OEUVRES ET LEURS MOEURS

PAR

PHILARÈTE CHASLES

Professeur au collége de France, etc.

De l'association. — A M. About.
Mœurs des derniers temps.
Les vieux jeunes. — Les jeunes vieillards.
La Russie et la Pologne.
Le Mexique d'aujourd'hui.
L'Auberge de Podolie. — Aristocraties nouvelles.
Caricature en Europe.
Les émancipées.
Amélioration du sort populaire.

PARIS
AMYOT, ÉDITEUR 8, RUE DE LA PAIX

MDCCCLXX

ENCORE
SUR LES CONTEMPORAINS

COULOMMIERS. — Typogr. A. MOUSSIN.

ENCORE
SUR
LES CONTEMPORAINS
LEURS OEUVRES ET LEURS MOEURS

PAR

PHILARÈTE CHASLES

Professeur au collége de France, etc.

De l'association. — A M. About.
Mœurs des derniers temps.
Les vieux jeunes. — Les jeunes vieillards.
La Russie et la Pologne.
Le Mexique d'aujourd'hui.
L'Auberge de Podolie. — Aristocraties nouvelles.
Caricature en Europe.
Les émancipées.
Amélioration du sort populaire.

PARIS
AMYOT, ÉDITEUR, 8, RUE DE LA PAIX

MDCCCLXIX

Voici mon xvi⁰ volume d'*Etudes*, dû à l'actif changement de mœurs, auquel se livrent mes contemporains.

Je me suis associé à leur travail. Je les ai observés, lus, étudiés, comparés avec les anciens et avec l'histoire.

En un mot j'ai donné à ce nouvel ouvrage le sérieux et la conscience que j'ai toujours apportés dans mes livres. J'espère que le public me rendra justice sous ce point de vue.

PHILARÈTE CHASLES.

Meudon, 1ᵉʳ janvier 1869.

MŒURS, VOYAGES & VOYAGEURS

MŒURS, VOYAGES & VOYAGEURS

RUSSIE ET CIRCASSIE

I

Destinée de la Russie. — Avenir européen. — Les Juifs.

Que les régions habitées par le Tatar, le Tcherkesse, l'Arménien, le Juif, le Kalmouck, ne soient pas méprisées comme indignes des regards explorateurs. La civilisation, il est vrai, s'y trouve encore incomplète, et la barbarie même y est sans caractère et sans couleur. Mais elles forment l'anneau bizarre qui joint la zone septentrionale à la zone méridionale.

Elles renferment beaucoup de secrets.

Le point de jonction entre l'extrême Nord et le Midi; la suture qui lie l'empire russe à l'Asie; la limite posée entre l'Europe affaiblie aujourd'hui par sa civilisation, et l'Orient qui va perdre ou échanger la sienne; ces populations du Caucase, ensevelies sous la double barbarie de l'Arabe nomade et du Samoyède glacé; les efforts actuels de la Moscovie pour épouvanter l'Europe en pesant sur l'Orient; ses tentatives de colonisation militaire, de civilisation par le knout, et d'assimilation avec la Circassie, la Géorgie de la Perse ; sa lutte commerciale et incessante avec l'Angleterre ; ce déploiement de forces colossales qu'elle est contrainte à tenir toujours prêtes, et qui font pour elle, de ses possessions orientales, un état de siége permanent, une guerre sans résultat, une campagne sans fin, un combat qui n'a pas de victoire, une invasion qui n'a pas de conquête ; — voilà, rien que sur la route de la Perse, depuis la frontière russe jusqu'à Tiflis, bien des sujets d'observation, quelques-uns des problèmes les plus ardus et les plus mystérieux de la politique et de la science.

Je ne parle pas de ces vieilles contrées de l'Hindoustan, mères de tous les arts et sources de lumières ; pays où l'Europe va aujourd'hui reporter les siennes ; je m'arrête aux frontières de la Perse.

L'observation de ces contrées intermédiaires est d'une importance que les hommes politiques peuvent seuls comprendre. Là se trouve l'atelier silencieux où travaille sans relâche le pouvoir russe : avant de savoir si l'Europe doit craindre la Russie, il faut savoir si le Caucase restera soumis au czar ; c'est la première étape de la route qui le conduit à Constantinople ; la Géorgie est la seconde ; la Perse, la troisième.

Cette grande et jeune nation Russe a fait beaucoup de progrès ; déjà la Perse est sa tributaire.

Le sang slave se mêle au sang circassien ; les descendants des princes de Géorgie s'accoutument à porter l'Aigle Russe et la croix de Saint-Wladimir. Ces degrés, on les a parcourus. On les a franchis d'un élan rapide. Est-on certain de les avoir aplanis, et les obstacles surmontés ne vont-ils pas surgir de nouveau ?

Quelqu'un de ces jours, à l'improviste, tout ce qui paraît définitif et accompli ne se retrouvera-t-il pas en question? Quelle difficulté! L'unité de pouvoir essaye d'embrasser et de rallier despotiquement les races tatare, juive, grecque, arménienne, tcherkesse, répandues sur ces vastes steppes; les Cosaques zaporogues, les Kalmouks du Don, les montagnards de l'Elbrouz, les hommes les plus farouches de la terre, il s'agit de les fondre en un seul peuple obéissant!

Y parviendra-t-on?

Tant qu'il n'a fallu leur demander qu'un faible tribut et le service militaire, le joug du grand empire ne les a pas trop écrasés; mais on les civilise, c'est-à-dire que l'on augmente la somme de leurs droits et de leurs devoirs.

Comment cela se passera-t-il?

Cette question majeure n'a pour analogue aujourd'hui qu'un seul problème politique : celui de l'Amérique septentrionale et de ces prairies immenses qui, se peuplant avec rapidité, absorbent tant de races confondues et mêlées. En Russie et en Amérique, deux civilisations nouvelles, deux mondes ennemis dorment encore, avant d'être formés et achevés, sur l'établi de l'ouvrier. Ici le travail de la Démocratie, là celui du Despotisme. On voudrait vivre un ou deux siècles, pour savoir le dénoûment et la fin de ces deux éducations de peuples. M. Urquhart, publiciste anglais d'un mérite distingué, a fait remarquer les embarras et la faiblesse qui résultent déjà pour l'empire russe de ses possessions orientales, de cette assimilation difficile qu'il opère avec lenteur, et qui, même une fois accomplie, a plus d'apparence que de réalité. Peut-être, en serrant trop le lien du pouvoir, en essayant de rallier et de concentrer tant de forces éparses, aboutira-t-il à rompre le faisceau qu'il veut rendre invincible. Par un destin contraire, l'Amérique fédérale sera compromise dès qu'il lui faudra chercher un centre. Le monde moscovite se civilise par l'unité qui est son péril; le monde américain, par la diversité qui est son écueil. Le progrès de l'un et de l'autre est gigantesque et assez rapide pour que l'Europe y songe.

L'activité croissante de l'Amérique s'emploie au commerce, et menace surtout l'Angleterre. Celle de la Russie, qui concerne plus particulièrement la France, semble poussée fatalement à la guerre, ne fût-ce que pour user des forces brutes qui s'agitent dans son sein et leur donner un aliment au dehors. Ce travail d'enfantement, ce progrès civilisateur et conquérant de la Russie ont pour grand théâtre la Russie blanche, la Russie rouge et les régions voisines du Caucase. Il est curieux aussi de savoir quelle force de résistance la Pologne asservie peut recéler encore, ou quel appui elle peut prêter à ses conquérants.

Ce qu'on y trouve d'abord, ce ne sont pas des Polonais; ce sont des Israélites. Il y en a sur toute la route; bien pauvres. Une misère avide, une complaisance avare, une lutte d'obséquiosité qui attriste l'âme, le pâle reflet de ce vieux et grand débris oriental, s'étendant sur la Pologne, comme le clair de lune sur un champ de neige, le spectacle le plus désolant pour le cœur, la pensée et le souvenir. Israël, cette grande nation qui la première a salué en Orient l'unité de Dieu, le premier soleil de la civilisation naissante, est donc arrivée là!

La voici cette race que la persécution la plus abominable a étouffée, réduite à une situation à la fois oppressive et opprimée; l'iniquité humaine est féconde en misères.

Une des plus belles auberges de Podolye, celle de Miedjibozh, offre un tableau israélite, tout à fait digne de Rembrandt (1).

C'était la meilleure auberge du lieu. Elle contenait trois appartements, c'est-à-dire, un hangar, un corridor, une salle. Le hangar était ouvert aux deux extrémités par une porte cochère; on y empilait le foin; les voitures y étaient remisées; les chevaux s'y trouvaient abrités. Le corridor, parallèle à cette écurie si bien employée, se subdivisait en cellules, tapissées de foin et pleines d'israélites endormis. Du corridor on passait dans la salle qui était le bel appartement, le salon, le lieu de réception solennelle. Dans un coin s'élevait le poêle en terre, gigantesque monument; sur ce poêle, une jonchée de domestiques; près du poêle, des rideaux que la malpropreté accumulée rendait solides, que l'aspect, l'odeur et la population rendaient insupportables; sous ces rideaux, les lits des maîtres, aussi révoltants que l'abri qui les couvrait; tout à côté, les berceaux des enfants suspendus comme des hamacs. Une grosse lampe de synagogue, en cuivre rouge, éclairait ce campement; deux banquettes de bois auprès d'une table, recouvertes de foin, servaient de lit aux voyageurs. Les enfants criaient; les pères ronflaient; la lampe enfumée mêlait sa saveur infecte à toutes les diversités de mauvaises odeurs qui se confondaient dans le misérable repaire. Seulement, il y avait aussi dans

---

(1) Voyages de M. Bellanger.

un coin obscur un vieux bahut à mettre le pain ; bahut fermé, d'où le lendemain matin sortirent et brillèrent aux regards surpris des voyageurs, quelques milliers de roubles accumulés. Imaginez un plus affreux stigmate pour un peuple, que la détresse dans l'opulence, la saleté dans la richesse, la cupidité vivant dans les immondices ; et sachez ce que peut devenir une forte et noble race quand elle s'est courbée, muette et frémissante, sous une oppression de trente siècles.

L'auberge juive, avec sa malpropreté et ses trésors, ne fait que résumer ce qu'on a déjà vu quand on a traversé Cracovie, Lembeck, et observé toute cette Pologne israélite qui mérite plus d'attention que les historiens ne lui en ont accordé. Tout le commerce et une partie de l'agriculture de la Pologne, c'étaient, depuis des siècles, les israélites qui les exploitaient. Persécutés partout ailleurs, attirés en Pologne par la douceur des lois, certains qu'un appel futur les replacerait un jour sur le trône de l'Orient, attendant avec patience le retentissement de la trompette céleste et la résurrection d'Israël ; ils avaient soigneusement conservé leur nationalité misérable et l'orgueil sacré de leurs haillons, sous lesquels ils cachaient leur or. En vain des rois ont épousé leurs filles, en vain, au milieu de leurs habitations ruinées, le coffre noir de la famille se remplissait de ducats. Ils refusaient de devenir citoyens ; ils restaient juifs, toujours juifs. A côté de la nation des nobles, nation brave, guerrière, généreuse, brillante, mais isolée ; — à côté de l'autre nation des prêtres, s'élevait la nation nombreuse des juifs. Voyez le résultat de ces divisions. La race slave polonaise, l'une des familles du monde qui ont reçu en partage le sang le plus courageux, le génie le plus souple et l'âme la plus héroïque, périssait dans une agonie sanglante à laquelle les lois n'apportaient aucun remède, et que les mœurs avaient de loin préparée. Demander aux codes des peuples le secret de leurs destinées, c'est folie : ce secret vit au fond des habitudes et des mœurs. La fatalité est écrite dans le caractère, non dans la profession. La Pologne, qui n'avait jamais pu se fondre en une masse nationale, raccorder le camp des guerriers avec les cabanes des laboureurs et l'Eglise avec la synagogue, passa toute sa vie de peuple à se déchirer elle-même. Les étrangers la regardaient faire, comme des hommes avides contempleraient un voyageur saisi de la fièvre, qui tombe sur le chemin, se roule sur le sable, arrache ses entrailles, et qui, affaibli par ses souffrances, n'a besoin que d'un dernier coup de grâce pour livrer aux ravisseurs ses richesses et ses dépouilles.

La Pologne se suicidait plus encore par l'imprudence de ses vertus que par la turbulence de ses fautes. Hélas ! nations et individus se maintiennent, non pas en prodiguant les actions généreuses, mais en écartant les erreurs de conduite. Le bien-être dépend moins des grandes choses accomplies que des sottises que l'on s'épargne. Triste et vulgaire politique, nécessaire et misérable décalogue : s'abstenir et se surveiller, économiser sa force au lieu de la répandre, se défier beaucoup et se livrer peu, redouter les fautes bien plus que les crimes ; — toute l'histoire prouve que les nations s'agrandissent ainsi. Dieu est là-haut qui juge ensuite.

Parmi les fatales générosités de la Pologne (et elles sont nombreuses), il faut compter l'accueil imprudent fait à une race forte, sublime et maltraitée, le pays livré aux israélites, la facilité qui leur a été donnée de profiter de tout sans rendre aucun service, d'exploiter les citoyens sans être citoyens, d'envahir le commerce sans l'exercer pour la nation, d'épuiser et de verser dans leurs coffres avides les sources de la richesse publique. Les juifs polonais n'ont aucune ressemblance avec ces israélites d'Europe, qui comptent dans leurs rangs des savants, des musiciens, des poètes, des hommes de génie, Meyerbeer, son frère Michel Beer, le philosophe Mendelsohn, et tant de noms honorables ou vénérés. En Pologne on a couvé les défauts de la race; on a éteint ses vertus. On a pris soin de l'enfermer dans l'ignorance et dans la fraude. Le Talmud seul, expliqué par les vieux rabbins, l'a éclairée de cette fausse et subtile lumière qui lui apprend à piller sans remords des étrangers oppresseurs. Tout le numéraire du pays est tombé dans les mains de la fraction juive; avec cet or elle brave le mépris, rit des événements et ne reconnaît pas de patrie. Le sac dont les roubles s'enveloppent, voilà son Code. Sans lien sympathique, sans communauté de sentiment, ni avec le peuple, ni avec la noblesse, elle les détache l'un de l'autre, et les isole au lieu de les réunir ; elle ne peut cultiver ni la vertu, ni le génie, ni l'honneur. Que lui reste-t-il à faire? Amasser. Tous les ressorts de son âme se tendent vers ce but; et, comme le disent les voyageurs, rien n'égale en ce genre son astuce et son activité. La voilà qui se crée une noblesse, celle des écus, la pire de toutes, noblesse qui ne suppose ni force, ni grandeur, ni courage, mais seulement patience et ruse. Cette aristocratie basse et puissante ne travaille plus à la terre, mais elle la possède. Sur tous les domaines elle jette le harpon de ses hypothèques. Protégée par le propriétaire terrien, dont elle augmente les revenus en faisant circuler ses produits, elle achève la ruine de ceux mêmes qui l'encouragent et la défendent. Toujours sûre de s'enrichir, elle dédaigne les professions laborieuses; elle tient les auberges, les distilleries, les brasseries, fait le maquignonnage, brocante, échange les monnaies, surtout se livre à l'usure; les métiers qui rapportent le plus et demandent pour mise de fonds beaucoup d'adresse et de fraude, elle les accapare. Pendant que les riches travaillent en grand, les pauvres s'abattent sur le sol comme des nuées de corbeaux. Selon le publiciste grec, le pire des gouvernements, c'est le *règne de l'or*, qu'il nomme *plutocratie* : ce sceptre est aux mains d'une race énergique, intelligente, persécutée, — toute flétrie de sanglantes et longues blessures, et le cœur plein de ses trop justes rancunes.

Ainsi, quoi qu'en disent les historiens et les diplomates, c'est moins l'orgueil belliqueux de la noblesse que l'usurpation des usuriers, qui a perdu cette Pologne infortunée; voilà longtemps qu'ils possèdent en réalité la Pologne. Sur les ruines mêmes du pays de Sobieski, l'usure fleurit et triomphe. A Brody, sur 22 mille habitants, il y a seulement 20 mille usuriers. Vous diriez la cité des avares : maisons basses, pressées, entassées, tortues; rues sales et étroites; des barreaux à toutes les fenêtres, des grilles sous les barreaux, des ferrures énormes à toutes les portes.

Voyagez sur les routes, couchez dans les auberges; laissez-vous assaillir par cette population mendiante; et vous reconnaîtrez l'idolâtrie pour le vol, le culte de l'escroquerie, l'apothéose de la bassesse, le besoin de tromper.

Alors vous réfléchirez profondément avec le voyageur sur cet étrange pays, où l'avilissement et la grandeur de l'âme ont fleuri et fructifié sur le même arbre, et couvert le même tronc de leurs produits. La séve empoisonnée a fini par dominer la séve héroïque, sans parvenir à la corrompre. Les héros du temps de Sobieski vivent encore; les serfs ignorants ne se sont pas éclairés; les usuriers ont augmenté de nombre, de richesse et de pouvoir, sans conquérir ni probité, ni lumières. Leur superstition est toujours abjecte, ridicule, haineuse. Un d'entre eux craignait les poursuites d'un seigneur; il va chez son docteur et lui dit : « En« voyez, je vous prie, l'ange de la Mort à mon ennemi, « et débarrassez-moi de cet homme. » Le docteur se fait payer et promet le service. Peu de temps après, la femme du Polonais tombe malade, meurt et laisse le mari vivant. Le juif, en colère, retourne chez le docteur. — « C'est comme cela que vous exécutez vos pro« messes ! — Vous avez bien tort de vous fâcher, répond « le rabbin; ce n'est pas ma faute. J'ai dépêché près « de votre ennemi l'ange de la Mort, qui s'est rendu « aussitôt chez M. le baron, mais qui n'a trouvé que la « femme à la maison; le baron était sorti. Il a enlevé la « femme. C'est une visite à recommencer. Donnez-moi « de l'argent. »

II

Circassie. — Progrès de la Russie dans l'Orient.

Les prétentions de la Russie sur la Circassie reposent sur une base très-curieuse. La Circassie, toujours indépendante, et qui n'a pas connu de maître depuis que l'histoire fait mention d'elle, avait, en partie du moins, embrassé l'islamisme. La Russie affecta de croire que cette adhésion entraînait la soumission du pays à la Porte. Alors, de son autorité privée, le cabinet de Saint-Pétersbourg en conféra la souveraineté au Sultan; puis, dès que l'occasion se présenta, il se fit céder à lui-même cette souveraineté prétendue. Ainsi la Porte, après avoir reçu un don que personne n'avait le droit de lui faire, livrait une propriété qui ne lui avait jamais appartenu. L'histoire politique n'a rien de plus merveilleux.

Disons un peu comment cette transaction s'opéra. Vers la fin du XVIIe siècle, un chef circassien ou tcherkesse avait construit une forteresse nommée Soudjak-Kalessi, qui servit bientôt d'asile, de protection et de résidence aux Tatars de la Krimée et aux paysans des côtes de la mer d'Azof, empressés de fuir les exactions et les persécutions russes. Ce n'était pas là un titre assurément pour que la Russie devînt maîtresse de la Circassie. Mais les années s'écoulent. En 1784, un traité signé à Constantinople par la Porte et la Moscovie déclare que « les droits prélevés par les khans des Tatars « sur le territoire de la forteresse de Soudjak-Kalessi « sont à jamais abandonnés par la Russie; et que cette « dernière reconnaît ladite forteresse comme apparte-« nant, en toute souveraineté, à la Porte. » Cet article curieux suppose, d'abord que la forteresse de Soudjak-Kalessi, construite par un Circassien, serait revendiquée par les Tatars : il suppose ensuite que ces derniers auraient cédé leurs droits imaginaires à la Russie; et il suppose enfin que la Russie transférant ses mêmes droits, pourrait les conférer à la Porte-Ottomane. Ce tour de force diplomatique, composé de trois fictions enchevêtrées, ne frappait encore qu'un seul point du pays, une petite forteresse et son territoire; mais il sous-entendait, et là était l'habileté, la souveraineté légitime du Sultan sur tout le reste de la Circassie. On savait bien que le Sultan ne serait pas assez fort pour défendre longtemps cette prétendue possession lointaine, et qu'au premier moment il céderait volontiers le royaume sans sujets, sans impôts et sans bénéfices, — royaume dont la Russie avait enrichi sa couronne. Déjà la Russie s'était avancée jusqu'à Taganrog, et s'était emparée de la mer d'Azof. En 1784, elle s'adjugea la Crimée, l'île de Taman et l'embouchure du Couban. En 1787 elle profita de la guerre déclarée entre elle et la Turquie pour envahir la Circassie; mais elle trouva un peuple brave, héroïque et déterminé à ne pas se laisser traiter comme un troupeau que les bergers vendent, que les bouchers achètent. La forteresse de Soudjak-Kalessi, prétexte de l'invasion russe, sauta; les Circassiens y mirent eux-mêmes le feu. Pendant seize années consécutives, ils continuèrent seuls la même résistance sanglante et magnanime à laquelle l'Europe ne fit pas d'attention, et qui n'a eu pour historiens que quelques voyageurs à peine lus. En 1829, le traité d'Andrinople, conclu entre la Porte et la Russie, assura à cette dernière la propriété « de tout le littoral de la mer Noire. » Ces mots, qui signifiaient la Circassie entière, frappèrent si légèrement les esprits, que pas un journal ne mentionna la brillante conquête dissimulée par la Russie sous cette phraséologie modeste.

Mais après avoir mis la Circassie dans sa poche au moyen d'un traité, il fallait encore s'asssurer des Circassiens. Cela n'était pas facile. Ils s'obstinaient à se regarder comme leurs propres maîtres et opposaient aux corruptions, aux menaces, aux armées, aux escarmouches, à la petite guerre, à la grande guerre, une obstination sublime, que la gloire ne couronnait pas, qui n'était soutenue d'aucun appui extérieur, et sur laquelle les regards du monde civilisé étaient à peine ouverts. De temps en temps un voyageur anglais, pénétrant dans ces régions peu connues, s'étonnait des grandes choses qui s'y faisaient obscurément, encourageait les Circassiens à la résistance et consignait tout cela dans son livre. Les affaires des Russes n'avançaient guères. Williamineff, après sept campagnes inutiles et des flots de sang répandus, allait être acculé au Couban vers la fin d'octobre 1836, avec une armée désorganisée, découragée et délabrée, exposée aux attaques d'une population guerrière et furieuse. Il sauva les débris de ses troupes par un procédé bizarre.

Il supposa des dépêches de sa cour, portant l'ordre exprès de cesser toute hostilité en Circassie; on doutait de cette assertion, il prêta serment devant les juges et les prêtres du pays, se parjura et accomplit sa retraite. Les Circassiens, qui ne connaissent pas les ressources de la haute civilisation, abusent peu du serment; ils y ont foi; c'est sans doute ce qui nuit à leur héroïsme.

Williamineff, assez civilisé pour attacher peu d'importance à sa parole, avait à peine juré la paix, qu'il revenait avec une armée, par une autre route, et d'une manière furtive. Grâce à ses précautions il ne fut pas battu; mais ce fut tout l'avantage qu'il remporta. L'Empereur, ennuyé de cette lenteur, fatigué d'une conquête toujours commencée, toujours avortée, cassa le général Williamineff et nomma Raïevski à sa place, ordonnant à ce dernier de se montrer conciliateur et de renoncer aux menaces et aux massacres, libéralement employés par Williamineff. Pendant que le nouveau général captait la bienveillance du peuple, on essayait de prendre la Circassie par la famine et de détruire son commerce. Un blocus maritime, puis la continuation du même blocus par l'occupation des forteresses de la côte, et même par la construction de forteresses nouvelles, réalisèrent ce plan, auquel on força la Turquie elle-même de concourir. D'après M. Spencer, plus de cent Circassiens restèrent enfermés dans les prisons de la Porte, pour avoir refusé des passeports russes. Les six points les plus importants de la côte, ce que l'on appelle commercialement les échelles de Chapsigua, Toapse, Waya, Chouhêche, Soûtcha et Ardler, occupés, de 1837 à 1839, par huit mille hommes de troupes russes, ont été couronnés par six forteresses russes que défendaient vingt canons de gros calibre et une garnison de quatre cents hommes pour chaque forteresse.

Cette ligne de fortifications fut construite au commencement de 1839, et les Circassiens semblaient perdus. Il y avait peu d'apparence que des gens harassés par vingt années de résistance échapperaient à la nouvelle tactique de leurs ennemis, à ces forteresses échelonnées, à ces canons dominant à la fois la côte, la mer et les vallées profondes qui coupent à angle droit le rivage! Tout à coup on apprend que les six forteresses sont renversées, que les Circassiens ont taillé en pièces ou fait prisonnières les six garnisons; que cette multitude mal armée, sans artillerie et sans général, mais se battant pour la patrie, a détruit l'œuvre de la patience et de la tactique moscovite, le travail de trois années, l'espérance de la conquête impériale : il avait suffi des conseils d'un voyageur pour diriger leurs efforts. La Russie, comme Arachné, était forcée de recommencer sa trame.

C'est une histoire qui mérite d'être étudiée. La persévérance de la finesse, venant à bout de tous les obstacles, signale le progrès de la puissance russe. Elle a toujours le dessous; mais elle revient toujours à la charge. Elle a recours à l'artifice quand la force lui manque. Au lieu de la craindre comme un pouvoir violent et guerrier, on devrait s'étudier à détruire, à travers le monde, le grand et subtil réseau de sa diplomatie. Un autre fait qui n'a pas échappé à nos lecteurs dans la rapide analyse des événements relatifs à la Circassie, c'est la présence constante de ces voyageurs anglais qui sont toujours là, vers les régions du Caucase, pour contrarier les plans de la Russie et diriger ses ennemis. Transportez-vous à Ispahan ou à Hérat, vous y trouverez les envoyés russes occupés à faire mouvoir contre l'Angleterre précisément les mêmes intrigues. Ainsi le génie slave, à peine civilisé, est aux prises dans l'Orient avec le génie anglo-saxon, embarrassé de sa civilisation et de ses conquêtes. Ce dernier est le plus fort, mais le plus âgé ; l'autre est le moins honnête, mais le plus adroit. Ils font semblant de s'embrasser aujourd'hui. Si l'Angleterre ne perd pas quelque chose dans cette ridicule étreinte, je serai bien trompé.

La puissance qui commande à toute l'Asie du Nord, du Kamschatka au Caucase, se heurte donc sourdement contre la puissance maritime qui a graduellement absorbé toute la portion hindoustanique de l'Asie. Rien de plus intéressant que ce combat du génie slave et du génie anglo-saxon. Si le Slave triomphe, si l'Angleterre, aujourd'hui dupe, est battue demain, j'ai peur en vérité pour la civilisation du Vieux-Monde. Au moins le génie britannique avec sa rapacité, sa persévérance et sa ruse, a de la grandeur, de la solidité, de la fécondité, qualités inestimables. Sous sa nuance normande, au milieu de ses habitudes de négoce et de grands défauts assurément, il a conservé cette vénération du juste, ce développement de la liberté humaine, cette pitié pour le faible, cette horreur pour le lâche, cette adoration du vrai, qui suffisent pour excuser ou compenser mille fautes. Ce sont là des qualités *saxonnes;* par elles s'est formée et affermie la grandeur presque romaine de ce peuple énergique. Deux ou trois proverbes expliquent et concentrent la partie essentiellement bonne de son génie :

Never strike a man who is down; — *fair field and no favour;* — *a true man;* — « Ne pas frapper un homme à terre; le champ libre et pas de faveur; — un homme vrai, (c'est-à-dire *complet;* la *vérité* étant tout); » — ce sont les devises du blason teutonique; on les entend tous les jours dans tous les pays saxons. Tant qu'on y croira, la vie ne se sera pas retirée de l'organisation sociale de ces peuples; la vie des peuples, c'est leur moralité.

Le génie slave ne s'est pas encore élevé si haut. Il est artiste, délicat, spirituel, guerrier, de souplesse et d'intimidation. Sa timidité primitive, sa docilité pastorale, sa facilité de transformation et de changement, aujourd'hui modelées et pétries par la civilisation de ses maîtres, peuvent devenir très-puissantes, ou plutôt le sont déjà. Il y a dans cet esprit slave bravoure, audace secrète, finesse, prévoyance, frivolité, légèreté, adresse, versatilité, sagacité; — peu de profondeur, rien de véhément et de sauvage.

La poésie candide et transparente, la grâce naïve et contemplative des Slaves pasteurs ont disparu; et ces charmantes qualités qui signalèrent la vie obscure et douce des Lithuaniens, ne sont plus compatibles avec les aspirations conquérantes du peuple moscovite. On a brisé sur sa tige l'héroïsme polonais, fleur éclatante du même génie, échauffé et ennobli par le courage chevaleresque. Ce qui reste de l'esprit slave n'est plus naïf et n'est pas encore civilisé; tous les éléments ardents et vigoureux en ont été violemment bannis. Une aptitude inouïe à l'obéissance et à l'imitation; une extrême souplesse d'organes; le talent de simuler ce qui n'est pas et de dissimuler ce qui est; le goût des voluptés, moins par passion que par mollesse; l'activité dans la finesse et la suite dans la ruse ; ce sont là des qualités que l'on s'étonne de trouver chez un peuple neuf. Mais c'est précisément parce qu'elles sont ce qu'elles sont, que ce spirituel peuple doit jouer bientôt un rôle important. L'adolescence de la civilisation russe coïncide avec notre époque, où les mâles qualités semblent redoutables; nous penchons vers les nuances affaissées et les teintes amollies. Si l'énergie teutonique ou saxonne fut bonne pour conquérir et fonder un monde nouveau, la flexibilité slave est merveilleuse pour exploiter un monde qui languit. Que ferions-nous aujourd'hui du puritanisme? Qu'en feraient les Anglais eux-mêmes? Expression définitive de l'ancien génie anglo-saxon, recherche idéale et obstinée du beau absolu, de la vérité, de la moralité complète, de l'énergie humaine à sa plus haute portée; le puritanisme, folie sincère et belle de la vertu pieuse et de la foi entière, a donné ses fruits, accompli sa tâche et fermé sa carrière. Il est père des États-Unis, c'est-à-dire d'une société toute nouvelle. Après avoir animé et bronzé les hommes de Cromwell, et renversé les Stuarts, ce puritanisme a préparé l'ère hanovrienne, l'indépendance de l'Amérique, et enfin notre révolution de 1789. Quant à 1688, ce n'est autre chose que le résultat modéré, la réalisation pacifique du puritanisme de 1640. Aujourd'hui son dernier mot est dit; il a donné au monde l'impulsion qu'il tenait de Luther, et qui s'est propagée à travers les révolutions anglaise, américaine et française. La foi puritaine est remplacée par l'examen populaire et le droit de raisonnement individuel, son fils; c'est-à-dire que ce mobile, essentiellement fanatique et absolu, a procréé une ère incrédule et équivoque. Toute croyance, toute autorité, toute idée centrale et absolue pâlissent, fuient et s'effacent à nos yeux. Tout flotte et vacille, tout devient vague et incertain. Maintenant, comme l'énergie serait un danger, la souplesse est une force. Si donc l'esprit slave, qu est merveilleuse de souplesse, arrive à une prépondérance future, ce n'est pas à sa vigueur, c'est à notre sympathie pour la faiblesse qu'il faudra s'en prendre; avant même qu'il domine (s'il domine jamais), nous serons un peu slaves à notre insu.

Cette lutte du génie slave et du génie saxon, du teutonisme et de la Russie, n'a pas tourné jusqu'ici, avouons-le, au profit de l'Angleterre : elle a toujours été dupe. Alors même qu'elle a obtenu des succès partiels, elle les a dus à quelque combinaison de circonstances fortuites. Ses grands armements pour arriver à de petits effets, ses traités pleins de ruses toutes perdues, aboutissant à la dépouiller et à la désemparer, ne prouvent pas en sa faveur. La Russie, au contraire, cachant son jeu, voilant ses pertes, grossissant ses victoires, élargissant son territoire, profitant de tout, même de ses faiblesses, a conquis dans l'Asie, à côté des possessions anglaises, un rang et une autorité factices qui agissent comme des réalités, puisqu'on en a peur.

Les récits des voyageurs offrent des traits fort curieux, signalant le progrès de cette puissance russe, qui est mystérieuse, et l'établissement de ce crédit moscovite qui, fondé sur une déception, menace aujourd'hui le Bosphore et le Gange. « Pour les Persans,

« dit un de ces voyageurs, le Moscovite est devenu
« l'arbitre de la paix et de la guerre. Le roi de Perse
« régnant ne jure que par les Russes ; il les regarde
« comme les maîtres du monde, et se constitue leur
« humble instrument. » — « Dans l'Asie centrale, dit le
« capitaine Conolly, on pense que le Czar est roi des
« rois européens, et l'on traduit ainsi le mot *autocrate*
« (imperaturazoûm). J'ai entendu raconter à des habi-
« tants d'Hérat les prétendues prouesses des *Orouss*
« (Russes) qui sont pour eux des géants anthropopha-
« ges, donnant la loi à tous les peuples d'Europe, et
« destinés à envahir l'Orient. » — « Les généraux
« des *Orouss*, disait un de ces Hératiens, nommé
« Choumsoudîne-Khan, à quelques compatriotes qui
« l'entouraient, ont coutume de combler, avec les
« corps de leurs soldats vivants, les fossés des villes
« qu'ils assiégent. Quand les vivres manquent, on
« fait tuer quelques milliers d'hommes que l'on dé-
« pèce, et que l'on sert en guise de rations à leurs ca-
« marades ; aussi ces Orouss sont-ils invincibles ; rien
« ne leur résiste, ni citadelles, ni royaumes. Ils sont
« cannibales, vivent de chair humaine, et leur armée
« est plus gigantesque que l'armée de Timoûr. » — Ces
bruits absurdes, mais utiles au pouvoir moscovite,
s'étendent bien au-delà de l'Afghanistan et du Népaul.
L'effroi répandu par les Russes a pénétré jusqu'au
Bengale, dont les timides indigènes partagent la vénération des Hératiens pour les Russes. Le nom russe
plane déjà sur tout l'Hindoustan.

Grâce aux mêmes manœuvres, il étend aussi son ombre sur la Chine, la Perse, l'Arménie, l'Indo-Chine et
l'Asie-Mineure ; partout une opinion exagérée de sa

grandeur prépare l'avénement de ce pouvoir. En Chine, la seule caravane étrangère qui franchisse les portes de Pékin est moscovite ; en Perse, les Russes dominent. Nous avons vu tout à l'heure ce que pensent de la Russie les populations de l'Asie centrale et les négociants du Bengale. Une énorme chimère, impalpable et invisible, cerne et sape son ennemi, n'offrant elle-même aucun côté vulnérable. S'agit-il de force militaire? les Anglais sont sûrs de l'avantage. Est-il question de dextérité? les Russes restent maîtres de tous les bénéfices. Toujours battus en Circassie, ils vont s'attribuer ce pays, au moyen d'un stratagème. Les Anglais ont battu le roi de Perse devant Hérat, et ont dicté des lois à l'Afghanistan, ce qui ne les avance pas beaucoup. En continuant à détruire sourdement la prépondérance britannique dans l'Inde, les Russes ne hasardent rien ; pour se conserver et se maintenir seulement, les Anglais dépensent des millions, remuent des armées et ne font point reculer d'un pas le colosse, qui est un fantôme, mais terrible.

III

L'esclavage à travers le monde. — Les âmes mortes. — Les serfs. — Ballades russes.

Entre 1830 et 1848, l'Ukranien Gogol écrivit dans le genre de Thackeray et de Dickens, un peu dans celui de Gil Blas, de Guzman d'Alfarache et de Lazarille de Tormes, l'ironique description des mœurs provinciales de son pays. Il y avait alors comme un courant d'audace et de liberté satirique qui entraînait le monde, pénétrait en Russie et en Ukraine, suscitait les plumes de Carlyle en Angleterre, de Walter Scott et de Jeffrey en Ecosse, de Balzac, de Mérimée, de Musset et de Stendhal en France, de Bœrne et de Heine en Allemagne. On raillait, on s'emportait, on n'était pas toujours sage, indulgent, ni juste. On faisait des contes à dormir debout, et l'on écrivait des tragédies et des romans fort osés. Les uns aspiraient à créer une seconde humanité bien meilleure que la première, les autres à tirer de nos plus mauvais penchants des avantages supérieurs ; il y avait des prédicateurs, des apôtres, des poètes, des saints et des dieux en quantité ; les plus modérés se laissaient aller à de hautes espérances ; les plus fous étaient persuadés de leur divinité. C'étaient les saturnales de l'intelligence. Et quel tapage ! Dans ce grand orchestre universel, l'accent lyrique dominait, le sifflet satirique traversait l'harmonie et corrigeait la fadeur des consonances trop uniformes. On passait à autrui bien des excès ; on se pardonnait, à soi-même, toutes les licences. On ne s'étonnait pas que Byron eût médit de celui-ci et que le bon Walter Scott eût calomnié celui-là. L'aristocratie anglaise ne bannissait point le romancier qui l'avait représentée sous une lumière dure et cruelle. Un ardent besoin de réformer, de vivre, de penser, d'agir, de juger, de jouir, de connaître, d'améliorer, de discuter, de fonder, d'élargir les vieux cadres, de renverser, de reconstruire, de faire, comme Horace s'exprime, *du rond le carré et du carré le rond (quadrata rotundis)*, causait dans le monde civilisé une fermentation et un bouillonnement extraordinaires. Presque personne n'échappait à cette ivresse. Les plus raisonnables marchaient raisonnablement vers l'impossible, et les plus écervelés couraient dans les nuages, comme éperdus.

La prétention de juger ce mouvement, qui fut général à travers le monde, et qui est épuisé, ne m'appartient pas; il y entrait une foule d'éléments bons et mauvais : là où les bons éléments ont pris le dessus, les choses ont bien tourné. En Russie, Gogol, le poète ukranien, admirateur, comme tout le monde alors, de la libre forme anglaise, de Swift le satirique, et de Sterne le vagabond, — trouva mauvais que certaines masses d'hommes dans son pays fussent passives et mortes ; et que, réduites à l'état de matières élémentaires, elles demeurassent anéanties sous la main violente d'autres hommes plus puissants. Mécontent du servage accrédité et établi dans son pays; condamnant cette hiérarchie inflexible qui, au lieu d'âmes indépendantes, ne contenait que des cadavres enrégimentés, il se mit à écrire le terrible ouvrage intitulé *les Ames mortes*. Il avait connu la vraie civilisation d'Europe, celle qui développe au profit de tous l'activité personnelle. Son livre, roman ou poème, ne fut qu'un coup de sifflet prolongé contre le mode de société asiatique qui extermine l'activité de l'individu, l'empêche d'être maître de lui et le sacrifie, en l'honneur d'une certaine unité factice, moins réelle que rêvée, plutôt abstraite que vraie, plutôt mystique que possible.

Voilà ce que Gogol en Russie, au milieu des applaudissements, des réclamations et des clameurs, osa tenter. Le pouvoir ne l'écrasa pas. La patience et la modération des gouvernements qui ont toléré ou encouragé de telles esquisses, sont fort louables.

Il faut dire que d'une part le pouvoir lui-même était las de son métier; que d'une autre le mal créé par des institutions trop absolues finissait par en fatiguer les maîtres; enfin que la pente sur laquelle était lancée toute l'Europe était trop rapide pour qu'un seul gouvernement pût s'arrêter en route. Déjà la civilisation, la philanthropie, la théurgie, si étrangement mêlées dans le slavisme d'Alexandre Ier et dans son caractère personnel, avaient préparé l'affranchissement des serfs russes; l'éducation philosophique inoculée par Hegel et Schelling à la Russie continua l'œuvre; et dès que le satirique Gogol eut dénoncé par la raillerie les côtés comiques de ces misères de la servitude, on s'empressa d'en chercher les remèdes. Par un oukase du 2 avril 1842, le servage dans son essence et sa réalité fut aboli. Le seigneur cessa de posséder le corps même de son esclave, qui resta seulement attaché à la glèbe, au sol, au village. C'est bien assez, et c'est encore trop. Mais quelle différence! Il n'est plus la chose de son semblable; il est assimilé et asservi à la terre, non au maître. Bientôt on essaya d'aller plus loin.

De grands obstacles surgirent et s'accumulèrent. Une commission gouvernementale a fonctionné, essayant de détruire ce vieux communisme patriarcal, qui confond l'être humain dans la famille, les familles dans la cité, les cités dans la nation, et place sous la main d'un seul khalife oriental ou septentrional l'Etat sous forme compacte, homogène, indissoluble et indivisible. Rendre la liberté, c'est détacher les anneaux de la grande chaîne, c'est détacher aussi les éléments captifs. Comment détacher ce qui est impersonnel et délivrer ce qui n'a plus de corps? L'esclave russe n'en a plus, puisqu'il fait partie d'une masse et d'un bloc, comme la motte de terre et le grain de sable.

Les grandes masses brutes me plaisent peu. Les choses opérées par une multitude de petits agents matériels agglomérés me touchent moins qu'une seule œuvre née d'un grand esprit. L'*Iliade* est plus noble que la tour de Babel; une belle action est plus belle que les pyramides d'Egypte. Comme le castor, l'oie sauvage, le bison ou la fourmi; comme le polype qui est multiple et élémentaire, le paysan moscovite vit par troupes, ou plutôt il végète par branches affiliées et adhérentes. Il ne va pas seul. Il ne se détache pas encore. Il n'est pas spécialisé. N'ayant pas de valeur personnelle, il ne s'estime pas assez pour croire à sa propre opinion, pour aimer ce qu'il pense, penser ce qu'il aime, et agir d'après la double force de sa pensée et de son amour. Il attend l'avis général; il ne veut pas seulement que la majorité l'emporte : il lui faut l'unanimité. Celui qui résiste, il le noie, comme le dit M. le général de Gherebedtzoff. Voilà ce que je trouve excessif et ce que je ne puis approuver. On aura beau me dire que c'est une façon de réaliser l'unité abstraite, d'accomplir la volonté générale, celle de l'assemblée russe, du « *Mire* », du monde intellectuel russe; et que le *Mire* étant une assemblée unanime, sans dissentiment aucun, est la meilleure. Je n'y vois que tyrannie, et je me hâte de fuir.

L'œuvre de Gogol, que je ne puis regarder comme un chef-d'œuvre absolu, — la concentration lui man-

que, — n'en est pas moins très-digne d'admiration et d'étude, en ce qu'elle rend un compte presque scientifique et navrant de cette unité rudimentaire. Atténuation des âmes ; amollissement des esprits ; dessication du sens viril ; indigence de la pensée et de l'examen ; enfin appauvrissement de l'humanité, voilà ce qui apparaît dans cette longue galerie que Gogol a peuplée de mille personnages vivants. Ils se reflètent dans l'œuvre, ils s'y profilent, ils s'y détachent avec une délicatesse prodigieuse de détails. Ce sont les finesses microscopiques apparaissant sur la plaque de cuivre couverte de la vapeur iodée. Mais que cette humanité impersonnelle est triste à voir! Avec quelle facilité chacun s'abandonne! M. de Gherebedtzoff nous donne pour modèle d'une assemblée politique le *Mire* slave, assemblée de hameau, où la majorité impose toujours l'unanimité aux membres dissidents, et sous peine de mort. « Les *Mires* slaves, dit-il, n'admettent que la
« discussion vivante, spontanée et vraie, dont l'audi-
« toire se pénètre et s'éclaire. Les raisons d'un ou de
« plusieurs opinants finissent par prévaloir, et le parti
« du *battu* diminue ; les auditeurs commencent à dire :
« *Non, oncle Jacques ou Thérano, tu n'as pas raison ;*
« *l'oncle Pierre dit mieux.* » Alors Jacques abandonne
« le champ de bataille et se retire dans la foule. Ceux
« qui restent continuent leurs débats jusqu'à ce que
« l'opinion se soit définitivement prononcée pour
« Pierre ou pour Paul ; et celui qui est approuvé
« adresse enfin au *Mire* la question sacramentelle :
« — Ainsi, *Mire* de chrétiens, vous décidez de telle ou
« telle manière ? » — Des *oui* sont répétés de tous cô-
« tés : on se découvre, on fait le signe de la croix, et

« la question est résolue ; après quoi l'assemblée
« passe à une autre délibération, ou se sépare. »

C'est-à-dire qu'il n'est permis d'avoir que l'opinion
des autres ; si l'oncle Pierre soutient son dire, le reste
de l'assemblée le conduit à l'étang voisin, où on le
noie. Tout cela est très-oriental ; et l'on voit bien que
l'Asie, soumise à la force, non à la raison, a passé par
là. Les féroces révolutions, autrefois si fréquentes et si
sanglantes, du palais d'hiver ne sont que les catastrophes naturelles de la tragédie asiatique, qui s'est jouée
perpétuellement dans les régions qui adorent la force.
Cette assemblée politique, qui annule sa minorité, me
répugne. Depuis longtemps ce *Mire* aurait amélioré le
sort des serfs russes, si son *Vœ victis* possédait la vertu
qu'on lui suppose.

Mais le *Vœ victis* ne produit que la mort.

Fatale dans ses résultats et mal inventée, la Diète
polonaise n'est que le développement politique de l'organisation communale slave, qui se confond avec la
commune hindoustanique des anciens temps. C'est
toujours l'unité forcée ; c'est l'abstrait ; c'est l'hypothèse d'un consentement unanime : « La Diète (dit un
« chroniqueur nommé Passek), la *Diète* commence à
« émettre son opinion, et les sénateurs donnent leurs
« votes. Tout à coup un gentilhomme crie du mi-
« lieu de la foule : — « Messieurs, quiconque votera
« pour le prince de Condé, qu'il sache bien que je ré-
« pondrai à son vote par une balle ! » — Un sénateur
« réplique avec aigreur ; ce gentilhomme décharge
« tout simplement son pistolet sur lui. Il faut voir
« alors le beau feu de file. Tout devient confusion ; les
« sénateurs quittent leurs siéges, ils s'abritent derrière

« leurs chaises curules, quelques-uns se cachent des-
« sous; on voit le primat et les évêques enjamber
« les balustrades. La noblesse crie de toutes parts :
« *Nous ne voulons pas de tous vos discours ; nous ne*
« *prononcerons que le nom de celui que Dieu mettra*
« *dans nos cœurs.* »

Le même principe que les paysans du *Mire* sancti-
fient par la noyade, les gentilshommes le soutiennent
par le massacre. Cette unité abstraite, asiatique, primitive, que l'on ne peut réaliser qu'à coups de sabre et
de pistolet, est mauvaise. Elle afflige le philosophe, l'é-
pouvante et ne réussit que médiocrement. Il se ré-
volte contre les Spartiates eux-mêmes, dont l'histoire
admirable à lire d'ailleurs, ne lui présente qu'un
exemple, à la fois monacal et guerrier, de la violence
excessive que l'unité exagérée peut imposer à la volonté
humaine. Il proteste contre ce Siméon stylite de l'histoire grecque, qui a exécuté le tour de force d'un ascé-
tisme inutile. Le principe d'indépendance, la libre opinion, l'examen calme, le respect du faible et le droit
des minorités religieusement maintenu font que l'avenir s'assure, que les institutions s'affermissent et les
peuples prospèrent.

Le monde slave, et spécialement le génie moscovite d'autrefois, attaqué par Gogol, tiennent essentiellement à l'Orient et forment pour ainsi dire
l'anneau brillant et souple qui relie notre zone occidentale à la zone asiatique. Dans le livre même de
Gogol et dans celui de M. de Gherebedtzoff, dans le
Raskol et les *Voyageurs russes*, le génie asiatique éclate;
les proverbes, les apologues, et comme les éclairs
orientaux abondent ;

« L'orge disait au froment : Allons dans le pays où croit l'or, nous nous y trouverons bien. » Le froment lui répondit : « Orge, mon ami, ta moustache est longue, mais ton intelligence est courte ; pourquoi irions-nous chercher l'or ? c'est lui qui arrivera chez nous. Travaille la terre et l'or te viendra. »

Voilà bien l'Orient, Bidpay, les Hindous et leurs apologues. Il n'y a pas d'histoire orientale plus dramatique, plus sanglante, plus merveilleuse que la vieille histoire de Russie. Il n'y a pas de poésies qui se rapprochent plus que les ballades populaires russes de la forme et de l'esprit des anciennes poésies arabes :

> La croix de vie est plantée à sa tête (*du guerrier*).
> A sa droite gît son glaive tranchant,
> A sa gauche son fort carquois,
> A ses pieds son fidèle coursier ;
> En mourant il dit au coursier :
> Quand je serai mort, mon bon coursier,
> Enterre mon corps, mon corps tout pâle
> Dans ce champ, dans ce champ désert ;
> Puis cours vite dans la sainte Russie,
> Salue de ma part mon père et ma mère,
> Porte ma bénédiction à mes chers enfants,
>   Et dis à ma jeune veuve
> Que je me suis marié avec une autre épouse,
>   Que pour dot j'ai reçu ce champ désert,
> Que c'est la flèche acérée qui a fait ce mariage.
> Que c'est le glaive tranchant qui m'a couché dans ce lit.
>   Que tous les frères, les amis m'ont quitté,
>   Que tous mes compagnons sont partis.
>   Que toi seul, mon brave coursier,
>   Tu m'as servi jusqu'à la mort.

La teinte orientale est ici devenue plus mélancolique ; il semble que la confiance dans l'homme et dans le sort manquent à ce guerrier, même héroïque, qui a senti le joug tatare et qui a plié le cou en frémissant. C'est une remarque de l'un des voyageurs dont j'ai parlé, que dans la musique nationale et les chants populaires russes l'intervalle le plus naturel et le plus facile à l'oreille et à la voix, la *tierce majeure*, n'est employé que comme liaison, tandis que le doux gémissement indiqué par le passage de la tonique à la sixte (mineure ou majeure) et le retour à la quinte sont d'un usage fréquent.

Ce caractère, non languissant, mais profond, héroïque et mélancolique, résigné et douloureux, asiatique et attendri, distingue toutes les ballades russes, serbes, tchèques, polonaises, recueillies par Schaffarik.

« Sur la haute montagne brillent des feux nombreux des feux sinistres. Dors, mon enfant.

« Autour de ces feux sinistres sont assis les méchants Tatars. Dors, mon enfant.

« Ils sont assis là, et partagent les dépouilles de ton père. Dors, mon enfant.

« Réveille-toi, lève-toi, mon enfant. Prends l'épée damasquinée suspendue à la muraille.

« Avec cette épée frappe, frappe les Tatars et leurs enfants, et déchire-les en morceaux. »

— Dans l'onde est le platane tristement incliné; dans le cœur du Cosaque est le chagrin qui le ronge.

— Ne tombe pas, petit platane : tu es encore vert et florissant; ne t'afflige pas, jeune Cosaque : tu es encore jeune et vigoureux.

— L'arbre voudrait résister, mais l'eau le déracine; le Cosaque voudrait se raviver, mais la douleur l'oppresse.

— Il est parti avec sa lance, son vêtement de guerre et son fier cheval à la crinière noire; il est parti pour une lointaine contrée.

— Dans cette contrée, il est resté pour y mourir, il ne reverra jamais son cher pays, jamais son toit ni ses parents.

— Prêt à rendre le dernier soupir, il murmure ces paroles : « Creusez-moi dans la terre une large fosse. Sur cette fosse plantez des arbustes qui portent des fruits.

— Les petits oiseaux des steppes viendront becqueter ces fruits et m'apporteront de douces nouvelles de ceux que j'aime ! »

Intéressants et doux fragments; incomplètes créations de peuples incomplets. Tous ces enfants du communisme patriarcal, de l'unité abstraite, de l'individualité détruite, n'ont pas encore pris possession de leur être total. Ils n'entrent pas résolument dans le sanctuaire de la conscience et de la volonté; de l'état passif qui obéit, ils ne se sont pas élevés à l'état viril qui n'obéit ni ne commande, mais qui agit.

A titre de renseignement définitif sur l'état de la Russie sociale entre 1830 et 1848, l'œuvre de Gogol restera. Un Gil Blas achète des paysans morts comme s'ils étaient vivants, devient propriétaire de ces âmes mortes, se fait inscrire sur les registres de l'Etat, et bâtit sur une considération factice une fortune à venir.

De là tout le roman. Servitude et mensonge, crédulité et vanité, duperie et vol ; toutes les fraudes, toutes les corruptions naissent de l'impersonnalité qui est l'esclavage. Mille hommages rendus à ce triomphateur millionnaire, qui n'a de son titre que le simulacre et l'apparence, et qui réussit.

L'œuvre est trop longue, souvent trop subtile, quelquefois trop simple ; l'idée première, ingénieuse et féconde y est poursuivie à extinction et à outrance. Mais jamais l'invention du Dave antique et du Gil Blas moderne qui se promènent à travers le monde, observant leurs maîtres et les exploitant, n'a été mieux renouvelée.

Celui qui écrit ces lignes a-t-il étudié le russe ? Sait-il un mot des langues slaves ? Pas un, pas même une lettre. C'est un esprit curieux et ignorant. Rien n'est meilleur que l'ignorance, quand elle se reconnaît et veut se guérir ; elle devient alors active, inquisitive, infatigable, cherche partout des renseignements et épuise les points de comparaison. J'ai voulu savoir ce que c'est que l'Ukraine ; on m'a répondu que pour la Grande Russie c'est à peu près ce que l'Ecosse est pour l'Angleterre, une pointe sauvage, un symbole extrême qui résume le génie national. Le représentant de cette nationalité russe est-il, comme on l'affirme, le poète Poûschkine ? Cela m'étonnerait extrêmement, à cause des analogies frappantes de ce Poûschkine avec Byron et Gœthe. On me répond que tout au contraire la littérature d'initiative vraiment moscovite date du satirique et pénétrant Gogol, singulier esprit, fin et diffus, subtil et élégiaque, sagace et exalté, une espèce de Sterne et de Lucien, de Jean-Paul et de Le Sage. Tout le roman des *Ames mortes* est imprégné en effet de satire impatiente et de mélancolie orientale, plein de vapeurs ardentes et de finesses de touche très-déliées. M. Charrière a fait passer dans notre langue ce document douloureux et inexorable, auquel on aura peine à croire un jour, quand on voudra se rendre compte de l'abaissement profond et séculaire où une partie de la famille humaine languit encore.

On travaille à la délivrer ; il y a beaucoup à faire. L'esclavage règne dans toute l'Asie. En Afrique se font toujours les grandes chasses dirigées par des rois nègres, et destinées à capturer des troupeaux humains dont on brûle les villages et que l'on chasse devant soi jusqu'aux plages de la mer ; là, des capitaines américains, brésiliens et cubanais les attendent pour les empiler dans leurs entre-ponts. Constantinople, Bagdad et l'Orient tout entier regorgent d'esclaves. Mais l'œuvre commencée au milieu du dix-huitième siècle se continue ; et elle ne s'arrêtera pas.

UNE POÉSIE POLONAISE

UNE POÉSIE POLONAISE

Dans quelle église de Pologne fut chantée vers 1740 l'ode que je vais transcrire et traduire, vrai chef-d'œuvre, né de l'instinct patriotique le plus profond et le plus douloureux; trésor ignoré que je viens de déterrer par hasard, ou plutôt qui est venu à moi parce que je l'ai très-amoureusement cherché ?

Je n'en sais rien.

Je n'en sais pas davantage sur la forme, l'intérieur, les ornements, l'architecture, l'aspect de ces églises catholiques polonaises si intéressantes pour l'histoire de nos civilisations. N'ayant jamais mis le pied dans ce pays d'épreuves héroïques, pays flagellé, comme cela est naturel, pour ses grandeurs mêmes; je ne le connais que par ceux de ses enfants que l'exil nous a envoyés, et que j'ai pu rencontrer parmi nous. Ignorant la langue ou plutôt toutes les langues slaves, je ne puis emprunter à aucun document qui me soit accessible les détails que je voudrais réunir. C'est une lacune que je regrette.

Je me servirais avec plaisir des petits détails d'une érudition bien appliquée, et de ce nuage ou de ce « nimbe » rayonnant, si l'on me passe l'ambition d'un terme excessif, qui ferait mieux apparaître et resplendir dans sa beauté cette poésie sincère. Je regrette de n'avoir pas à ma disposition ces ressources. Je les regarde comme très-légitimes, bien qu'elles soient dangereuses. Les ignorants ou les paresseux les méprisent. Ils ne vont point aux origines; et ce qui les amuse ou les étonne leur semble toujours l'invention d'un faussaire. Ils n'ont ni la science qui scrute, ni la conscience qui évalue, ni le temps qui renseigne, ni la sagacité qu'il faut pour ne pas confondre avec le fard et le vernis les sobres lumières de la vérité ou les lueurs permises de la vraisemblance. Cependant ces apologistes de l'érudition sèche se disent exacts comme Tartufe se disait vertueux.

Je me figure seulement, en face de l'autel orné de fleurs, et devant la statue de l'Enfant Jésus aux bras de sa Mère, dans quelque église modeste et aux murailles blanches, cette foule que l'on y voit encore tous les jours en Pologne; — paysans à genoux dans le costume de leur race, la blouse blanche descendant à peine aux genoux, le sabre courbe passé dans la ceinture; — enfants, soldats, jeunes filles; et ces belles personnes polonaises, à l'œil noir doublé d'une douceur mélancolique si particulière et si attrayante, brillant d'une résolution déterminée et courageuse. J'ignore si l'orgue servait de guide aux chants de ces églises, et si l'on y entendait les rhythmes slaves, étranges et charmants, dont M. Sowinsky signale un grand nombre dans son beau livre (1) sur les *Musiciens polonais*; rhythmes à 6/8 et à 3/8; mouvements com-

(1) *Albert Sowinsky*. Dictionnaire, etc.

plexes, capricieux, et doux ; balancés entre la sévérité grave des oscillations égales et la fantasque inégalité des rhythmes ternaires. J'ignore tout cela, et je ne veux rien hasarder. Ce qui est certain, c'est que, vers le milieu ou la fin du dix-huitième siècle, à l'époque du grand Frédéric et de la grande Catherine, entre ces deux grands gouverneurs de gens, la foule dont je viens de rappeler le souvenir, mains jointes, les yeux levés vers Jésus, le libérateur enfant, chantait ce qui suit en langue latine :

Ad parvulum Christum contrà hostes Patriæ.

« Ecoute avec bonté ceux qui t'implorent et te
« louent, ô tendre enfant ! Et défends la patrie ! seul
« agneau ! seul fort ! seul grand ! Exterminateur de
« l'Ottoman traître !

« La patrie !
« La patrie !
« La patrie !
« Ah ! défends la patrie ! »

Benevolus audi
Quæ tuæ sunt laudi,
O parvule delicate!
Patriam defende!
Tu solus es agnus
Et fortis et magnus!
Qui perfidum Turcam
Compellis ad furcam!
Patriam! patriam! patriam
Defende!

Est-il plus bel exemple de poésie populaire et spontanée ? Ici la forme est artificielle, elle est en même temps barbare. Ce n'est point du Virgile ou du Lucrèce ; ce sont de pauvres vers *léonins*, rimés, sans aucune mesure prosodique ; la rime redoublée et véhémente suffit à tout. Eh bien ! il semble que cette barbarie savante, empruntée au septième siècle et à sa poésie en ruine, avive la flamme ardente et l'angoisse tragique qui s'y trouvent enfermées. Quel admirable cri, sorti des entrailles de ce peuple à genoux ! Cette victime enfantine et divine, invoquée dans sa faiblesse par les vaincus, dans sa nudité vagissante par les opprimés en larmes, — harmonie sublime ! Le dernier mot que je viens d'écrire est le seul qui convienne. Et le chantre ecclésiastique inconnu, — ce chant n'a pas d'auteur, — continue :

« O forfait ! ô sacrilége ! Voici la mort qui s'avance !
« Cher, tendre enfantelet, ah ! défends la patrie ! Les
« victimes t'invoquent ; si tu n'étends le bras, si tu ne
« saisis la foudre, nous ne sommes plus que poussière
« et fumée.

 « La patrie !
 « La patrie !
« Ah ! défends la patrie ! »

O nefas! ô crimen !
Mors transiit limen !
O parvule delicate,
Patriam defende!
Jam victima sumus,
Et pulvis et fumus.
Patriam!
Patriam!
Patriam defende!

« Toi que je vois ici tout nu, tout froid et sans pa-
« role, ô pauvre enfantelet, défends la patrie ! Délicate

« est ta poitrine, dure est ta couche, et cependant du
« haut du ciel tu vas combattre pour nous; défends

« La patrie!
« La patrie!
« Ah! défends la patrie! »

Tu nudus hic jaces,
Et friges et taces!
O parvule delicate,
Patriam defende!
Minusculum pectus,
Duriusculus lectus!
Nihilominus telo
Pugnabis e cœlo.
Patriam,
Patriam,
Patriam defende!

Le poëte populaire et le latiniste recherché qui a écrit cette œuvre n'épargne point les diminutifs ; *minusculum, duriusculus.* Il affecte curieusement la richesse des rimes; *turcam, furcam ; lectus, pectus ; — laudi, audi, — magnus, agnus.* Il a peur de son émotion ; son mysticisme et son lyrisme l'effraient; comme tous les gens passionnés, il veut s'astreindre à des lois sévères. Chaque couplet ou chaque strophe se bâtit donc aussi rigoureusement que pourrait le faire le sonnet le mieux compassé.

Nous verrons tout à l'heure le motif de cette sévérité stricte de forme, imposée à la licence et au jet d'une poésie si rude et si véhémente. Je passe une ou deux strophes, cependant fort belles.

« Ils dévastent; ils pillent; ils égorgent; ils rui-
« nent! O tendre enfantelet, défends la patrie. Rien
« n'est plus en sûreté chez nous; rien ne peut les

« abattre; l'hérésie l'emporte; les traités sont sans
« valeur. Défends

> « La patrie!
> « La patrie!
> « Ah! défends la patrie! »

> *Grassantur,*
> *Furantur,*
> *Prædantur,*
> *Bacchantur!*
> *O parvule delicate,*
> *Patriam defende!*
> *Nil tutum,*
> *Nil ausum,*
> *Nil satis est clausum!*
> *Nil fœdera valent,*
> *Cum hæreses calent.*
> *Patriam,*
> *Patriam,*
> *Patriam defende!*

« La Pologne périt; elle est livrée en proie. O ten-
« dre enfantelet, défends la patrie. C'en est fait d'elle,
« si tu ne brises la force de l'ennemi odieux qui l'é-
« crase, si tu ne nous donnes la paix, si tu n'éteins
« l'incendie! Défends

> « La patrie!
> « La patrie!
> « Ah! défends la patrie! »

> *Polonia perit*
> *Et spolium erit.*
> *O parvule delicate!*
> *Patriam defende!*
> *Tu fregeris nisi*
> *Vim hostis invisi,*
> *Oppresseris facem*
> *Et dederis pacem!*

Patriam,
Patriam,
Patriam defende!

. . . .

« Voici le temps, voici l'heure ! Ah ! je te supplie,
« ne tarde plus.

« Cher enfantelet, défends la patrie ! nos voisins
« sont trop occupés et d'autre chose. Ce que veut l'en-
« nemi perfide, ô Dieu suprême, tu le sais. Défends

« La patrie,
« La patrie !
« Ah ! défends la patrie ! »

Est tempus, est hora
Ne, quæso, sit mora!
O parvule delicate!
Patriam defende!
Vicini laborant.
Et aliud orant!
Quod perfidus hostis
Vos, superi, nostis!
Patriam,
Patriam,
Patriam defende!

J'aime et j'admire cette simplicité populaire qui se conserve ici. L'artifice de décadence qu'on appelle « vers *léonin* » ne la détruit pas. Ce murmure slave, cette enfantine délicatesse, cette grave mélodie, analogue au bruit léger des saules tremblants; cet écho des petites ballades lithuaniennes et tchèques trouvant enfin pour organe le grand idiome ecclésiastique romain; cette sincérité et cette tendresse, élaborant avec une finesse si recherchée et si ingénue une strophe difficile, me charment et me ravissent.

3.

J'écarte d'ailleurs, et tout exprès, les souvenirs et les idées d'un autre ordre ; l'Europe égoïste et ingrate envers son vieil athlète slave et son chevaleresque défenseur ; l'Angleterre sans pitié pour des catholiques ; la France sans sympathie pour des croyants ; Frédéric calomniant ceux qu'il veut piller ; Catherine parant sa cupidité de maximes philosophiques.

Supprimons les considérations politiques. Tenons-nous-en à l'histoire littéraire. Elle peut tirer de cette singulière œuvre un bel enseignement. Du fond des passions vraies et des nobles souffrances jaillissent les renouvellements et les renaissances. C'est du vivant de Voltaire et de Chatham que la vieille prose des églises, s'animant d'un sang nouveau, opère et réalise cette métamorphose étrange et que personne n'a relevée ou constatée.

Je l'ai trouvée dans un tout petit bouquin ignoré, qui n'est indiqué, je crois, par aucun bibliographe et par aucun catalogue.

Ce petit volume noir, in-douze oblong de chétive et singulière figure, doré sur les tranches et gaufré sur ces mêmes tranches, imprimé à Wilna, fut déposé jadis et jouit encore d'un profond sommeil que rien ne trouble dans un de nos sanctuaires (1) de vieux livres oubliés. L'ode latine est imprimée, comme prière, dans ce petit livre de prières polonaises, espèce de paroissien sur très-mauvais papier.

On peut comparer cette *prose* ou cette ode au beau sonnet de M. Arnould, adressé à la Pologne, et qui finit ainsi :

(1) *La bibliothèque Mazarine.*

> ... Ton sol, abreuvé du sang pur de tes braves,
> Ton sol aimé du ciel, qui maudit les bourreaux,
> Ne peut plus désormais enfanter des esclaves !

A ces émotions jaillissantes et trop vives il faut la sévérité du rhythme, la prose d'Eglise, ou le sonnet avec l'enlacement rigoureux de ses rimes géométriquement alternées.

Les proses des églises, depuis le vi^e siècle, ont exprimé le sentiment religieux dans une formule concrète et populaire. Le sonnet italien, contemporain de nos premières civilisations élégantes, a procédé par un mouvement analogue et contraire. Il a fait entrer des émotions vraies dans des formules d'un artifice merveilleux. C'est là ce qui donne à un grand nombre de *Sonnets*, forme rhythmique qui signale le passage du monde antique intellectuel au monde moderne, quelque chose de si étrange.

HISTOIRE DE LA CARICATURE
EN EUROPE

HISTOIRE DE LA CARICATURE

EN EUROPE

Un mot singulier exprime admirablement la gaucherie, la laideur, la disgrâce alliées à la roture, c'est *malotru*. Les uns veulent qu'il naisse de *male astrosus*, les autres de *male structus*, quelques-uns de *mal estru*, qui, en patois languedocien, veut dire *mal appris*.

Il est probable que ce mot vient de *male ortus*, mal né.

Quoi qu'il en soit, la Normandie possédait, vers le milieu du dix-septième siècle, une famille d'originaux qui s'appelait *Malotrio*. Un de ses membres, laid en cramoisi (comme on le disait alors), et le plus hétéroclite des hommes, portait six paires de bas, six culottes et six calottes. Un jour qu'il disait la messe, il crut apercevoir sur la figure de son seigneur, M. de Lasson, un sourire de mépris. La messe dite, il intente, un procès à M. de Lasson. Celui-ci se venge par une caricature parfaitement ressemblante et que les juges se passent de main en main. Ils conviennent qu'il est difficile de ne pas éclater de rire en voyant un pareil personnage dire la messe, et M. de Lasson est acquitté.

Sa défense peut être adoptée avec succès par tous les caricaturistes. « Quoi vous me défendrez la moque- « rie, lorsque tant d'objets moquables s'offrent à moi ! « N'est-ce pas un droit de ma nature, un privilége de « l'humanité ? Les animaux pleurent ; je n'en connais « pas un seul qui rie. Que veulent donc dire les philo- « sophes qui ont représenté l'Ironie comme une dégé- « nérescence de l'âme, comme une faiblesse et une « bassesse ? La risée que provoque l'aspect du laid et « de l'ignoble est encore un hommage rendu à la no- « blesse et à la beauté. »

La caricature n'est après tout qu'une ironie pour les yeux. Dans quelles limites doit se circonscrire le dessinateur satirique ? Précisément dans celles que l'écrivain satirique ne doit point franchir. J'aime cette parole de Fontenelle qui se vantait de n'avoir pas donné le plus petit ridicule à la plus petite vertu. Hélas ! nous ne ferons pas ici l'histoire des innocents accusés, des qualités dépréciées, des talents ravalés par la malice d'un peintre ou d'un poète. Cette injustice est commune. Tant que l'espèce humaine n'aura pas atteint la perfection, vous verrez le même malheur se reproduire.

Le temple de la caricature est l'arrière-boutique du temple de la gloire ; on n'est pas un grand homme à moins d'avoir subi cette apothéose grotesque. Passant dans la rue, vous entendez un étranger dire : *C'est le grand poète.* Eh bien ! subissez l'ironie qui est la doublure de la gloire. Ce même admirateur de votre renommée s'arrêtera bientôt devant la caricature qui vous parodie, et rira de votre nez ou de votre chevelure, à deux pas de vous, en présence de vos amis.

Que la vanité se résigne. Ici le coup de fouet, là les délices de la réputation.

Il ne faut pas voir dans le peintre de caricatures un juge et un arbitre : c'est un rieur et un plaisant; ni un censeur : c'est un bouffon. Tout lui est permis ; il ne tire pas à conséquence. Vous pouvez avoir été traîné pendant vingt ans sur la claie de la caricature et ne pas perdre une ligne de votre valeur. Le roi des caricaturistes anglais, Gillray, dont nous reparlerons bientôt, aussi obscur aujourd'hui qu'il a été puissant, n'a pas cessé d'attaquer Napoléon Bonaparte, qui n'en a pas moins été un très-grand homme.

Il y a quarante ans, une excellente caricature anglaise renfermait toute la philosophie du genre. Au bas de la gravure coloriée on lisait : *Fonds de magasin d'un caricaturiste*. Là, rayonnaient toutes les figures célèbres de l'époque. La stupide et bienveillante face de George III y occupait le premier rang; moins exagérée que cette caricature française qui lui donnait pour symbole un angle de quarante-cinq degrés avec l'inscription : *Roi de l'île de Bouc;* mais plus ressemblante assurément que la statue équestre qui occupe le centre de Pall-Mall. Admirez, plus loin, les milliers de rides qui couvrent la petite figure roturière et les sourires éternels de la reine Charlotte. Ni le prince de Galles, ni mistriss Siddons sous le nom de *la reine des planches*, ni la célèbre madame Fitz-Herbert, sous celui de *la vice-reine*, n'y sont épargnés. Il suffit d'avoir touché le temple de la mode ou de la gloire, pour se trouver installé dans ce musée grotesque qui a pour grande-prêtresse l'envie populaire contre tout ce qui brille et domine. Au centre du tableau, le vieux Fox, l'idole populaire, avec sa physionomie de sanglier et son air mécontent et sauvage, laisse apercevoir le nez pointu de Pitt, que le peintre n'a pas manqué d'aiguiser ; plus loin la belle duchesse de Devonshire est occupée à soigner une élection : opération qu'elle accomplissait, dit-on, en distribuant, pendant une semaine, ses baisers à tous les électeurs récalcitrants.

Accepter, envenimer les préjugés populaires, c'est le fait et le vice du caricaturiste. Par là même il offre le premier commentaire de l'histoire, en corrige la gravité, et perpétue ces passions toujours injustes, mais caractéristiques, dont la postérité perd le souvenir. Les pages les plus sérieuses n'ont pas cet avantage. Une bonne caricature contre Cicéron, César ou Marc-Antoine, si le hasard en faisait retrouver une dans les fouilles d'Herculanum, nous dirait pourquoi et comment on se moquait alors de ces grands personnages ; nous partagerions les émotions contemporaines ; nous pourrions nous remettre, si j'ose le dire, au niveau des intérêts, des folies et des passions d'autrefois. L'histoire, telle qu'on l'écrit ordinairement, n'est pas vivante. Dans la caricature non-seulement elle vit, mais elle prend cette existence intense, rude et mauvaise, que donnent les passions. L'impartialité ne convient au juge que lorsqu'il a pesé tous les intérêts, et par conséquent comparé toutes les injustices de ceux qui le prennent pour arbitre. Qu'il s'assimile d'abord aux injustices et aux partialités de chacun : qu'il les mette ensuite en équilibre ; et qu'il prononce.

Essentiellement injuste, la caricature outre les défauts tait les qualités. Ce que les Italiens entendent par *caricato* et ce que les Français rendent par le mot *charge*, est loin d'exprimer complétement l'importance ironique et la tendance acérée de la caricature moderne. Il lui faut un but personnel, une activité venimeuse, une sorte de fureur digne d'Archiloque et d'Hogarth. Je ne sais si l'on peut nommer caricatures, ces charges d'atelier qui attaquent des ridicules généraux : par exemple *le Désespoir du musicien*, artiste infortuné, contre lequel conspirent tous ces bruits, tous ces vacarmes réunis, que peuvent produire la race animale et l'industrie du jour naissant dans une grande ville. Il y a là trop d'innocence pour une caricature; c'est une épigramme à la manière grecque, sans pointe, sans fiel et sans venin. On a publié deux excellentes charges du même genre : *l'Enthousiasme du peintre*, et *l'Amiral d'eau douce*. Le peintre portant lunettes, a établi sur le bord de la mer le quartier général de son génie : il peint : voici sa palette et son chevalet; mais la marée remonte; déjà son chapeau est la proie des vagues, déjà le flot vient battre le pied de l'artiste exalté, qui ne s'aperçoit de rien, et qui va toujours, saisissant au milieu du péril, les beaux aspects de la nature, et insensible aux dangers que lui annonce la forte voix d'un marin qui l'avertit de prendre la fuite. L'*Amiral en retraite* navigue paisiblement au milieu d'une mare dans laquelle les canards barbottent ; le navire qu'il monte est une espèce de coquille de noix qu'il remplit de sa rotondité ; il pointe avec une grande précision trois ou quatre petits canons qui vont attaquer et ruiner une forteresse en cartonnage, placée sur la rive droite de la mare. Le *Chasseur goutteux*, qui sert de pendant à l'*Amiral en retraite*, paraît encore préférable ; placé sur un fauteuil à roulettes, et voituré par un domestique nègre, il vise un pauvre oiseau qui fuit à tire-d'aile, pendant que le domestique placé derrière le maître se pâme de rire. Supposez que dans l'un de ces tableaux, le peintre ait reproduit la figure d'un général célèbre, et dans l'autre celui d'un amiral en disponibilité, la charge comique disparaît : la caricature existe.

Chez Hogarth, la peinture satirique s'est élevée quelquefois jusqu'au sublime ; mais son ironie s'est attaquée bien plus aux vices généraux qu'aux vices particuliers.

On ne peut contempler sans effroi cette terrible peinture d'une des sombres et tortueuses allées dans lesquelles la populace de Londres va s'enivrer de gin. Voici la boutique du prêteur sur gages, recevant les haillons en nantissement des liards qu'il prête ; les mains décharnées qui reçoivent la petite monnaie, trahissent toutes les souffrances de la faim. Le corps d'un ouvrier suicidé pendille à la fenêtre d'un grenier ; une mère, ivre de gin, ivre de la liqueur fatale, ne voit pas que son fils en bas âge échappe de ses mains et tombe de la fenêtre dans la rue ; les officiers de la paroisse conduisent à la demeure dernière le cadavre d'une femme que suit son époux dans l'état d'ivresse le plus complet : un pauvre petit enfant, un verre de gin à la main, maigre, hâve, l'œil éteint par l'habitude de l'ivresse, s'endort sur la margelle d'un puits. Tout cela n'est plus de la caricature, c'est de la philosophie pittoresque appuyée sur le drame populaire. La caricature véritable a besoin d'être plus comique, et n'est pas nécessairement morale.

On a bâti une infinité de théories pour expliquer le rire et la gaîté. Une légion de philosophes, Aristote, Hobbes, Fontenelle, Montesquieu, Akenside, Addisson, Hutcheson, Miller, Campbell, Beattie, Thomas Brown ont essayé d'expliquer — chacun à sa manière — cette petite convulsion que nous éprouvons tous, et qui s'appelle le rire. Le capitaine Grose a aussi rédigé son système ; et je ne sais pourquoi je ne ferais pas le mien à mon tour ? Pourquoi le rire triomphe-t-il des circonstances les plus sérieuses et même les plus solennelles ? Une pauvre femme avait volé des canards vivants ; on les apporta dans un panier comme pièces de conviction. Le jury se retire pour délibérer : le président rapporte un verdict de mort, selon la rigueur de la loi anglaise. Au moment où cette parole terrible : *La mort* ! sort des lèvres du juge, les canards prisonniers laissent échapper un double cri : *Couac, couac*, et tous les auditeurs, y compris la vieille femme, se mettent à rire. Les alliances disparates seraient-elles donc, comme le prétend le capitaine Grose, les véritables sources du rire ? Ce savant théoricien établit une liste fort longue d'incongruités risibles ; par exemple, dans un de ses tableaux d'Hogarth, le spéculateur, qui, après avoir trouvé le moyen d'amortir la dette nationale, reste en prison pour une dette de trois shillings ; le mécanicien qui a découvert le moyen de traverser l'air avec des ailes, et qui gémit dans un cachot ; les amis du bonheur champêtre représentés par quatre gros et honnêtes bourgeois occupés à fumer dans la petite chambre d'une taverne, donnant sur une grande route poudreuse ; ou de gros messieurs d'un certain âge apprenant à danser. Les peintres flamands sont remplis d'admirables et involontaires disparates : Rembrandt ne s'en est pas fait faute; tous ses mages et tous ses grands prêtres ont la tournure, le costume et les ornements de braves bourgmestres de Leyde et d'Amsterdam. Ici vous voyez les manchettes et le jabot du roi Salomon ; plus loin la pendule et le clavecin de Cléopâtre mourante ; les bottes à la chevalière de Titus, assiégé par des marins en pantalons et en culottes. Il n'y a pas longtemps que l'Europe pouvait se donner le plaisir de contempler sur son théâtre le grand Achille portant un corset, un bourrelet et des plumes ; Hamlet en culotte courte de soie noire, avec un œil de poudre sur sa perruque ; Caton en robe de chambre de damas violet à ramages, se tuant dans un fauteuil à la Voltaire ; et Macbeth en habit à la française brodé d'or et d'argent ; Talma en France, Kemble en Angleterre ont corrigé ces folies. La vie réelle n'est pas moins féconde en alliances bizarres. L'autre jour, on a placé entre mes mains un prospectus surmonté du lion et de la licorne d'Angleterre, soutenant l'écusson royal, symbole imposant qui absorbait au moins les deux tiers de la page ; il s'agissait d'un ramoneur de cheminée qui offrait ses services au public sous la protection allégorique de ces animaux fabuleux. Pendant un hiver rigoureux, lord Chatham, qui avait la goutte et ne pouvait souffrir le feu de la cheminée, fut obligé de se mettre au lit vers le milieu du jour, afin de se réchauffer ; son collègue lord Carteret, ministre de la marine, ayant reçu des nouvelles importantes, vint en conférer avec lui ; mais, trouvant le froid rigoureux, il ne pensa pouvoir mieux faire que de se blottir dans un autre lit vide, qui était placé dans la même alcôve. L'un voulait qu'une flotte partît, l'autre voulait qu'elle restât. Chacun soutenait son opinion avec une grande énergie et sans rien céder à l'adversaire. Un troisième membre du conseil, qui venait annoncer à ses collègues que le cabinet était renversé, trouva ses deux confrères dans cette situation, gesticulant comme beaux diables, la tête enveloppée de bonnets de nuit, se démenant dans les draps et si parfaitement ridicules que, malgré la gravité de la circonstance, il ne put s'empêcher d'éclater de rire. Citons encore une disparate plaisante. Deux de ces pleureurs à gages, dont les services funèbres embellissent les convois des riches et simulent une solennelle douleur, se trouvaient porteurs de deux écussons magnifiques qui les cachaient des pieds à la tête. Pendant la marche funèbre, ces messieurs, qui s'étaient arrêtés trop longtemps le matin dans le cabaret du coin, se communiquaient mutuellement, toujours cachés par l'écusson, leurs observations plaisantes dont le contraste avec la gravité sépulcrale de la cérémonie produisait l'effet le plus burlesque.

Essayez de coiffer un homme mûr du bourrelet de l'enfance; montrez-nous un grave magistrat jouant à la fossette, une femme de détaillant singeant la duchesse, un révérend jouant le dandy; vous aurez des caricatures très-plaisantes. Je me souviens qu'aux bains publics de la ville de Bath, un ecclésiastique, auteur de sermons fort estimés, crut tirer le cordon d'une sonnette et fit tomber sur sa tête, par cette sollicitation maladroite, une douche d'eau glacée aussi inattendue que désagréable. Un officier général européen, qui a donné au public l'analyse de l'état militaire de l'empire ottoman, s'est fait peindre sur le titre de cet ouvrage dans une vignette fort curieuse. Notre homme porte le costume ordinaire des généraux de Louis XV. Il est armé d'un grand tamis; à travers ce tamis passent une multitude de petits Turcs, de grands Turcs, de canons, d'obusiers et autres instruments de l'art guerrier. Rien n'est plus ridicule que cette allégorie.

Le caricaturiste qui a représenté les ministres de son temps sous la forme de petits ramoneurs dansant au son d'une cornemuse, dans laquelle soufflait Guillaume Pitt, a parfaitement atteint le double but de la caricature, celui de faire rire et celui de dénigrer. Il faut qu'elle nous égaie aux dépens de quelqu'un. C'est le dénigrement devenu art. Il n'y a pas de caricature innocente. Aristophane, montrant Socrate dans un panier, au milieu des nuages, parce que ce philosophe s'élevait jusqu'au monde des idées, est un grand caricaturiste en poésie. Si l'odieux se présentait seul, il manquerait son but; on fait agir de concert la gaîté, la malice, quelquefois le bon sens. Il ne suffit pas de souiller une réputation, de flétrir un nom propre, d'allier des images basses à des idées vénérées; il faut faire oublier la méchanceté du but, souvent la perversité de l'intention, sous la verve plaisante de l'attaque. Tel auteur de caricatures a donné, pendant le cours de sa vie, plus de preuves de génie que vingt peintres ordinaires du roi. Une caricature sans sel, comme une épigramme sans esprit, fait naître le dégoût, l'ennui et la colère.

Que les moralistes se rassurent : une caricature, quelque bonne qu'elle soit, n'a jamais décidé de rien.

Le tribut qu'elle demande à la gloire n'empêche pas cette dernière d'être légitime ou éclatante. Elle marche, comme l'esclave antique, derrière le triomphateur, et son principal rôle est de siffler.

Si l'on voulait écrire *ex professo* sur la caricature, on pourrait en faire trois classes : caricature des opinions, caricature des mœurs et caricature des personnes. Subdivision plus arbitraire que réelle. En face d'opinions sincères, qu'est-ce qu'une plaisanterie? que peut signifier la meilleure épigramme devant un argument logique? quelle sera la valeur d'une ironie? En général, c'est aux dépens de la vérité que le mensonge rit. Nous vivons dans un monde où les fous se moquent des sages, et où les doctrines les meilleures sont raillées par les préjugés et les sottises. La satire peinte n'a donc pas plus de valeur, en fait d'opinions et de doctrines, que la satire écrite; l'une et l'autre peuvent être brillantes, énergiques et ne rien prouver. Ne redoutons pas la caricature; l'homme qui en aurait peur ressemblerait à cette servante que l'on envoyait prévenir un convive qu'on l'attendait pour dîner. Elle trouva ce monsieur occupé à soigner, au moyen d'une brosse, la propreté de ses dents. — « Il ne tardera pas à venir, s'écria-t-elle, je l'ai vu occupé à s'aiguiser les dents. » — Il ne faut pas tomber dans cette erreur ni voir dans les expressions les plus vives de la caricature une intention hostile et dévorante, une attaque affamée.

Le grand caricaturiste anglais, Georges Cruikshank, a usé et même abusé de toutes les espèces de caricatures; souvent il l'a ravalée jusqu'à l'état de calembour. La frivolité superficielle de son épigramme donne plus de prix à ses *leçons de phrénologie illustrée*. Ici l'organe de la *destructivité* a pour emblème un taureau furieux, dont l'entrée triomphale s'opère chez un marchand de porcelaines par un massacre général des tasses, cristaux et bocaux du pauvre commerçant. Comme symbole de l'*idéalité*, il a représenté un bourgeois dans son lit, le poil hérissé, l'œil attaché sur son pantalon et sa robe de chambre, qui, suspendus sur le dos d'une chaise et éclairés des rayons pâles de l'astre des nuits, semblent d'épouvantables fantômes. Ailleurs l'organe de la *vénération* est représenté par un alderman dont l'abdomen épais s'arrête en face de l'étal d'un boucher, et qui reste frappé de surprise en contemplant une éclanche. Comme type de la *conscience*, Cruikshank nous montre un vieux juif, marchand d'habits, plaçant la main sur son cœur, et offrant un shilling à la pauvre femme qui lui offre un énorme paquet d'habits, de linge et de débris de mobilier. Le symbole de l'*éloquence* est le combat parlementaire de deux vieilles marchandes de poisson de Billingsgate. Je préfère à cette parodie l'admirable tableau dans lequel le caricaturiste s'est plu à railler toutes les terreurs de la magie. Un honnête bourgeois et sa femme s'étant promenés trop tard dans les jardins de Kensington, se trouvent tout-à-coup enfermés dans le cercle magique du Freyschutz. Leur terreur est aussi profonde qu'elle est ridicule; l'excessive niaiserie de ce bon monsieur et de cette bonne dame commence à rendre la situation très-comique ; mais ce qui augmente la bizarrerie grotesque de la caricature, ce sont les mille physionomies humaines dont le peintre a eu soin d'orner les serpents, crocodiles et démons de toute nature qui voltigent autour des deux époux. Comme Burns dans son *Tam O Shanter*, Cruikshank a rendu la terreur ridicule; la lune même, cet astre sépulcral, est devenue burlesque, grâce à deux diablotins qui interceptent une partie des rayons de son disque, au moyen d'une poêle à frire percée de trous comme une écumoire. Jamais éclipse de lune ne fut plus comique, et je me souviens que dans cette gravure excellente il n'y a pas jusqu'au crâne dont le terrible sourire emprunte une physionomie ridicule.

Les auteurs de caricatures populaires se sont emparés de certains termes d'argot qui ont cours de distance à distance, et dont il est bien difficile de deviner la véritable source. Qui pourra nous dire avec certitude le berceau du *Nincompoop* anglais, du *Mayeux* français? Le hasard seul a donné à la France l'admirable création du *Robert-Macaire*; nul auteur ne peut en revendiquer la propriété; il est né tout seul, fruit d'une inspiration populaire, enfant sans père, *proles sine matracreata*. On a vu se succéder à Londres les plus étranges locutions. D'où venaient-elles? Pourquoi étaient-elles adoptées? Personne ne peut le dire. Il y a quarante ans, un enfant du peuple, ce que les parisiens appellent un *gamin*, répondait à toutes vos questions par l'unique monosyllabe *quoz*, lequel ne voulait absolument rien dire, si ce n'est : « Je me moque de vous. » Quelles sont vos intentions pour la soirée? *Quoz*. — Qu'avez-vous fait hier? *Quoz*. — Que ferez-vous demain? *Quoz*; toujours *quoz*. L'insignifiant monosyllable indiquait pour toute réponse l'intention de ne pas répondre. Je ne sais pas davantage pourquoi, une vingtaine d'années après, ces mots parasites furent remplacés par : *Oh ! le vilain chapeau !* locution qui s'appliquait à tout dans la conversation vulgaire.

Chaque demi-génération apporte et remporte avec elle sa provision d'expressions créées par elle pour son usage personnel, et que ses fils ne comprennent plus. L'insignifiance, la nullité, disons mieux, la bêtise de ces expressions, ne nuisent pas à leur succès, et semblent au contraire les protéger. Souvent c'est un fragment de chanson, un refrain de ballade, un proverbe aiguisant la queue de quelque parodie chantée, qui passent de bouche en bouche, font une fortune extraordinaire et se métamorphosent en lieux communs de plaisanterie. *Bon voyage, cher Dumollet*, et mille autres refrains bachiques plus ou moins insignifiants ont eu cours sur la place; on ne pouvait faire un pas dans la bonne ville de Paris sans être assailli de la mélodie ou des paroles si gaîment transformées par le bon vouloir populaire (1).

L'Angleterre si attentive et si patiente dans l'analyse des nuances morales qui caractérisent et distinguent les hommes, a donné pour pendant à ses romans de mœurs les excellentes caricatures de Bunbury, Seymour, Alken, Rowlandson, Cruikshank. Oh ! la charmante collection qui réunirait dans le même recueil les amusements de la populace et de la bourgeoisie anglaises, tels que Seymour les a décrits avec une verve si expressive ; les charges piquantes dans lesquelles Bunbury a raillé les costumes nationaux; les chansons et proverbes ironiquement illustrés par Alken, enfin

---

(1) Par exemple en Allemagne l'expression parasite : *Ia kuchen !* — en France : *Et ta sœur !*

l'admirable épopée du docteur Syntaxe, fruit des veilles comiques de Rowlandson!

Une vieille caricature de mœurs, reproduite sous mille formes, est encore populaire : *Crédit est mort ; les mauvais payeurs l'ont tué.* C'est une tradition des temps gothiques, un reste de la vieille allégorie.

Une antique tapisserie de Dijon représente la naissance, le baptême, la mort et le convoi de *Banquet*. Ce personnage, qui, comme vous le pensez, aime à bien vivre, convie à sa table la Goutte, la Gravelle, la Pleurésie et l'Hydropisie, qui lui sont amenées par Gourmandise, maîtresse des cérémonies. En 1660 (et cette date est peu éloignée de nous) nos pères s'amusaient singulièrement d'une estampe intitulée : « Le combat de *Carême* et de *Carnaval.* » Elle est parfaite en son espèce. *Carême* et *Carnaval* sont deux chevaliers armés de toutes pièces, l'un pour la chair, l'autre pour le poisson. Le chevalier *Carême*, don Quichotte décharné, monté sur le cheval de l'Apocalypse, a pour casque un homard, pour bannière un filet de pêcheur. Son adversaire *Carnaval* chevauche un bœuf gras, brandit une broche, et porte suspendus à l'arçon de sa selle un gril, un paquet de saucisses, une écumoire, plus deux énormes chapons gras dans les fontes. L'attitude des deux personnages et les paroles qui leur sont prêtées correspondent fort bien avec le costume gastronomique dont on les pare, et l'invention drôlatique du poète qui s'est chargé de la rédaction des exergues coïncide parfaitement avec la création de ces deux types.

La caricature véritable, après s'être attaquée aux opinions et aux mœurs, aborde les masses ; elle sert

4.

les antipathies mutuelles des nations. Je vous prends à témoin, innombrables lords Puff, dont les Français ont amusé leurs loisirs! et vous, marquis français, mangeurs de grenouilles et de soupes maigres, qui faites les délices du petit peuple de Londres depuis un temps illimité. Le ventre de l'Anglais, le jabot et les manchettes sans chemise du Français, véritables calomnies nationales, épigrammes qui ont pour sel le mensonge, n'ont rien perdu de leur puissance, et la première rue de Paris ou de Londres, le premier étalage de vitrier ou de marchand d'estampes vous offrira des exemples mémorables de cette satire de peuple à peuple. Vers la fin du dix-huitième siècle, les Ecossais et les Anglais, aigris par une longue guerre et une réunion forcée, se trouvaient dans un état d'hostilité amère. Déjà, sous les Stuarts, ce sentiment s'était manifesté et n'avait pas peu contribué à la révolution de 1620, à celle de 1688, à la mort de Marie Stuart, à celle de Charles Ier et à l'expulsion de Jacques II. Le gouvernement des princes de Hanovre trouvait son compte à favoriser les Ecossais, pour rallier au parti de la couronne les anciens jacobites, et éteindre ou amortir un vieux foyer de rébellion. Si vous ajoutez à cette disposition favorable des ministres et des gens d'état la persévérance, l'obstination, la patience, la cupidité, la prévoyance qui caractérisent en général les Ecossais, vous ne vous étonnerez pas de leur marche triomphale à travers toutes les intrigues du temps et de la fortune rapide réservée aux plus minces aventuriers venus d'Edimbourg ou de Glascow. Plus ils réussissaient, plus la foule des nouveaux venus augmentait. On ne voyait pas à Londres sans une espèce de colère furieuse cette fourmilière de gens sans aveu qui tous atteignaient ou l'opulence, ou le crédit, ou l'autorité. Une caricature intitulée : *Origine des ministres et des meneurs écossais*, satisfit ce mécontentement général : deux sorcières écossaises, semblables à celles de Macbeth, versaient sur l'Angleterre une panerée de chenilles à têtes d'hommes, représentant guerriers, prêtres, médecins, avocats, et qui, tombant du haut des nuages, allaient s'accrocher à toutes les branches rampaient jusqu'au sommet, et pénétraient dans tous les replis de la société.

Une autre gravure de la même époque a pour exergue : *Moyen de voler d'Edimbourg à Londres, en une seule journée*. Le balai des sorcières est encore ici l'instrument de locomotion qui transporte, de la capitale de l'Ecosse à la capitale de l'Angleterre, deux fils de la Calédonie ; l'un vêtu de son plaid bariolé, les cheveux rouges flottant au vent, jouant de la cornemuse nationale et cherchant quelque monnaie dans le fond de sa poche vide ; l'autre, privé de bas et de souliers, tenant à bras-le-corps la magicienne écossaise qui l'entraîne, et fixant sur le paradis anglais qui s'ouvre à ses yeux un regard avide et affamé. Sur la droite du tableau un écriteau porte ces mots et cette indication : *D'Edimbourg à Londres, 320 milles.*

Le gouvernement représentatif, en donnant liberté entière aux hostilités des partis, a encouragé les peintres de caricatures. Cent volumes in-4° ne suffiraient pas à contenir la bibliothèque des caricatures nées depuis 1688, et fille du développement donné au gouvernement représentatif. C'est là que tous les personnages de l'histoire, parodiés par le crayon ou le pinceau, jouent tour à tour leur rôle.

Un artiste, obscur aujourd'hui, s'est distingué dans cette voie : roi de la caricature, poète plein d'imagination, de verve, de trait, de caprice : mais sans principes, sans âme, sans conscience ; entraîné par une sorte de caprice farouche, par un besoin de mordre ou de blesser ; doué d'un génie violent et incisif, qui exerça la plus forte action sur son siècle ; — enfin rudement châtié par le sort.

Gillray mourut fou ! Comme Swift, il sembla poussé vers l'insanité par cette bile amère qui ne laissait pas de repos à ses contemporains, et qui ne lui en laissait pas à lui-même. Pour dernier châtiment, il eut du génie et point de gloire. Les biographies anglaises lui consacrent à peine quelques lignes ; cet artiste vigoureux, cet Aristophane peintre, ce créateur de sobriquets, dont il affubla tous les grands hommes de son temps, Gillray n'est aujourd'hui qu'une ombre, un souvenir, rien. Jetez les yeux, en passant, sur l'encyclopédie satirique qui est tombée de son crayon, vous serez surpris de cette fécondité de charges, de ce nombre infini d'idées nouvelles, de ce bonheur infini de travestissements, et vous direz : *c'est là du génie*. Son histoire est curieuse et peut servir de leçon.

Écossais d'origine, il professa d'abord des opinions républicaines, et se fit redouter du gouvernement, qui s'aperçut bientôt qu'un nouvel et redoutable ennemi venait d'éclore pour lui. On lui dépêcha un ambassadeur secret, qui lui parla de prison, s'il continuait ses attaques, d'argent, s'il faisait volte-face. Un talent sans conscience ne pouvait hésiter; sa violence et son esprit furent voués au service de qui le payait. Gifford, l'anti-jacobin, buvait avec lui ; Canning lui fournissait des sujets de caricatures. L'une d'elles, sans doute, destinée à indemniser le ministre de quelque gratification un peu large, représente le parti des Tories, sous la forme d'un soleil qui parcourt l'espace, et Canning sous celle de Phaéton qui conduit en triomphe le char de Phébus, et qui échappe victorieusement aux dangers courus par son homonyme. Tory en public, Gillray, s'était réservé le droit et le plaisir d'être républicain dans son cabinet. Il se punissait lui-même de son apostasie par des larmes, des sanglots, et mille marques extérieures d'un repentir plus vif que touchant. Ivre, il ne manquait jamais de boire à la santé du peintre républicain David. On dit même qu'il conservait dans son oratoire secret un petit modèle d'une statue en plâtre de la Liberté, moulée d'après un dessin original de cet artiste. Il y a une analogie singulière entre cette situation équivoque, et celle d'un premier violon de l'Opéra-Français, qui avait accepté une pension de l'empereur Napoléon, et se vengeait en chantant dans le sanctuaire de son cabinet un hymne à la liberté, telle que Robespierre l'avait comprise. Cet artiste possédait aussi sa petite *Liberté*, reléguée, comme objet d'adoration, au fond d'une chambre dans laquelle personne ne pénétrait. Un jour que Bonaparte, satisfait d'une composition de l'artiste, l'avait récompensé par le don de quelques billets de mille francs, il revint chez lui joyeux, les étala sur le piédestal de la statue, et laissant éclater ses invectives contre la sourde divinité qu'il avait adorée: « Malheureuse, s'écria-t-il, as-tu jamais rien fait de pareil pour moi ? » et d'un coup de poing, il la brisa en mille pièces.

Gillray fit en 1793 une tournée en Flandre, accompagné du peintre Loutherbourg. Georges III, quand les deux artistes furent de retour, voulut voir leurs dessins, loua ceux de Loutherbourg ; et, quant à ceux de Gillray, qui se composaient seulement de quelques ébauches au trait, il prétendit n'y rien comprendre. Gillray, que le gouvernement n'avait pas encore attiré à lui, employa son arme de vengeance ordinaire : il publia une gravure ayant pour titre : *Un connaisseur examinant une miniature.* Ce connaisseur était Georges III, tenant à la main un brûle-tout, par allusion à son avarice, et fixant le regard le plus triste et l'œil le plus hagard sur un petit portrait de Cromwell ; — épigramme allégorique contre la parcimonie de la cour et la terreur que lui causaient les théories républicaines. Peu de temps après, ses attaques devinrent si amères, que le gouvernement pensa sérieusement à l'acheter, ce qui ne fut pas difficile. La conscience de sa dégradation morale le conduisit à la folie ; on fut obligé de le retenir en prison dans sa chambre à coucher, où il resta six années entières en proie à une aliénation mentale. En 1815, il mourut dans cette chambre ; ceux qui se trouvaient assis au café White, en face de la boutique, furent surpris de voir un homme nu passer sa tête entre les barreaux de fer dont cette chambre était garnie, et là, expirer en poussant de grands cris. C'était Gillray. Il avait vécu, non marié, avec une femme du peuple ; et plusieurs fois, cédant à ses instances, il s'était acheminé vers l'église dans l'intention de l'épouser ; mais il avait bientôt rebroussé chemin : « A quoi cela nous servirait-il? disait-il à ce propos, assez indécemment, nous avons tout ce qu'il nous faut sans cela. »

Sa physionomie exprimait la violence et la verve dont la nature l'avait doué : énergie, imagination, fougue irrésistible, fantaisie, ardeur, irrégularité; voilà ce qu'exprimaient ces grandes prunelles grises, dans lesquelles brillait la flamme d'une observation inexorable; ces sourcils arqués et mobiles, ces narines distendues, et dont l'irritabilité, exprimée par la courbe mobile des lignes, contrastait avec la forme droite et sévère du nez; cette large bouche, ces lèvres bien dessinées, symboles d'un goût délicat et d'une sensibilité vive; ces joues anguleuses avec deux petites touffes de favoris qui ne descendaient pas plus bas que les oreilles; enfin cette tête massive et forte par le sommet, couronnée de quelques rares cheveux gris et s'appuyant sur un double menton de forme carrée et compacte. On ne pouvait le rencontrer dans la rue, avec ses gros boutons de cuivre, son habit bleu, son gilet blanc à raies rouges, sa cravate blanche et ses manchettes, sans reconnaître en lui l'homme destiné à souffrir et à faire souffrir ses semblables, à trouver dans les ridicules et les folies de l'humanité un fond immense de jouissance et de colère.

Pas une figure d'homme à la mode, pas un ridicule contemporain qui ne lui payassent tribut. Observateur attentif, il passait des journées entières à la fenêtre de son éditeur, les bras croisés; et faisant subir aux passants la revue la plus sévère. Tout ce qu'il y avait de formes absurdes et de physionomies comiques se gravaient dans sa mémoire et grossissaient son magasin.

Classée dans son imagination, la figure qu'il avait saisie au vol revenait à point nommé tenir sa place dans quelque composition future. La société de 1780 à 1800, la rue, Saint-James, l'aristocratie de cette époque, les fats, les dandys, les acteurs, les actrices, les courtisans, revivent dans les gravures de Gillray. Examinez *l'ombre d'un duc!* C'était ce pauvre colonel qui, heureux d'une analogie fortuite entre ses traits et ceux du duc de Hamilton, se plaisait à augmenter la ressemblance en portant les mêmes habits, le même chapeau et marchant du même pas que le duc lui-même ; charmé d'être rencontré dans la rue par des gens que cette analogie trompait, et qui disaient tout haut : « C'est le duc de Hamilton. » Au-dessous de cette autre caricature, qui offre le portrait d'un ministre en retraite (le duc de Sandwich), vous lisez ces mots : *Belles carottes de Sandwich, excellentes carottes de Sandwich.* Vous reconnaissez le vieux duc prenant, avec les jolies bouquetières, des libertés innocentes et offrant une guinée pour chaque liberté. Jadis on ne pouvait être noble sans rivaliser avec Automédon ; tout homme de race était cocher, et Tommy Onslow passait pour le premier cocher de l'Angleterre, par conséquent pour le meilleur gentilhomme. Au bas d'une caricature du même Gillray, on lit : « Que sait faire Tommy Onslow ? Mener un phaéton à deux chevaux. — Et encore ? Mener un phaéton à quatre chevaux. » La gravure représente Tommy Onslow dans toute sa gloire.

Gillray n'épargnait pas même les femmes. *Diane à la chasse* représente la célèbre comtesse de Salisbury, chasseresse infatigable. Crottée jusqu'à l'échine, échevelée, tenant à la main une queue de renard, la robe déchirée jusqu'aux genoux, elle sourit aux chasseurs de son escorte qui galopent pour l'atteindre. Ces esquisses ont conservé les fragments d'une biographie maintenant perdue, d'une société détruite.

Voici le fat à la Skeffington, race évanouie, mais qui a eu son règne dans les salons et les foyers des théâtres. Vous ne l'avez pas connu, ce bienheureux Skeffington, à qui l'on demandait où il avait pris son rhume, et qui répondait : « C'est ce monsieur qui était à l'autre bout de la table, et qui est arrivé si mouillé... si mouillé !!... » Gillray nous a conservé la tradition de Monsey, le roi des médecins, celui qui s'appuyait sur votre épaule d'un air bienveillant, mordillant sa canne à pomme d'or et à bec de corbin, en disant : « Bonne figure, bon teint, le pouls normal; ce qui n'empêche pas que je vous enterrerai, mon cher Monsieur. » — Sept autres médecins sollicitèrent en effet la réversibilité de sa place de médecin des invalides de Chelsea. Il survécut à tous ces prétendus successeurs, et dépassa la centième année. Il avait quatre-vingts ans lorsqu'il aperçut un de ces candidats monté sur un arbre dont le feuillage dépassait le mur de clôture qui environnait son jardin. « Ah ! ah ! lui cria Monsey, vous examinez les propriétés qui seront bientôt les vôtres, n'est-ce pas? cela vous convient-il? trouvez-vous la maison et le jardin en bon état? pas mal, n'est-ce pas? Mon bon ami, je vous en préviens, votre candidature porte malheur. Ils sont déjà six qui ont voulu me succéder et à qui je succède. Je vous enterrerai, je vous enterrerai ! » — Et le vieillard s'en allait, ricanant. — *Les trois Magots*, par le même artiste, représentent un triumvirat de patriciens parfaitement méprisés ; l'un joueur, l'autre ivrogne et le troisième quelque chose de pis. — Ce personnage debout, si gros, si gras, si lourd, secouant à la fois son index et son pouce avec un geste si vulgaire, c'est Tyrrel Jones, dont l'éloquence triviale amusait la chambre des communes. Au-dessous du portrait, on lit ces mots : *Le membre indépendant*. Voici les paroles que le peintre prête à son héros : « Je suis un citoyen indépendant de la vieille Angleterre; je n'aime ni les sabots, ni les grenouilles, ni les Français. L'indépendance e l'Angleterre ! De tout le reste je ne donnerais pas une prise de tabac ! » Il accompagne cette éloquente apostrophe du mouvement vulgaire et expressif que les Anglais appellent *Snapping of fingers.*

Gillray faisait collection des originaux de son siècle, comme un curieux fait collection de papillons et de chenilles. Il disait de Georges III : *S'il ne me trouve pas un des meilleurs sujets de son royaume, moi je le trouve un excellent sujet de caricature.* Le prince de la maison de Hanovre, doué de la bonhomie de sa nation et de sa race, trouvait grand plaisir à s'acheter lui-même, tel que Gillray le représentait, et il riait aux éclats lorsqu'il se voyait affreux et ridicule. Plus sensible un jour aux attaques dirigées contre son fils qu'à celles dont il était victime, Georges, au moyen d'un peu d'or, obtint de Gillray que la figure du prince de Galles et celle de sa maîtresse fussent remplacées dans une caricature par une figure de Derby et de la dame qui remplissait auprès de ce dernier le même emploi. Mais cette faveur une fois obtenue de Gillray, celui-ci continua la guerre avec archarnement. Une série de gravures transformèrent en vices chacune des qualités attribuées au couple royal. Dans l'une, destinée à railler sa frugalité, on voyait Georges, à genoux, devant le foyer, préparant les muffins, pendant que la reine faisait frire des goujons dans une poêle. Autour de la jarretière défaite, qui ne maintenait pas un bas mal roulé, on lisait : *Honni soit, qui mal y pense*. La suite de cette caricature, sous le titre de *l'antisucre*, représentait la famille royale, attablée autour d'une table à thé, et savourant avec délices le breuvage que notre peintre appelle plaisamment *thé antisucré*. — « Vraiment, s'écrie la reine, c'est un breuvage délicieux, plus rafraîchissant qu'avec du sucre, et que tout le monde devrait adopter ! » — L'affabilité du pauvre roi est ridiculisée même dans la gravure qui le représente rencontrant un porteur d'eau, près du parc, et le saluant d'un déluge de questions successives : « Eh ! eh ! comment allez-vous ? qui êtes-vous ? où demeurez-vous ? » — Effrayé de cette série d'interrogations qui tombent du ciel, le manant reste la bouche béante, roulant son vieux chapeau entre ses doigts.

Le sobriquet sous lequel Napoléon est encore connu en Angleterre (*Little Boney*), c'est à Gillray qu'il le doit. La curieuse série de peintures grotesques dans lesquelles le peintre a fait éclater sa haine et son ironie contre Bonaparte, commence par une caricature fort plaisante, où Bonaparte, sous la forme de Gulliver, dégaine l'épée contre Georges III qui le soutient dans la paume de sa main. En 1802, lorsque le conquérant menaça l'Angleterre d'une invasion, Gillray ressaisit son crayon, et, donnant encore à Bonaparte le costume et les proportions de Gulliver devant le roi de Brobdingnag, le fit voir manœuvrant une escadre dans un bol de punch pour l'amusement de Leurs Majestés. Ces Majestés gigantesques éclatent de rire, pendant que des petits polissons des rues soufflent dans les voiles de la flotte. Un fou rire s'empare de tous les assistants, y compris les gardes du roi qui retiennent leur haleine pour ne pas faire chavirer les embarcations.

Souvent Gillray remplace cette raillerie innocente par des satires trempées dans le fiel. Telle est la caricature contre la souscription ouverte en faveur de Fox par les libéraux du temps. Patriarche du clergé grec, comme il le nomme, il a pour acolytes Horne-Took, Sheridan, Taylor, Hall, le duc de Stanhope et le docteur Priestley. Des haillons couvrent le défenseur de la liberté publique dont la poche percée laisse échapper un paquet de cartes salies par un long usage. Un personnage mystérieux, dont on n'aperçoit que les mains noires et les griffes crochues, fait tomber, dans la bourse ouverte du mendiant politique, des faux billets de banque, des lettres de change protestées, des cartes biseautées et des dés plombés. — « Monsieur, lui dit ce personnage important qui s'environne de tant de ténèbres, c'est avec la satisfaction la plus vive que je vous remets le produit de ma quête, et que je vous apporte les hommages et les souhaits du comité central. Continuez à servir par vos efforts notre cause commune, ma griffe vous appartiendra toujours. »

Lorsque le célèbre naturaliste sir Joseph Banks fut décoré de l'ordre du Bain, cette transformation du philosophe en courtisan suggéra au peintre impitoyable l'une de ses plus heureuses idées. Une immense chenille de couleur grise se pare tout à coup des chatoyantes couleurs de l'ordre chevaleresque et monarchique, dont les deux ailes diaprées contrastent avec la simplicité primitive de *la grande chenille de la mer du Sud* (tel est le nom de cette estampe). Gillray, dans *la belle assemblée*, groupe toutes les ci-devant beautés de l'époque, toutes ces infortunées qui luttent contre l'âge et ne veulent point vieillir. L'une, lady Mount Edgecumbe, présente deux tourterelles en offrande sur le piédestal de la statue de Vénus. L'autre, la joyeuse lady Archer, si connue par ses goûts virils, conduit un agneau et porte une houlette. Mistress Fitz-Herbert est chargée de guirlandes de roses qu'elle suspend aux colonnes du temple. La duchesse de Gordon brûle de l'encens aux pieds de la déesse, et lady Cécilia Johnson, vestale de quatre-vingt-treize ans, une lyre entre les bras, fait jaillir des cordes vibrantes une amoureuse mélodie.

Lorsque Pitt mit en mouvement la grande affaire du papier-monnaie, Gillray montra John Bull, symbole du peuple anglais, flanqué de Fox d'une part, et de Sheridan de l'autre, ses deux conseillers et ses amis. Pitt lui offre un paquet de billets de banque, depuis cinq guinées jusqu'à un shilling. — « Des billets, s'écrie Sheridan, personne n'en reçoit plus. Je ne trouverais pas un liard sur ma signature. — Mon garçon, reprend Fox, prends de l'or, si tu m'en crois; quand viendront les Français, il t'en faudra pour faire ta paix avec eux. — Ma foi, s'écrie John Bull, je prendrai les billets du bourgeois; il lui faudra des espèces pour me défendre contre la France, et j'aime encore mieux qu'il les garde. »

Dans ces esquisses à peine ébauchées, on s'étonne de découvrir quelquefois des intentions tragiques. Lorsque l'aliénation mentale de Georges III fit espérer aux Tories la régence de la reine, il donna aux trois hommes d'Etat, Thurlow, Pitt et Dundas, la figure des trois sorcières de Macbeth, planant au milieu des nuages obscurs, voltigeant au-dessus de la lune, dont ils contemplent les variations, et tenant sur leurs lèvres leurs doigts décharnés. L'orbe de l'astre est divisé en deux parties, dont l'une éclipsée représente la figure du roi, et dont l'autre lumineuse représente celle de la reine. Au bas, on lit : « Trois ministres des ténèbres; femmes, à ce que l'on dit; hommes, à ce que l'on croit, mais dont la barbe seule trahit le sexe. » La foule s'attroupait devant ces triomphantes railleries, et presque tous les coups portés par le crayon de Gillray allaient frapper leur but. Un jour, il peignit Pitt au zénith de sa puissance, sous les traits du *géant Fatum* faisant ses goguettes. Au-dessus du fauteuil du roi, vous voyez le trône du ministre, dont Canning baise dévotement l'orteil gauche, et dont Pitt soutient la jambe droite sur son épaule. Erskine, Wyndham, Fox, Sheridan, infiniment petits, sont écrasés par le talon du tout-puissant. Il a dans la main un bilboquet : et la boule de ce bilboquet, c'est le Monde. Voici le *Diable boiteux* ou John Bull voyageant vers la terre promise. Sur un nuage satanique, fantôme au poil hérissé, à l'œil flamboyant, Fox à cheval, coiffé du bonnet de liberté, appuyé sur deux béquilles qui ont pour têtes les figures de Grenville et de Sydmonth, emporte derrière lui le pauvre John Bull qui ne tombe pas, grâce à son manteau d'indépendance et de loyauté, et qui, dans une perspective éloignée, aperçoit, sous le soleil d'une constitution nouvelle, cette terre promise, habitée par trois races différentes, celle des hommes libres (un groupe de joueurs), celle de la pudeur (un groupe de femmes nues) et celle de la tempérance (une orgie effrénée).

La meilleure de ces caricatures nous semble être *Tiddy*; c'est le nom du pâtissier fabricant de pain d'épice que Gillray charge de parodier l'empereur Napoléon. La gueule du *four impérial* est ouverte et laisse passer, avec des torrents de flamme, une nouvelle fournée de rois; en effet, les potentats de la Bavière, du Wurtemberg et de Bade, avec leur cour, leur pourpre, leur couronne, leur sceptre et leurs armoiries, apparaissent sur la grande pelle du boulanger, et l'or qui les couvre reluit sous l'éclat du feu que le patron attise. A terre, près d'un panier rempli de petits rois corses en pain d'épice, que l'on va porter à la pratique, on voit épars une foule de principautés fragiles, duchés et comtés sans consistance. Les boulets de canon servent à entretenir le feu. M. de Talleyrand, manches retroussées et bras nus, pétrit la pâte dont on va faire des rois de Pologne, de Hongrie, de Turquie et de Hanovre. Un gros balai corse fait rouler dans le trou aux ordures les fragments de pain d'épice brisés qui se composent d'un vieux crâne fêlé et couronné (c'est l'Espagne), d'un vaisseau en débris (c'est Venise), d'une masse de petits morceaux sans cohésion (ce sont les Pays-Bas), et d'une tête de poupée endommagée (c'est la Suisse). On y voit aussi un bonnet de liberté souillé, une Hollande fort malade, une Autriche boiteuse et un drapeau tricolore en lambeaux. Sur un des côtés de la scène, un casier muni de ces cartons offre pour étiquettes successives ces mots : *Rois et reines; Sceptres et couronnes; Lunes et étoiles*. Enfin un carton ouvert contient les *petits vice-rois en pâte anglaise*, partisans anglais, vrais ou supposés, de l'empereur Napoléon.

En 1826, les whigs entrèrent au pouvoir; on mit en réquisition la verve et le talent de Gillray. Dans sa toilette des whigs, il satisfit complétement ses maîtres aux dépens de ses amis. La plupart des nouveaux chefs du pouvoir étaient pauvres, et c'est à cette indigence, prête à s'engraisser dans le trésor public, que le satirique fait allusion. Fox, la chemise toute déchirée, se fait la barbe devant un miroir surmonté d'une couronne royale; lord Grey, qui prétendait à l'éloquence, mais que l'on accusait de manger ses paroles, se nettoie les dents devant la même glace. Ajoutez à ces occupations de toilette les bains de pieds de Wyndham, la chemise blanche de Sheridan, la culotte d'emprunt de lord Grenville, les bottes neuves de lord Temple et du duc de Bedfort, la magnifique perruque de lord Erskine, la queue traînante du chancelier Henry Petty, enfin les inutiles efforts de Vansittart pour avoir les mains nettes. Il est difficile de réduire plus complétement à l'état de symbole populaire les idées courantes sur la vanité, l'égoïsme, la frivolité ou l'intérêt personnel de ces hommes politiques. Puissant par l'imagination, opérant sans aucune difficulté le mélange de l'horrible et de la force, jetant à pleines mains dans ses vigoureuses esquisses le sel grossier et les idées fines, Gillray, dont l'obscurité est aujourd'hui complète, doit prendre rang parmi les peintres les plus énergiques de son époque. Dans une de ses caricatures, *le Rêve sorti d'un pot de bière*, il a dépensé plus d'imagination qu'il n'en fallait pour un poème. Le docteur Parr, fameux par sa bibliothèque de perruques et la verdeur de ses sentiments démocratiques, avait choisi un nouvel impôt auquel Pitt venait de soumettre la bière pour texte de quelques-unes de ces déclamations qu'il entremêlait de citations grecques et latines. « Quoi! s'écrie le docteur (que Gillray fait parler au bas de sa caricature), quatre pences pour un pot de bière! Ruine et désolation! Le voilà bien ce ministre démoralisateur qui a détruit vos moissons, frappé le houblon de stérilité et ruiné l'Angleterre! N'est-ce pas lui qui cause ce déluge de pluie qui nous menace de disette? n'est-ce pas lui qui a corrompu le soleil et qui l'a empêché de luire afin de nous spolier dans les ténèbres? » Un pot de bière couronné d'une colonne d'épaisses vapeurs occupe le centre du tableau; à droite et à gauche, s'étend une vaste perspective de houblon desséché, de blés coupés en herbe, de plaines dévastées. Parmi la vapeur de la bière, le coursier blanc de Pitt le soutient dans une fière attitude; ce dernier étend la main; et, de son élévation sublime, il invoque et évoque toutes les puissances de la nature :

— « Chenilles, insectes, vermisseaux, dévorez les moissons. » — Les insectes accourent par légions et obéissent à sa voix.

— « Vents, qui portez la peste, flétrissez les fruits de la terre! » — Les arbres plient, les moissons courbent la tête. Graines, fruits et semences volent dans les airs.

— « Grêle et pluie, faites votre office. » — L'eau tombe à torrent du sein des nuages sombres.

5.

— « Soleil, va te coucher; je veux suffire à l'éclairage du monde. » — L'obéissant soleil ferme sa paupière, et des traces visibles de somnolence apparaissent sur son disque obscurci.

Après Gillray, on vit briller successivement Rowlandson, Alken et Cruikshank. Nous avons déjà parlé de ces trois héros de la charge; l'année 1828 donna naissance à un nouveau candidat, connu seulement sous les initiales de H. B... Nous ne soulèverons pas le voile qui le cachait; qu'il nous suffise de faire valoir quelques-unes des qualités spéciales par lesquelles il se distingue.

Des ressemblances exactes, malgré l'exagération des traits, des allusions piquantes et faciles à saisir, constituent son mérite. Originalité dans les combinaisons burlesques, vigueur d'imagination, richesse et abondance de créations comiques, ne manquaient pas absolument à l'artiste dont il est question; mais on vit surtout briller en lui l'exactitude de la ressemblance et la naïveté de la parodie : qualités excellentes d'ailleurs pour la vente, et qui rapportent un bénéfice considérable. Chez ce dernier, la vieille rudesse anglaise s'est considérablement adoucie ; on voit qu'il appartient à une nouvelle époque. Il n'a plus cette verdeur, cette âpreté, cette raideur de haine et de vengeance qui inspira l'ancienne caricature ; c'est quelque chose de plus stérile comme invention, de plus mesquin, de plus mince, mais aussi de plus délicat et de plus doux. Gillray et Bunbury frappaient plus fort, craignaient moins l'immoralité et l'indécence, ne reculaient devant aucune nudité, exprimaient grossièrement leur pensée aristophanique. Ils faisaient jaillir de leur cerveau des idées plus neuves; H. B... emprunte la pensée d'autrui, exploite le mot populaire, féconde l'image jetée au vent par un poète ou un orateur, s'empare avec bonheur des facéties qui ont eu leur succès; bon metteur en œuvre, inventeur assez pauvre, plagiaire de Gillray, il lui est souvent arrivé de prendre à ce dernier toute une caricature, d'en changer les noms et les personnages, et de se l'attribuer. Ainsi le mendiant Pitt est devenu le mendiant O'Connell; Icare-Fox est devenu Icare-Brougham. Toutes les fois qu'une plaisanterie bonne ou mauvaise se fait jour au milieu des sérieuses discussions de la chambre des communes, H. B... en tire avantage, lui prête une couleur pittoresque. C'est sans doute un talent, mais non le premier des talents. Facilité, variété, souplesse, l'art de comprendre ce qui anime la foule, de s'électriser de l'électricité générale, de recevoir pour ainsi dire le mot d'ordre au lieu de le donner: voilà toute la gloire de H. B... Lorsque Gillray exposait, pour la première fois, ses caricatures dans la boutique de la rue Saint-James, n° 27, une foule considérable se pressait devant la boutique; les derniers venus étaient obligés d'attendre plus d'un quart d'heure; lorsque la caricature était bonne, des cris de joie sortaient de cette foule enthousiaste qui se laissait aller aux impressions de la satire, au plaisir d'une raillerie ardente et inexorable. Jamais H. B... ne put s'élever plus haut qu'à une demi popularité de salon.

La caricature, née en Angleterre du gouvernement représentatif, a surtout obtenu de grands succès aux époques d'orageuses discussions. Aujourd'hui que les questions deviennent beaucoup plus hautes, qu'il s'agit non d'altérations et de modifications accessoires, pourquoi cette parodie pittoresque des événements et des hommes, au lieu de s'envenimer comme elle semblerait devoir le faire, s'adoucit et s'affaiblit-elle progressivement?

Ne serait-ce pas que le gouvernement représentatif lui-même commence à faiblir, et que la grande époque de 1688 a donné la plupart de ses résultats?

DE LA CARICATURE EN FRANCE

DE LA CARICATURE EN FRANCE

Vous qui avez eu le bonheur ou le malheur de vivre plus que nous autres, plus que les fils du xixe siècle, vous vous rappelez le Directoire. Dites-nous un peu à quoi ce sens ressemblait. Je l'ignore. Historiens, journalistes, dramaturges, philosophes, auteurs de Mémoires, parlent d'un temps bigarré, de mœurs bariolées, d'un luxe effréné, d'une fanfaronnade extravagante, d'une impuissance réelle, de je ne sais quelle parodie bizarre de Venise et d'Athènes. Tout cela ne nous apprend rien. Ces couleurs confuses et entassées ne peignent rien à l'esprit. Quand le vague des mots et le fracas des antithèses sont à bout, il ne reste pas au lecteur une seule idée nette; sa pensée ne conserve pas une image précise.

En vérité, je n'avais point compris le Directoire, et les longues explications des contemporains ne faisaient qu'embrouiller pour moi l'énigme de ce temps de transition, quand je m'avisai de parcourir quelques caricatures de l'époque, enfouies dans les vieux cartons d'un de mes amis. C'étaient des barbouillages informes et des pochades mêlées de quelques dessins excellents de Carle Vernet et de Boilly. Ces caricatures étaient spirituelles, stupides, haineuses, grossières, élégantes; il y en avait d'obscènes, de morales, d'insignifiantes, de cyniques et d'immorales. Jacobins et royalistes, muscadins et clubistes, porteurs de cadenettes et directeurs drapés à l'italienne, Laïs crôttées du palais Egalité et grandes dames de la république directoriale, oh! je commençai à vous connaître! Tantôt l'artiste était poète et résumait son époque sous un symbole; tantôt sa lourde ou naïve exactitude me léguait, sans y rien changer, des mœurs, des costumes, des attitudes disparues. Tout cela, c'était l'époque, c'était l'histoire ou plutôt le commentaire de l'histoire, sa partie plastique, matérielle, colorée. Plus de réflexions froides, d'hypothèses fausses, de raisonnements à perte de vue. Voici les passions, les violences, les exaltations, les haines, les préjugés, les costumes, tout un monde vivant, avec son mouvement dramatique. Remarquez ce muscadin à cadenettes, dont les oreilles de chien pendent sur sa cravate gigantesque; un gourdin énorme arme son bras; il vient d'engager la lutte avec un gaillard vigoureux et râblé, qui n'a, lui, qu'un mauvais pantalon, de vieilles savates et un bonnet rouge. L'un des athlètes a saisi la queue muscaline et tressée de son adversaire; l'autre s'est emparé du bonnet phrygien. *Prends garde à ton bonnet! — Et toi, défends ta queue!* dit la légende! N'est-ce pas là 1797 tout entier, ce moment de crise et de combat entre deux partis extrêmes qui devaient s'annuler l'un l'autre au profit d'un guerrier triomphateur? N'est-ce pas un commentaire parfait non-seulement de la vie parisienne d'alors, mais de notre situation politique?

Une autre caricature de la même date, meilleure

encore, offre un symbole plus vif, plus saisissable, plus complet, plus mordant; la voici :

« Le Directoire, gouvernement de bascule, suspendu, on ne sait comment, dans les nuages, coiffé à la Henri IV, cuirassé à la romaine, drapé à la vénitienne, se trouve assis fort peu commodément sur un balancier en mouvement dont l'instabilité compromet sa sûreté personnelle et trouble son repos. Le pauvre monstre aux cinq têtes empanachées, comment va-t-il se maintenir en équilibre sur ce gouffre béant, entre la République qui le menace et la Monarchie ardente à reconquérir ses droits? L'équilibriste comprend que cela ne peut pas durer longtemps encore : il rassemble ses forces ; il s'arme de tout ce qu'il a de courage et d'adresse. Cependant un mortel effroi le saisit : ses cinq visages comiques expriment une terreur profonde; il lève le bras vers le ciel; la solive chancelante va bientôt céder sous son poids. »

Y a-t-il une page d'histoire qui exprime mieux que cette épigramme d'artiste, épigramme excellente, la position étrange du Directoire avant le consulat et l'usurpation de Bonaparte ?

Rien n'est à négliger pour l'étude des hommes et du monde.

Les œuvres de l'art, même les plus passagères, les plus frivoles, même dictées par le caprice et la passion, servent de commentaire perpétuel et nécessaire à l'histoire grave, à l'histoire écrite, souvent détournée de son but et faussée dans ses détails. Ces chétives caricatures, que l'orage emporte comme les feuilles sybillines, dessins de circonstance, œuvres de haine et de colère, esquisses grossières que la fureur jette au vent, ne les négligez pas ; elles ouvrent plus d'une porte historique ; elles dérobent plus d'une vérité inconnue; elles expliquent plus d'un logogriphe obscur ; elles servent d'organes à des violences éphémères ; elles fixent et reproduisent la passion qui s'envole, qui s'évanouit, qui change de génération en génération, qui fait place à d'autres passions et à de nouvelles fureurs.

Non qu'il faille croire la caricature sur parole. Je ne dirai pas, avec ces gens amoureux de toute tyrannie, soit populaire, soit royale, que la caricature soit excellente de sa nature, parfaitement juste, parfaitement véridique, digne de foi et de respect. Non, elle est souvent comme la passion, comme la rage et l'envie, comme le mépris et la haine, comme la colère et la vengeance, comme le besoin de nuire et de calomnier, inique, sanglante, envenimée, haïssable, sans égard pour le malheur, sans respect pour la vertu, sans cœur, sans scrupule, odieuse ; dans ses meilleurs moments, elle est maligne et gaie; dans ses accès de frénésie, meurtrière et impitoyable. Mettre les vices et les défauts en relief, s'emparer des travers de l'humanité, voilà tout son art. Elle ne crée pas Apollon Musagète ou Vénus de Médicis, mais Polichinelle ou Mayeux. Elle sert les mauvais penchants, les éternels penchants de l'homme. Polichinelle est vieux comme le monde : il y a des caricatures sous les ogives des églises, il y en a dans les ruines d'Herculanum et dans les pagodes indiennes. Un acteur athénien faisait grimacer le masque et parodiait la voix grêle de Socrate, peu de temps avant que le martyr philosophe bût le poison. Pendant que le vent agitait le cadavre de Coligny, ce tronc informe pendu au gibet de Montfaucon, les bourgeois de Paris admiraient son image burlesque exposée aux carreaux des imagiers de la Cité.

Ainsi est faite l'espèce humaine. La changerez-vous? Ne vaut-il pas mieux l'étudier, la plaindre, et, si l'on peut, lui apprendre combien les émotions des masses sont aveugles, combien les jugements contemporains sont absurdes, avec quelle légèreté, avec quelle iniquité le peuple aime, hait, adopte, abandonne, idolâtre, maudit, assassine, se repent, adore et oublie?

Mais, toute moralité à part, il sera fort amusant de considérer toute l'histoire ainsi travestie, bariolée, barbouillée et enluminée par les passions contemporaines; de descendre tout le cours du fleuve historique; de passer en revue toute cette plaisante lanterne magique, et de s'associer aux préjugés de nos pères et de nos aïeux. La caricature ancienne, en faisant reverdir et refleurir des haines éteintes, des folies en cendres depuis longtemps, a tout l'intérêt d'un chapitre de Walter Scott. La caricature moderne nous fait honte à nous-mêmes, en nous indiquant la longue odyssée d'extravagances que nos pères ont parcourue et que nous continuons sans nous en douter. Ouvrez ce recueil de caricatures relatives à la révolution française, et la révolution française en a produit une belle moisson, que de révélations! quel répertoire! que de douleurs sous ces ébauches burlesques! que de sens dans ces pochades informes!

Quelle traduction ardente et vive des passions de chaque jour! Cet homme qui, pourvu de six jambes, prend la fuite tout effaré, frappé de la foudre républicaine, c'est le général Clairfait. Ailleurs, contemplez avec effroi cette main qui tient une tête coupée. De la tête dégoutte du sang. Au-dessus du symbole horrible, on lit : *Ecce Custine*, et au-dessous : *Son sang impur abreuve nos sillons*. Il n'y a plus de caricature ici.

Aimez-vous mieux la caricature que voici : une représentation philanthropique de la nouvelle guillotine, telle que ce bon M. Guillotin venait de l'inventer, ou croyait l'avoir inventée?

Un air d'églogue, une touchante atmosphère d'Idylle sont répandus sur cette gravure; on y voit des fleurs et des arbres, des enfants et des nourrices, de bons paysans et un bon bourreau. Ce bourreau est vêtu comme M. d'Alembert ou M. de Florian, vêtu de noir avec des manchettes; il se détourne et pleure en coupant la corde. Les assistants sont calmes et attendris, philosophes et paisibles, méditatifs et sensibles comme le Bélisaire de Marmontel. Le dessinateur a écouté le génie de son époque, et il a cru faire un chef-d'œuvre. Au-dessous de sa sérieuse, lugubre, mélancolique et philanthropique estampe, il a placé le nom honoré et immortel de Guillotin. Pourquoi Guillotin a-t-il donné son nom à la machine fatale? Quel caprice baroque? Non-seulement cette machine se retrouve tout entière dans les gravures de Lucas Kranach, peintre allemand du commencement du xvie siècle, mais le Romain Titus Manlius fut décapité par elle. Les inventions pour tuer les hommes sont vieilles comme le monde. La vaccine qui les sauve est toute moderne.

Ici, dans une grande salle de mairie, en face d'un administrateur qui sourit aux pauvres et rudoie les riches, on voit les charbonniers et les chevaliers de saint Louis déposer à la fois sur le bureau leurs croix de chevaliers et leurs médailles d'honneur, offrandes patriotiques. La plupart des aristocrates font une horrible moue; les charbonniers, vêtus de leurs plus beaux atours, rient au nez des nobles; et, dans un coin (ce dont nous savons gré à l'artiste), un vieillard qui paraît avoir blanchi dans les camps, appuyé sur un vieux sabre, l'air grave et triste, attend sans colère le moment de déposer sa croix sur le bureau de l'*égalité*. Il semble ne partager aucune des passions qui l'environnent. Je vous ai bien annoncé que tout cela formait un excellent commentaire de l'histoire. Et l'Intérieur d'un Comité ! et le Député dans son Ménage ! et la Patrouille républicaine ! et la Jeune Athénienne de 1795, se coiffant à la grecque dans son taudis, et quittant le sabot héréditaire pour les sandales agrafées de Leontium !

Il faut voir tout cela ; il faut passer en revue ces estampes pour comprendre la république française !

La plupart des caricatures relatives à cette crise de la révolution sont lugubres, je le sais bien ; mais quelles caricatures voulez-vous donc pour 1793 ? *Le Calculateur patriote* fait peine à voir. C'est un honnête bourgeois, en robe de chambre et en pantoufles, qui achève dans son cabinet un petit calcul républicain. Il a devant lui, sur sa table, cinq têtes coupées : le crayon en main, il opère la soustraction que lui dicte Marat : *Qui de 20 paye 5, reste 15. Encore 15 têtes à couper !* — C'est ce qu'on lisait tous les jours dans les feuilles qui se criaient à Paris. — Une autre gravure représente la Mort, dont les os de squelette tressaillent, et qui danse la farandole avec l'Égalité, la Liberté et l'Indivisibilité ; ailleurs, le Diable a une belle indigestion de Brutus, de Manlius et de Scévola ; c'est à grand'peine qu'il se débarrasse de ses malheureux hôtes. La caricature date du 9 thermidor. Plus loin, le Prétendant (Louis XVIII), grossièrement représenté par un pourceau, essaye de déraciner avec son groin l'arbre de la liberté.

En voici une plus spirituelle et plus maligne, qui est née dans un temps moins orageux ; elle se rapporte aux premiers exploits de Bonaparte. Un fort joli coq, à la physionomie grave et douce, aux ergots redoutables, est en face d'un vénérable matou. Ce dernier est coiffé d'une mitre ; le coq est armé d'une verge. Le matou fait une mine assez longue ; sa belle queue bigarrée, immobile entre ses pattes, semble témoigner son secret ressentiment; ses moustaches félines se dressent; mais le pauvre matou sent la nécessité d'obéir et de faire bonne contenance. « Baisez ça, papa, dit le coq, et faites patte de velours. » Le coq, c'est Bonaparte qui vient d'envahir l'Italie ; Raminagrobis, c'est Pie VII, contraint de signer le traité de paix qui l'humilie.

Je n'ai parlé que des caricatures de notre révolution ; mais celles du temps de Maurepas et de Turgot, celles de Louis XIV ! Les deux siècles précédents ne sont pas moins féconds. On y voit grimacer tour à tour la caricature du moyen âge et celle de la Ligue, Louis XIV et le système de Law, 1793 et le milieu du xviiie siècle.

On ne s'est pas assez servi de ce moyen d'éclairer l'histoire. Sans les médailles, sans les sculptures, sans les gravures, l'histoire est aveugle ou louche. Combien de fois arrive-t-il que la dissertation philosophique sur les événements et les hommes en dissimule ou en altère les traits généraux? Qui se flattera de connaître le moyen âge et l'esprit d'opposition qui contre-balançait le pouvoir de la foi catholique, s'il ne l'a étudié dans ses vieilles statues, dans ses mascarons, dans ses grotesques, dans ses arabesques, dans les caricatures sculptées de ses cathédrales ?

Allez à la Bibliothèque, feuilletez ce magnifique dépôt du cabinet des estampes, vous verrez combien de particularités précieuses sont ensevelies dans ces vieilles images folles, ébauchées, baroques ou niaises ; à l'histoire des faits, elles joignent l'histoire des mœurs.

Pour certaines époques et certains pays mal décrits, mal connus, peu littéraires, et cependant remplis de vitalité et de puissance, quel précieux secours ! Par exemple, l'Allemagne, jusqu'au XVIe siècle, est une terre australe de l'histoire. On la cherche, cette Allemagne des XIVe et XVe siècles, avec ses chantres mystiques et ses chantres de métiers, avec ses gros bourgeois et ses lourds chevaliers. Les déclamations éloquentes de Luther ne nous la donnent pas. Cherchez-la dans les vieux dessins de Van Eyck, de Martin Schœn et de Lucas Kranach. La première fois que les gravures sur bois de Lucas Kranach se présentent à vous, c'est une révélation.

Toutes ces figures, c'est l'Allemagne vivante de 1480. Le bon Lucas avait cru dessiner l'histoire de saint Étienne et de saint Jean-Baptiste : il avait reproduit les plus atroces supplices; sans le savoir, il avait écrit merveilleusement les annales de son propre temps. Ces chevaliers sur leurs palefrois, ces bourgmestres épais et docteurs à bonnets fourrés, que Kranach fait contemporains des apôtres, c'est la population de la vieille Allemagne d'avant Luher.

Tournez autour de la nef de Notre-Dame, et regardez bien tous ces petits personnages burlesques qui sont là postés depuis quatre siècles. Sans vous en tenir aux grandes paroles des érudits qui souvent se trompent, voulez-vous savoir comment le génie comique, inhérent à l'humanité, s'insurgeait alors en secret contre l'idéalisme pur, et infiltrait sa sève dans les plus nobles branches de l'arbre catholique? Ces petites figures bouffonnes vous l'apprendront. Sous Richelieu, la caricature semble étouffée; elle est morte avec le pamphlet. La grande robe rouge a tout couvert. Eh bien, il arrive un homme, un artiste de province, qui, sans faire précisément de la caricature, saisit toute cette époque, non-seulement sous le point de vue grotesque, mais sous le point de vue caractéristique. C'est Callot, un très-grand homme. On ne connaît en général que ses caprices, ses démons, ses boutades et ses folies.

Ce qu'il faut admirer dans son œuvre, c'est le mouvement populaire du temps de Louis XIII. Oh! quel curieux mélange du génie espagnol, allemand et français! Voyez ces vieilles villes tortues, rampantes et chenues; et ces grandes places, et ces bataillons, et ces armées, et ces supplices, et ces pauvres, et ces matamores, et ces bourgeois, et ces grandes dames, et ces beaux mendiants, et ces admirables gueux! Tout cela est accentué, comme Shakspeare lui-même savait accuser les personnages de ses drames. Admirez ces beaux messieurs qui tendent le jarret: malins paysans lorrains, piquiers à la pose théâtrale; ces groupes populaires serpentant autour des échafauds et des estrapades: c'est du Walter Scott dessiné. Mme de Motteville, Mlle de Montpensier, et même le cardinal de Retz dans leurs mémoires, ne disent rien de tout cela.

Descendez deux siècles. Si vous n'avez pas vu 1790,

quelle idée vous faire de ce chaos d'idées qui signala le commencement de la révolution ? Comment tracer un tableau net de cette tour de Babel ? Deux bonnes gravures de Debucourt représentent le Palais-Royal à cette époque. C'est le miroir complet des mœurs du temps ; rien n'y manque.

On remplirait plus de trente cartons des seules caricatures de la révolution française ; souvent elles sont sérieuses quand elles veulent être burlesques, burlesques lorsqu'elles veulent être sérieuses. En voici un exemple assez curieux : lorsque Delaunay, Flesselles, Berthier et Foulon eurent été massacrés, et que l'on eut promené à travers Paris leurs têtes plantées au bout de piques, il parut sur cet événement plusieurs caricatures. L'une d'elles, qui mêle d'une manière très-agréable les souvenirs de collége à l'atrocité du sujet, et la mythologie aux événements réels, représente les malheureux qui, descendus aux Champs-Élysées après leur mort, supplient le nautonier Caron de leur donner accès dans sa barque. Ils portent tous leur propre tête au bout d'une pique comme un ostensoir, ce qui est très-touchant ; le vieux batelier des morts, qui sans doute est affidé à la société des jacobins, refuse de laisser passer tous ces corps sans tête, et ne reçoit dans sa barque, dit la légende, qu'un boulanger nommé Remy, lequel tient aussi sa tête au bout d'un bâton. Remy avait été tué par des soldats dans une des échauffourées qui commencèrent la révolution. Caricature burlesque et hideuse.

Plus loin, le roi de Sardaigne gravit ses montagnes et fuit devant le drapeau tricolore ; une boîte à marmotte est sur son dos, et il faut voir toutes ses petites

6

marmottes les unes portant le sceptre de Sa Majesté, les autres l'arme au bras et grimpant sur les rochers de la Savoie pendant que les soldats républicains poursuivent les troupes sardes la baïonnette dans les reins. Le costume italien du roi, sa marmotte confidentielle appuyée sur son épaule, sa grimace de terreur, et la risée des Savoyards qui, du bas de la plaine, le poursuivent de leur ironie, et se parent déjà de la cocarde tricolore : tout cela compose une caricature fort piquante, digne et rivale des meilleures caricatures anglaises. On n'était pas oisif à Londres pendant notre révolution : quelques-unes des plus grossières attaques dirigées contre nos émigrés furent publiées à Piccadilly. Lorsque le marquis de Bièvre, M^{mo} de Lamotte, la duchesse de Luxembourg, le duc de Luxembourg, le marquis de Breteuil et la duchesse de Polignac quittèrent la France, livrant Louis XVI à tous les dangers d'une situation qui devait le conduire à la mort, on les représenta traversant le détroit, et l'on plaça au-dessous de la gravure cet insolent exergue : *La France se purge petit à petit.*

Je ne dirai pas de quelle manière cette purgation opère sur les acteurs de ce drame semi-nautique. La caricature est assez immonde par elle-même et n'offre qu'un trait spirituel : le duc de Montmorency, dont un tel outrage ne pouvait altérer la réputation d'honneur et de vertu, va mettre le pied dans le bateau qui le conduit à l'autre rive. « Ne salissez pas mon bateau ! lui crie le nautonier; Dieu aide au premier baron chrétien à passer l'eau ! » Le dessinateur a effacé chrétien et a écrit au-dessus : *fuyard.*

valle de deux ans la ville de Rome que le roi d'Italie s'engageait à protéger contre toute tentative révolutionnaire.

Nous n'aborderons pas encore les événements qui, six ans après, donnèrent la Vénétie à l'Italie et nous nous bornons à cet abrégé rapide des faits qui suivirent la guerre d'Italie, qui se résume dans l'esprit de l'Empereur à ces deux résultats : l'indépendance de l'Italie et l'indépendance du Saint-Siége.

Il faudra que la république soit proclamée en France, pour que le drapeau protecteur de l'Empire laisse la ville de Rome à la merci des révolutionnaires Italiens, aidés par les révolutionnaires Français.

Nous revenons un peu en arrière et nous trouvons, en 1857, la prise de Canton par les Anglais, le traité de Tien-Tsin (1858), traité ouvrant la Chine aux Européens et leur garantissant le libre exercice du culte chrétien.

Au mois de juin 1859, les Chinois violent ce traité, tirent sur les plénipotentiaires Français, Anglais et Américains, et nécessitent par cette conduite en dehors de tout droit des gens, une intervention de la France et de l'Angleterre.

Les Anglais envoient vingt-trois mille hommes, les Français douze mille hommes, sous les ordres du général Cousin Montauban, et les escadres alliées commencent les hostilités du 12 au 20 août 1860. Battus de tous les côtés, les Chinois essayèrent de leurs ruses et de leurs mensonges habituels ; il fallut les combats de Tchang-Kia et de Palikao pour mener les troupes anglo-françaises à Pékin même le 7 octobre. Le 24 et le 25 octobre les conventions anglaises et françaises furent signées.

Le 26 août 1858, un traité nous avait ouvert les ports du Japon.

De tous les côtés, l'influence française se faisait donc sentir et l'Empereur Napoléon portait aux extrémités du monde l'honneur du pavillon français.

De 1855 à 1860, ont lieu les expéditions au Sénégal, qui consolident notre possession ; en 1857, la conquête de la Kabylie était effectuée.

De 1858 à 1861, la Cochinchine avait été conquise, nous donnant une magnifique colonie, une des plus belles dont la France ait à s'enorgueillir. C'est le 5 juin 1862 que le traité fut définitivement conclu avec l'empereur d'Annam, qui nous cédait les trois provinces de Saïgon, de Bien-Hoa et de Mytho.

La Nouvelle-Calédonie nous appartenait depuis le 24 septembre 1853, jour où le contre-amiral Febvrier-Despointes planta le drapeau français dans cette île.

Nous n'avons fait que résumer cette brillante période qui augmenta la gloire de la France en Asie et en Afrique, et qui nous donna des colonies nouvelles pour remplacer toutes les colonies perdues par la révolution et par la monarchie bourbonienne.

Nous n'ajouterons qu'un mot et ce mot à toute l'éloquence des chiffres ; l'Algérie qui, en 1847, n'atteignait que cent millions pour le commerce général d'importation, arrivait, en 1860, à 237 millions.

En 1860 éclatait le conflit entre les Maronites et les Druses, les deux factions religieuses de la Syrie.

La Syrie, rendue à la Turquie en 1840, était dans l'impossibilité de protéger les populations chrétiennes contre les populations musulmanes.

D'horribles massacres eurent lieu en mai 1860. Les Druses étaient en train d'exterminer les Maronites, lorsque la France jugea nécessaire d'intervenir.

Une expédition française, commandée par le général de Beaufort d'Hautpoul, vint au secours des chrétiens Maronites et occupa la Syrie pendant plusieurs mois, jusqu'en juin 1861, forçant la Turquie à réorganiser le pays et à donner des garanties sérieuses de protection.

Jamais, comme on le voit, le gouvernement de la France ne s'était plus occupé de faire respecter partout et de tous, soit la religion chrétienne, soit la dignité du nom français.

En même temps, un Français illustre, M. de Lesseps, le 15 décembre 1858, obtenait du vice-roi d'Égypte la concession du canal de Suez, dont l'inauguration devait avoir lieu le 17 novembre 1869, avec une flottille que montaient l'empereur d'Autriche et l'impératrice Eugénie.

Ce canal, qui ouvrait un chemin rapide et nouveau vers les Indes, est une des gloires les plus belles du règne de l'empereur Napoléon.

Sans avoir l'intention d'entrer dans le détail des différentes expéditions qui eurent lieu en Algérie, nous avons le devoir de rappeler ce que l'Empereur fit pour ce magnifique pays.

Depuis longtemps déjà, un conflit incessant régnait entre l'élément militaire et l'élément civil.

L'élément militaire, excellent pour la conquête, gênait la colonisation par son extrême rigidité.

D'un autre côté, l'élément purement civil pouvait, à bon droit, passer pour manquer un peu de vigueur dans un pays aussi complétement neuf et qui n'était pas mûr pour l'administration régulière et ordinaire, telle qu'elle s'exerçait en France.

L'Empereur comprit cela d'une façon merveilleuse, et résolut de créer pour l'Algérie un gouvernement spécial, procédant de deux éléments contraires et accordant à chacun sa part légitime d'influence.

Après un essai fait en 1858 et dans lequel on eut le tort de donner la prééminence à l'élément civil, l'Empereur créa le 10 décembre 1860, après un voyage qu'il fit exprès, pour étudier la question, le gouvernement général de l'Algérie.

La haute administration de la colonie fut centralisée entre les mains du gouverneur, tandis que la justice, l'instruction publique et les cultes demeurèrent dans l'attribution et le ressort des différents ministères respectifs, en France.

De plus un conseil de gouvernement, qui prit le titre de *conseil supérieur*, fut composé de tous les grands fonctionnaires et de membres du conseil général. Ce *conseil supérieur* avait pour mission de donner son avis sur l'équilibre du budget et sur la répartition des impôts.

Le territoire fut divisé en deux zones, la zone du territoire civil et la zone du territoire militaire. La première fut abandonnée à des préfets, des sous-préfets, à des conseils généraux, et s'inspira autant que possible de l'administration de la France. La deuxième demeura entre les mains de l'armée, et fut comme une frontière gardée par le drapeau français et permettant à la civilisation de s'épanouir à l'abri de nos armes.

Des écoles furent ouvertes de toutes parts; on faisait, dans ces écoles, l'étude de la langue arabe et l'étude de la langue française, à tel point qu'en 1856, plus de trente mille enfants reçurent les bienfaits de l'éducation.

L'Empereur fit davantage encore. Il voulut attacher les Arabes au sol.

Malheureusement, une grande partie des douze cents tribus qui peuplent l'Algérie appartenait au principe de la propriété indivise dans la tribu. L'individu ne possédait pas, le *Douar* seul possédait. D'une autre part, les propriétés étaient à l'état extrêmement vague; nulle limite n'était définie et c'était un des graves inconvénients de cette situation indigène qui défendait aux colons une extension trop grande, en ne donnant pas à la propriété arabe ses véritables et ses exactes limites.

Après bien des discussions et bien des combinaisons, l'Empereur s'arrêta à un système sérieux qui produisit le meilleur effet dans la population indigène.

Voici les termes mêmes dans lesquels il s'expliquait avec le maréchal de Mac-Mahon, gouverneur de l'Algérie, dans une lettre en date du 7 février 1863.

« — Cherchons par tous les moyens à nous concilier cette
« race intelligente et fière, guerrière et agricole. La loi de 1851
« avait consacré les droits de propriété et de jouissance existant
« au temps de la conquête; mais la jouissance, mal définie, était
« demeurée incertaine. Le moment est venu de sortir de cette situa-
« tion précaire. Le territoire des tribus une fois reconnu, on le
« divisera en *douars*, ce qui permettra plus tard à l'initiative
« prudente de l'administration d'arriver à la propriété individuelle.
« Maîtres incontestables de leur sol, les indigènes pourraient en
« disposer à leur gré, et de la multiplicité des transactions naî-
« traient entre eux et les colons des rapports journaliers, plus
« efficaces pour les amener à notre civilisation, que toutes les me-

« sures coercitives... L'Algérie n'est pas une colonie proprement
« dite, mais un royaume arabe. Les indigènes ont, comme les
« colons, un droit égal à ma protection, et je suis aussi bien l'Em-
« pereur des Arabes que l'Empereur des Français. »

A la suite de cette lettre si belle, les indigènes virent leurs droits de propriété et de jouissance permanente et traditionnelle, consacrés par un sénatus-consulte solennel.

Un autre sénatus-consulte de 1865 donna aux Israélites et aux Arabes le droit de citoyen Français, mais ne leur en accordait les privilèges politiques que s'ils acceptaient les lois civiles et politiques de la France. Quant aux étrangers, il leur suffisait d'avoir trois années de séjour, pour être admis à l'égalité politique et civile.

Mais l'État n'abandonna jamais son initiative éclairée. Le gouvernement distribuait des concessions de terrain, élevait des villes, des villages, faisait des routes, poussait à l'exécution des chemins de fer algériens et encourageait la culture du coton, de la cochenille, du tabac et de la garance.

Tout ce qu'un gouvernement intelligent et bienveillant pouvait faire pour l'Algérie, l'Empire l'a fait, et elle lui devra sa prospérité croissante, un instant ébranlée par les événements de 1871, mais qui, depuis, a repris un élan nouveau et que rien désormais ne saurait entraver.

Le moment est venu de nous occuper de la guerre du Mexique. On a comparé avec raison cette guerre à la guerre qui eut lieu en Espagne sous le premier Empire. Dans ces deux guerres, en effet, l'Empire de Napoléon Ier et l'Empire de Napoléon III usèrent leurs forces sans un grand profit matériel : ils donnèrent prise plus tard, par l'affaiblissement qui suivit, aux attaques de l'Europe féodale, perpétuellement suspendues sur la France démocratique.

L'Empereur Napoléon III n'avait pas tort quand il disait au sujet de la guerre du Mexique : « C'est la plus belle idée de mon règne. »

Cette idée était grande et lumineuse en effet, grande comme

RENTRÉE DE L'ARMÉE D'ITALIE.

l'idée de Bonaparte, voulant atteindre la puissance anglaise dans les Indes et tentant de se frayer un chemin dans l'Égypte.

En effet la guerre d'Amérique nous avait créé une situation fort difficile. Lorsque les États du Sud se préparèrent à déchirer le pacte de l'Union américaine et à se séparer du Nord, la politique du bon sens conseillait à la France de prendre parti pour le Sud qui, par sa religion, ses mœurs, ses traditions et ses sympathies, se rapprochait le plus complétement de nos idées et de nos intérêts : mais la presse républicaine, en cette circonstance comme en bien d'autres, vint se jeter en travers de ce que commandaient impérieusement les intérêts français.

Obéissant à un sentimentalisme absurde, les républicains firent de la question de l'esclavage, une fausse question humanitaire. Ils oublièrent à dessein que si le Sud avait des esclaves, c'est que le Nord les lui avait vendus, attendu que le Nord avait possédé dès le début des États-Unis le monopole presque complet de la traite des nègres. Or, dans le Sud, comme dans toutes les colonies françaises en 1848, les colons ne demandaient pas mieux que d'arriver au travail libre ; seulement ils trouvaient exorbitant qu'au nom de la philosophie et de la fraternité des races, on vint leur demander de mettre en dehors de leurs habitations du soir au lendemain, et presque gratuitement, une masse considérable d'esclaves, qui représentait pour eux le plus net de leur capital.

A l'aide de légendes stupides, avec les commérages de pauvres romans comme la *Case de l'oncle Tom*, on en arriva à changer complétement l'opinion publique en France, et à la mettre tout à fait du côté de l'oppresseur, c'est-à-dire du côté du Nord.

On empêcha de cette façon l'intervention française en Amérique. C'était la première pensée de l'Empereur qui voulait couper les États-Unis en deux, afin d'avoir dans le Sud un empire latin, catholique, presque français, empire frère de l'Empire français, et l'isoler complétement comme influence et comme rapport, de ces États du *Nord* qui, par l'agglomération des émigrants allemands, réunissaient contre nous les éléments les plus hostiles, soit au point de vue religieux, soit au point de vue politique.

Dans cette circonstance, comme dans les circonstances qui suivirent les affaires du Luxembourg, le parti républicain empêcha l'Empereur de pratiquer la véritable politique française.

Un incident particulier vint ouvrir à l'Empereur la possibilité de reprendre cette politique d'intervention en Amérique et de s'opposer à l'envahissement progressif et continuel du continent américain par les États-Unis.

Cet incident fut soulevé par le président Juarez.

A une autre époque, la France avait dû intervenir déjà dans la politique mexicaine.

C'était en 1838. Nous fîmes une expédition sous le gouvernement de Louis-Philippe, qui, pourtant, ne s'était jamais montré bien soucieux de l'honneur national.

L'expédition française s'empara de Saint-Jean-d'Ulloa et arriva en 1839, le 9 mars, à la conclusion d'un traité destiné à mettre nos nationaux à l'abri des vexations incessantes dont ils étaient l'objet.

Et nous n'étions pas les seuls, à cette époque, à comprendre les nécessités qu'imposait l'honneur national, puisque plus tard, en 1846, les États-Unis eux-mêmes, et pour des raisons analogues, déclarèrent la guerre au Mexique, et allèrent planter le drapeau de l'Union à Mexico même.

On le voit, et en mettant même de côté la sublime idée de l'Empereur, de créer soit dans le Sud des États-Unis, soit dans le Mexique, un grand État, allié de la France, nous nous trouvions en 1861 dans la même situation que le gouvernement de Louis-Philippe, en 1838, et que le gouvernement des États-Unis, en 1846.

Nos nationaux étaient maltraités au dernier degré ; assassinés et pillés de tous côtés, ils réclamaient à grands cris l'intervention de la mère-patrie. Et de bonne foi, comment la France pouvait-elle refuser aux Français résidant au Mexique l'appui et le secours qu'elle avait accordés aux missionnaires de la Chine et aux simples chrétiens de la Syrie ?

D'autant que nous n'étions pas les seuls à avoir des griefs sérieux et de nature à amener une intervention armée. L'Angleterre et l'Espagne étaient dans la même situation, et se prononçaient également pour une intervention énergique et commune.

Cette intervention fut décidée par un traité, dit Convention de Londres, et signé le 30 octobre 1861.

Et qu'on ne vienne pas ici renouveler toutes les infâmes accusations, qui essayèrent depuis de donner à notre expédition du Mexique, le caractère odieux d'intérêt personnel ou de spéculation honteuse ! Les républicains ne sont-ils pas allés, dans leur mauvaise foi et dans leur déloyauté, jusqu'à affirmer qu'un fameux banquier mexicain, le banquier Jecker, avait intéressé à sa cause, des personnages marquants du gouvernement impérial. Une pareille affirmation tombe devant les faits les plus simples et devant le bon sens le plus vulgaire.

En effet, un banquier, quelque riche qu'il soit, n'est pas en état de corrompre à la fois trois grandes nations, comme la France, comme l'Angleterre, comme l'Espagne, décidées, d'une façon unanime, à sortir d'une situation intolérable pour leur dignité.

Et nous dirons pour la guerre du Mexique, avant d'en commencer le récit, ce que nous avons dit de la guerre d'Italie, ce que nous dirons plus tard de la guerre de 1870 : Un pays, quand il s'appelle la France, fait son devoir d'abord, obéit à la loi de l'honneur national, et il ne faut juger la détermination prise que par la nécessité qui l'imposait. Là seulement, s'arrête la part de l'homme, quelque grand, quelque intelligent qu'il soit et quel que soit son génie. Quant au reste, c'est-à-dire, quant au résultat, il appartient à la Providence seule, et l'histoire qui condamnerait une guerre parce qu'elle n'a pas réussi, ne l'oublions pas, ne serait pas loin de condamner l'honnête homme victime de son devoir, pour applaudir le coquin triomphant dans le crime.

Donc, les trois puissances étaient d'accord. Le 17 décembre 1861, l'Espagne, qui était encore plus pressée que nous, occupait la Véra-Cruz et faisait flotter son drapeau sur le fort de Saint-Jean-d'Ulloa. Ce n'est qu'en janvier 1862, que l'amiral français Jurien de la Gravière, débarquait avec 2,500 hommes.

L'Angleterre faisait surveiller les côtes par une escadre considérable.

Mais nous avions affaire, dans le président Juarez, à un homme **profondément** habile et profondément rusé. Son premier soin fut d'essayer de jeter la division parmi les trois alliés. Les trois puissances, trompées par lui, signèrent la convention dite de la Solelad (19 février 1862), et par laquelle la France, l'Espagne et l'Angleterre, au lieu de poursuivre les hostilités, consentaient à accepter des pourparlers, et allaient s'établir à Orizaba en attendant la signature d'un traité illusoire.

L'Angleterre et l'Espagne avaient voulu tirer à elles tout le bénéfice de l'expédition. Elles ne croyaient à rien de sérieux de la part de Juarez; mais pour arrêter la politique française nettement dessinée, elles feignirent d'y croire et de trouver des motifs d'être pleinement satisfaites.

Le rôle de la duplicité, en cette circonstance, fut surtout joué par le général Prim, qui, dans son ambition extravagante, avait rêvé pour lui l'Empire mexicain.

L'intention bien arrêtée de l'Empereur de tirer un avantage sérieux de l'expédition du Mexique, et les puissants moyens d'action dont nous disposions, tout cela joint aux intrigues du président Juarez, décidèrent l'Espagne et l'Angleterre à nous abandonner par pur esprit de jalousie. Si elles eussent été seules, elles fussent allées jusqu'au bout. Avec nous, et avec nous conservant surtout la direction de l'affaire, elles préférèrent abandonner tous les principes, toutes les idées qui avaient décidé la convention de Londres et elles donnèrent le spectacle réellement bien triste de deux puissances qui désertaient le drapeau de la civilisation pour des ambitions mesquines et personnelles, et qui, à peu de jours de distance, se déjugeaient d'une façon déplorable.

Comme rien n'était modifié dans la situation et que les motifs d'intervention restaient les mêmes depuis la convention de Londres, la France jugea à propos de ne pas les imiter et de continuer à faire son devoir, dût-elle demeurer seule à l'accomplir.

C'est alors que le général de Lorencez se décida à marcher sur Mexico à la tête de cinq mille hommes seulement; après un brillant combat, il traversa les défilés de Cumbres, mais il fut arrêté devant Puebla par toute l'armée mexicaine retranchée dans des positions inexpugnables, eu égard à la faiblesse numérique de l'armée française.

Il dut revenir à Orizaba le 18 mai 1862 et y installer ses quartiers d'hiver.

Des renforts arrivèrent de France, avec le général Forey, au mois de septembre.

Le nouveau général en chef de l'armée française publia en arrivant une proclamation qui contenait cette phrase significative : « Ce n'est pas au peuple mexicain que je viens faire la guerre, mais à une poignée d'hommes sans scrupules et sans conscience, qui ont foulé aux pieds le droit des gens, gouvernent par une terreur sanguinaire, et, pour se soutenir, n'ont pas honte de vendre par lambeaux à l'étranger le territoire de leur pays. »

Cette phrase faisait allusions aux infâmes manœuvres de Juarez, qui était allé jusqu'à offrir aux États-Unis, pour les mettre dans son jeu, de leur abandonner les plus belles provinces du Mexique.

Et l'intervention française au Mexique, qu'on s'en rende bien compte, n'avait pas, aux yeux des Mexicains eux-mêmes, le caractère anti-national qu'on a essayé de lui prêter. Un grand parti dans la population mexicaine, composé des gens les plus honorables, les plus marquants, était fatigué des agitations incessantes, des continuelles insurrections qui déchiraient leur malheureuse patrie. Ils s'étaient groupés autour des Français, rêvant pour leur pays ce que nous rêvions nous-mêmes, c'est-à-dire un gouvernement autonome, indépendant, fermant l'ère des révolutions et essayant de rendre au Mexique toute la prospérité que la richesse de son sol lui donnait le droit d'espérer.

Le général Forey, aidé par cette portion de la population, partit d'Orizaba dans le mois de février 1863, et après la victoire de San-Lorenzo, remportée par le général Bazaine, enlevait la ville de Puebla où nous faisions prisonniers 12,000 hommes et 26 généraux.

Désormais la route de Mexico était libre. Le 10 juin, l'armée française entrait dans la vieille ville de Montézuma.

Que devait-on faire après ces brillants succès ? Devait-on évacuer le pays et rentrer en France, nous exposant ainsi à n'avoir rien fait d'utile et de pratique, ou bien devait-on essayer d'établir notre triomphe sur des bases durables, et constituer un gouvernement sérieux afin d'obtenir un traité sérieux lui-même?

L'Empereur n'avait pas eu un seul instant l'idée de la conquête, idée qu'il n'a jamais eue nulle part, pas plus au Mexique qu'ailleurs. Il voyait là-bas, au Mexique, un parti considérable qui demandait la restauration de la monarchie. Il crut bien faire en lui indiquant pour souverain l'archiduc Maximilien, frère de l'empereur d'Autriche, qui fut proclamé Empereur du Mexique, par une assemblée de notables.

L'armée française continua d'occuper le Mexique jusqu'en 1867, et c'est alors seulement que l'Empereur Maximilien trahi et fait prisonnier le 15 mai, fut fusillé après une apparence de jugement, le 19 juin ; tous ces événements se passant peut-être beaucoup à l'instigation des Etats-Unis, qui n'avaient épargné au président Juarez aucune espèce de secours et d'aide.

Cet empire du Mexique était-il né viable ?

Nous répondons sans hésiter : oui.

Seulement l'intervention républicaine, qui avait jusqu'alors fait échouer les plus beaux projets de l'Empereur, vint encore faire échouer celui-là.

Les députés et les écrivains du parti républicain eurent l'ignominie de soutenir et de défendre le brigand Juarez contre l'armée française.

Notre mémoire est pleine encore de ces souvenirs lugubres, nous montrant à la tribune française du Corps législatif, des orateurs qui poussaient la jalousie et la haine de la gloire impériale jusqu'à vouloir atteindre la France à travers la poitrine de l'Empereur.

Ils refusaient l'argent, les hommes, les approvisionnements dont on avait besoin, à tel point que le gouvernement était obligé de vider les arsenaux et de dépouiller les magasins pour continuer une guerre qui intéressait l'honneur français, et qu'il eût été si facile de mener à bonne fin, si l'on eût trouvé dans l'opposition qui se faisait à l'Empire, le patriotisme qu'on trouve chez toutes les autres nations.

Aussi, et c'est à bon droit que l'on put dire que les fusils de Juarez qui tiraient sur l'armée française étaient bourrés avec les discours antipatriotiques des Jules Favre, des Picard et des autres ennemis de l'Empire qui devaient plus tard, par l'ignoble révolution du 4 septembre, donner aux armées de Bismark les mêmes moyens de triomphe qu'ils avaient donnés aux guerilleros de Juarez.

Cette campagne du Mexique, qui a eu lieu telle que nous venons de la raconter simplement et brièvement, ainsi dégagée de toutes les calomnies et de tous les mensonges, restera, malgré tout et quoi qu'on en dise, ce que l'Empereur Napoléon III appelait une grande grande idée de son règne.

Et pour la gloire française qui n'en souffrit aucune atteinte, le vieux territoire des Caciques aurait pu la contempler avec le même étonnement et la même admiration qu'en mettaient les pyramides d'Egypte en contemplant l'armée française de Bonaparte, au nom de ses quarante siècles d'antiquité.

Avant de reprendre la politique intérieure de l'Empire, il nous reste encore une question grave à traiter : la question de Rome.

Nous avons déjà vu qu'en 1849, puis en 1860 une intervention française avait été nécessaire pour sauvegarder l'indépendance des États pontificaux contre les tendances de plus en plus accentuées de l'unité italienne. Depuis cette époque, la conquête du royaume de Naples avait encore développé les tendances unitaires, et fortifié le parti qui voulait s'emparer de Rome et y transporter la capitale du nouveau royaume.

La Convention du 15 septembre 1864 par laquelle l'Italie s'était engagée à respecter les frontières des États romains, avait paru pendant quelque temps, enrayer le mouvement unitaire; mais les événements d'Allemagne ne devaient pas tarder à compliquer la situation et à pousser le gouvernement de Florence, sinon à violer lui-même, du moins à laisser violer le traité signé avec la France.

A la suite de la guerre du Danemarck, des difficultés s'étaient élevées entre la Prusse et l'Autriche. Le conflit éclata en 1866, et l'Italie profita des embarras de l'Autriche en Allemagne pour revendiquer la Vénétie.

L'armée du roi Victor-Emmanuel envahit donc la Vénétie dans les premiers jours de juin 1866, mais cette campagne ne tourna pas à son avantage : les Italiens furent complétement battus à Custozza le 24 juin, et le mois suivant, la flotte, commandée par l'amiral Persano, fut anéantie à Lissa par la flotte autrichienne.

Dans l'intervalle, la Prusse triomphait à Sadowa le 3 juillet, et l'Empereur d'Autriche, comprenant qu'il était impossible de conti-

LES FRANÇAIS EN SYRIE.

nuer la guerre, demandait à l'Empereur Napoléon III sa médiation et lui cédait la Vénitie.

L'Empereur n'était pas intervenu dans la lutte entre la Prusse et l'Autriche pour plusieurs motifs : il lui répugnait d'abord d'engager la France dans une guerre qui pouvait être longue, difficile et devenir européenne ; puis il avait été trompé par les promesses que M. de Bismark lui avait faites, et d'ailleurs, en 1866, personne ne doutait que la victoire ne restât à l'Autriche.

Sadowa fut un coup de foudre. L'Empereur craignant l'extension démesurée de la Prusse, si la guerre se prolongeait, se hâta d'intervenir : il entama des négociations qui aboutirent le 24 juillet ; les préliminaires de la paix furent signés à Nickolsbourg, et le 23 août le traité de Prague mettait fin à la lutte.

L'Italie, bien que battue sur terre et sur mer, gagnait la Vénitie que lui remettait l'Empereur Napoléon III.

Ce résultat inespéré d'une guerre désastreuse exalta les esprits dans la péninsule, et Garibaldi, qui n'avait pas été heureux dans la campagne contre l'Autriche, pensa que le moment était venu de faire oublier ses insuccès en dirigeant une expédition contre Rome. Il réunit donc une bande d'agitateurs et parvint à l'organiser, grâce à la connivence du gouvernement. Il allait envahir les États pontificaux, lorsque le gouvernement italien, cédant à la pression de la France, se décida à agir. Garibaldi fut arrêté à Asinalunga et reconduit à Caprera : mais ce n'était que partie remise, et le mouvement projeté devait éclater quelques jours plus tard.

Au mois d'octobre 1867, les bandes révolutionnaires que Garibaldi avait réunies et que le gouvernement italien avait négligé de dissoudre, franchirent la frontière des États romains. Aussitôt Garibaldi quitta Caprera, se montra à Florence, et alla prendre le commandement des volontaires.

La situation dans laquelle se trouvait l'Empereur Napoléon III était des plus difficiles. La question romaine servait de prétexte tour à tour aux ultra-catholiques et aux républicains pour attaquer le gouvernement. Les uns lui reprochaient de ne pas faire assez pour la papauté, les autres l'accusaient de s'opposer à l'unité de l'Italie et d'intervenir dans les affaires d'intérieur d'un peuple voisin et ami.

D'autre part, le gouvernement pontifical ne s'était jamais montré reconnaissant des efforts faits par l'Empereur pour maintenir l'indépendance du Saint-Siége et ne l'avait jamais aidé en rien.

De tous les côtés et quoiqu'il fît, l'Empereur devait donc s'attendre à mécontenter des hommes qui ne voyaient, en réalité, dans la question romaine, qu'une occasion de combattre la politique impériale, et de faire de l'opposition à la dynastie.

S'il intervenait, les républicains ne manqueraient pas de jeter les hauts cris, et les ultra-catholiques ne lui sauraient aucun gré de ses efforts. S'il n'intervenait pas, les ultra-catholiques l'attaqueraient avec violence, et les républicains continueraient, sous un autre prétexte, leurs récriminations.

Mais au-dessus des mesquines intrigues des partis, se trouve l'intérêt de la France, et c'est cet intérêt seul qui allait dicter la détermination de l'Empereur.

La France est catholique, et il importait de rassurer les consciences et de sauvegarder la dignité de notre sainte religion, en maintenant l'indépendance du Saint-Siége et en empêchant que le pape pût devenir, à un moment donné, un instrument entre les mains du gouvernement italien.

Tels sont les motifs qui devaient, cette fois encore, déterminer l'Empereur à protéger la papauté. Il négocia d'abord avec le gouvernement du roi Victor Emmanuel et lui rappela les engagements qu'il avait pris par la convention du 15 septembre : mais les esprits étaient surexcités au plus haut point en Italie, le ministère Rattazzi avait été renversé, et il n'existait plus, pour ainsi dire, de gouvernement à Florence.

Bientôt se constitua un nouveau ministère qui fut présidé par le général Ménabréa. Ce nouveau ministère, tout en assurant à la France qu'il respecterait la Convention du 15 septembre, donna l'ordre à l'armée italienne de franchir la frontière des États romains.

L'Empereur protesta : un conflit était imminent, et déjà un corps d'armée français avait débarqué à Civita-Vecchia, lorsque le gouvernement italien, voulant éviter une guerre avec la France, rappela ses troupes.

Cependant Garibaldi, à la tête d'une armée composée d'aventuriers de tous les pays, continua son mouvement en avant : mais il fut battu à Mentana par l'armée pontificale, soutenue par plusieurs bataillons français, et il dut s'enfuir avec les débris de ses bandes cosmopolites.

La papauté était encore une fois sauvée grâce à l'Empereur.

Un mois plus tard, le gouvernement, à la suite de vives discussions au Corps législatif, faisait une déclaration solennelle en faveur du Pape qu'il promettait de n'abandonner jamais.

Et il tint parole. Jusqu'en 1870, nos troupes restèrent à Rome, malgré les réclamations des députés et des journaux républicains : elles ne furent rappelées qu'au moment où la guerre d'Allemagne faisait un devoir à l'Empereur de réunir sur la frontière du Rhin toutes les forces dont il pouvait disposer.

On le voit, en 1849, en 1860, en 1867, l'Empereur a défendu la papauté. Eh bien ! malgré cela, aujourd'hui, les ultra-catholiques osent encore lui reprocher d'avoir été la cause de la chute du pouvoir temporel. A cette calomnie, nous n'avons qu'un mot à répondre : Si l'Empire n'avait pas été renversé le 4 septembre, jamais les Italiens ne seraient entrés à Rome.

LIVRE DIXIÈME

Situation en 1860. — Politique intérieure. — Réforme économique. — Agitation des esprits. — L'empereur s'ouvre à M. Rouher pour étendre les attributions du Sénat et du Corps législatif. — M. Rouher résiste. — M. Billault et M. Magne ministres sans portefeuille. — Discussion brillante, mais violente des adresses. — Carrière politique de M. Billault. — Sa mort. — M. Rouher le remplace. — Proposition d'un congrès, faite par l'Empereur. — Question des duchés du Holstein et du Schleswig. — La Prusse et l'Autriche les envahissent et se les approprient. — Conférences de Londres. — L'Angleterre propose à la France d'intervenir par les armes en faveur du Danemark. — Hésitation de l'Empereur. — Il se résout un jour trop tard. — Rivalité déclarée de l'Autriche et de la Prusse. — Réserve de la politique française. — Illusion générale sur l'issue de la lutte imminente. — Pourquoi l'Empereur favorise l'union de l'Italie et de la Prusse. — Custozza et Sadowa. — Le Luxembourg. — Etat des esprits en France. — L'opposition pousse à la guerre. — Retrait de l'adresse du Sénat et du Corps législatif. — Droit d'interpellation. — L'Empereur veut faire entrer M. Ollivier au ministère. — Résistance de M. Rouher. — Loi sur la presse. — Discours de M. Granier de Cassagnac. — Incident qu'il amène. — Hésitation de l'Empereur. — Conseil privé. — L'empereur dit à M. Rouher qu'il le traite en maréchal de France. — Il lui ordonne de soutenir la loi sur la presse. — Elle est votée. — Les sept sages. — Présentation et discussion de la loi sur l'armée. — Le maréchal Niel. — Elections de 1869. — Agitation qui les domine. — Les 116. — M. Rouher offre de résister. — Il donne sa démission. — Formation du ministère du 2 janvier 1870. — Affaiblissement graduel de l'autorité. — Retour des émeutes. — Plébiscite du 8 mai 1870. — Pensée qu'il suggère à l'Empereur. — Incident imprévu qui amène la rupture avec la Prusse. — 15 juillet 1870, et déclaration de guerre.

L'année 1860 peut être considérée comme le point culminant du régime impérial. Il venait d'illustrer ses armes en Italie, comme il les avait précédemment illustrées en Crimée ; et la puissance qui avait successivement imposé la paix à la Russie et à l'Autriche ne paraissait pas pouvoir trouver de rivale en Europe.

Néanmoins, de la guerre d'Italie vont sortir des émotions intérieures qui, de religieuses d'abord, deviendront plus tard politiques, et qui, réunies aux inquiétudes, aux rancunes de la vieille routine industrielle et commerciale, vivement secouée dans sa torpeur par une plus grande liberté donnée au travail et aux échanges, concourront à l'affaiblissement graduel des institutions, sans que le clergé, qui fomentait les unes, et la riche bourgeoisie, qui envenimait les autres, eussent le sentiment de l'œuvre désorganisatrice qu'ils poursuivaient.

C'est le 5 janvier que le public fut averti, par une lettre de l'Empereur à son ministre d'État, qui était alors M. Fould, de la réforme industrielle qui se préparait, et dont les principes, déjà élaborés dans de secrètes négociations, engagées dès le mois de novembre précédent avec l'Angleterre, furent posés avec éclat, le 23 janvier, dans un traité de commerce préparé par M. Richard Cobden, au nom de la Grande-Bretagne, et par M. Eugène Rouher, au nom de la France.

Laisser au travail et aux échanges une liberté qui les stimule et les développe, et dont le terme définitif est le rapprochement, la richesse et la civilisation des peuples, est une idée française inaugurée par Colbert, poursuivie par Turgot, acceptée en 1846 en Angleterre par Robert Peel, sur l'initiative de Richard Cobden, et finalement réalisée dans notre pays par M. Eugène Rouher, dont elle associe le nom à celui de ces hommes illustres.

Les difficultés qui avaient arrêté Colbert à moitié chemin de son œuvre et celles contre lesquelles Turgot se brisa, n'existaient plus en 1860.

Colbert avait trouvé la France divisée en provinces ayant chacune son administration, ses finances et ses douanes. La circulation générale des denrées et des marchandises y était donc entravée par un nombre infini de barrières et de tarifs. Colbert réussit à grouper cinq de ces provinces sous un tarif commun établi en 1664. Les autres résistèrent. L'idée d'un tarif commun pour toute la France ne fut pas néanmoins abandonnée; l'intendant des finances Trudaine en avait, dès 1760, préparé les éléments par sept années de travail; mais la France était encore partagée en quatre grandes régions douanières en 1774, lorsque Turgot entreprit d'établir la liberté du commerce des grains et des farines dans l'intérieur du royaume, tâche alors bien ardue, et dans laquelle il échoua.

En 1860, l'unité douanière, comme l'unité administrative de la France existait depuis la Révolution, et, grâce à l'énergique effort de Napoléon Ier et de Napoléon III, des canaux et des chemins de fer sillonnaient déjà sa surface. Il devenait donc possible non-seulement d'établir réellement sur le territoire, à l'aide de voies rapides et à bon marché, une vaste et uniforme distribution des denrées et des marchandises, mais de puiser dans cette circulation à bon marché, appliquée aux matières premières, à l'importation, et aux matières fabriquées, à l'exportation, les éléments d'un commerce d'échanges fructueux avec les autres nations. L'Angleterre étant alors la plus grande puissance industrielle et commerçante du monde, son exemple devait naturellement entraîner et même forcer les autres. C'est donc par elle que l'on commença. L'exemple qu'elle avait donné, en abolissant, en 1846, les droits à l'entrée sur les céréales étrangères, justifiait d'abord de sa bonne foi; il était en outre un témoignage fovorable à la liberté commerciale, puisque les appréhensions de l'agriculture anglaise ne s'étaient pas réalisées, et que sa prospérité n'avait pas été atteinte.

Deux hommes, diversement doués, auront laissé, plus que tous les autres, une trace glorieuse et ineffaçable de leur passage aux affaires sous l'Empire : l'un est M. Haussmann, auteur de la transformation de Paris; l'autre est M. Rouher, auteur du traité de commerce avec l'Angleterre, et du système économique appelé libre-échange, substitué au système protecteur, qui avait été le berceau de notre industrie, lorsqu'elle était encore dans les langes. Encore faut-il ajouter, pour être juste, qu'en transformant Paris, M. Haussman avait réalisé une conception personnelle de l'Empereur; tandis qu'en établissant la liberté de l'industrie et des échanges, M. Rouher avait réalisé ses propres vues, auxquelles néanmoins l'Empereur avait donné son adhésion et son appui.

L'œuvre générale que M. Rouher avait rêvée et préparée, depuis son entrée au ministère de l'agriculture, du commerce et des travaux publics, en 1855, embrassait les trois grandes divisions de l'industrie, de l'agriculture et des transports.

La première comportait les traités de commerce et les tarifs des marchandises, tarifs appropriés à la puissance de l'industrie nationale, et se substituant au système des prohibitions.

La seconde comprenait d'abord la liberté du commerce des

céréales, par l'abolition du système de l'échelle mobile. Elle s'appliquait encore au régime et à l'aménagement des eaux, qui retournent des montagnes et des sources à la mer, avec une perte annuelle de plusieurs centaines de millions de produits, perte qu'épargnerait un emploi intelligent de l'irrigation et des forces hydrauliques.

Enfin, la troisième division avait trait, non-seulement au développement des voies de transport intérieures, mais encore aux réformes qu'appelait la législation relative à la marine marchande.

Toutes les parties de cette œuvre d'ensemble ne purent pas être pratiquement abordées. L'aménagement et le régime des eaux restèrent à l'étude, avec le code agricole. La suppression de l'échelle mobile et la réforme du régime de la marine marchande, en raison de la délicatesse de la matière, durent être dévolues à l'examen du Corps législatif, qui les discuta et les vota ; mais la suppression du système prohibitif et l'établissement de tarifs combinés avec l'état de l'industrie nationale et la liberté des échanges auraient rencontré dans les intérêts privés des résistances qu'il eût été impossible de vaincre ; et c'est avec raison que M. Rouher fit rentrer ces divers ordres de questions dans le domaine des traités de commerce, prudemment réservés par le sénatus-consulte de 1852, à l'initiative de l'Empereur.

Voici donc les parties importantes de celui que M. Rouher avait négocié avec Richard Cobden, et qui avait reçu, le 23 janvier, la signature de lord Cowley et celle de M. Baroche, comme représentants de l'Angleterre et de la France.

L'Empereur s'engageait à admettre les objets d'origine et de manufacture britanniques tels que sucre raffiné, fer forgé, tissus divers, etc., importés du Royaume-Uni en France, moyennant un droit qui ne devait en aucun cas dépasser trente pour cent de leur valeur, y compris les deux centimes additionnels.

Il devait réduire les droits d'importation en France sur la houille et le coke britanniques au chiffre de quinze centimes les cent kilogrammes, plus les deux décimes.

De son côté, le gouvernement anglais s'engageait à abolir les droits d'importation sur les objets fabriqués en France tels que : acides, armes, étoffes, dentelles, fer ouvré, machines, tissus de soie, etc.

ENTRÉE DE L'ARMÉE FRANÇAISE A MEXICO.

Les droits à l'importation des vins français devaient être réduits à un taux variant entre un shilling et deux shillings par gallon, suivant la quantité d'alcool qu'ils contenaient. Les eaux-de-vie et les alcools français devaient être soumis à des droits identiques à ceux d'accise qui grévaient les produits anglais similaires. Les rhums et tafias provenant des colonies françaises, les papiers de tenture et l'orfévrerie provenant de France devaient être traités de la même façon.

Les puissances contractantes s'engageaient en outre à permettre sans droits l'importation de la houille. Les sujets de chacune des puissances devaient jouir dans les États de l'autre de la même protection que les nationaux, pour tout ce qui concerne la propriété des marques de commerce et des dessins de fabrique.

Enfin les deux puissances contractantes prenaient l'engagement de faire profiter l'autre puissance de toute faveur, de tout privilége ou abaissement dans les tarifs des droits sur l'importation que l'une d'elles pourrait accorder à une autre puissance.

Le traité était valable pour dix ans.

Le Corps législatif, réuni le 1er mars, reçut communication dans le discours de l'Empereur de l'état où était arrivée la question d'Italie, la question religieuse qui s'y trouvait impliquée, et la question économique posée par le traité de commerce avec l'Angleterre. Ces deux dernières agitèrent, pendant toute l'année 1860, les esprits à l'intérieur.

Le 13 mars, la Chambre des députés fut saisie de divers projets de loi concernant les tarifs des laines, des cotons et autres matières premières; et le 15 mars une nouvelle loi fut déposée, autorisant le gouvernement à faire jusqu'à concurrence de quarante millions des prêts à l'industrie nationale, en vue de l'aider à transformer ou à perfectionner son outillage, pour qu'elle fût en mesure de lutter contre l'industrie étrangère. Ces questions économiques remplirent la plus grande partie de la session, et l'examen en fut soutenu avec un grand talent de parole et d'affaires par M. Baroche, président du Conseil d'État.

Les événements qui se déroulèrent en Italie et qui réduisirent successivement au domaine de saint Pierre l'autorité temporelle du Pape, avaient eu naturellement leur contre-coup en France.

La presse religieuse commettait la faute d'exagérer les faits et de passionner les esprits. Le Gouvernement, gardien de la paix publique, dut intervenir. Sur trois rapports de M. Billault, ministre de l'intérieur, le journal l'*Univers* fut supprimé le 29 janvier ; la *Bretagne*, feuille catholique de Saint-Brieuc, fut également supprimée le 15 février ; et l'*Ami de la Religion* reçut, le 2 avril, un avertissement.

Toutefois, le Gouvernement ne crut pas que sa tâche, à cet égard, fût suffisamment remplie par ces actes. Par une dépêche du 16 février, adressée à l'ambassadeur de France à Rome, M. Thouvenel, ministre des affaires étrangères, reprit et regretta l'esprit de l'Encyclique du Pape aux évêques. M. Rouland, ministre des cultes, fit appel, dans une circulaire du 17 février, à la sagesse de l'Épiscopat, et M. Billault, par une circulaire aux Préfets, donna les instructions nécessaires pour mettre un terme aux agitations de la chaire.

Le développement que, par des moyens de tout genre, les uns réguliers, les autres révolutionnaires, avait pris ou poursuivait toujours le nouveau royaume d'Italie, la part que la France y avait eue ou qu'on supposait qu'elle pourrait y avoir encore, avaient causé une certaine agitation en Allemagne. Une entrevue amicale avec les souverains allemands et les loyales explications de l'Empereur Napoléon devaient suffire à tout dissiper.

L'Empereur se rendit à Bade, près du grand duc, en vue de ce résultat, le 15 juin. Il y vit, le 16, le prince régent de Prusse et la princesse de Prusse, le roi de Wurtemberg, le roi de Bavière, le roi de Saxe, le roi de Hanovre, le grand-duc de Hesse-Darmstadt, le duc de Nassau, le grand-duc de Saxe-Weimar, le duc de Saxe-Cobourg et le prince de Hohenzollern. L'Empereur fut courtoisement, et, d'après toutes les apparences, cordialement accueilli ; et, le 19 juin, après la rentrée de l'Empereur à Paris, le *Moniteur* appréciait en ces termes le caractère et les effets de son voyage :

« Le voyage rapide que vient de faire l'Empereur aura, nous n'en doutons pas, d'heureux résultats. Il ne fallait rien moins que la spontanéité d'une démarche aussi significative pour faire cesser ce concert unanime de bruits malveillants et de fausses appréciations.

« En effet, l'Empereur, en allant expliquer franchement aux souverains réunis à Bade comment sa politique ne s'écarterait jamais du droit et de la justice, a dû porter dans des esprits si distingués et si exempts de préjugés la conviction que ne manque pas d'inspirer un sentiment vrai expliqué avec loyauté.

« Aussi est-il entré plus que de la courtoisie dans les rapports réciproques des membres de cette auguste réunion. Ils ont presque passé ensemble la journée du dimanche. A midi, le grand-duc de Bade les avait tous réunis à un déjeuner au vieux château. Ils se sont retrouvés à dîner à cinq heures.

« Après le dîner, l'Empereur étant retourné dans son hôtel, la plupart des souverains sont venus lui dire adieu. Sa Majesté a encore pu prendre congé d'eux tous, à neuf heures, chez la princesse Marie de Bade, duchesse d'Hamilton, qui les avait engagés à venir prendre le thé au Pavillon.

« Ainsi, tous ceux qui désirent le rétablissement de la confiance et la continuation des bons rapports internationaux doivent se féliciter d'une conférence qui consolide la paix de l'Europe. »

Trois voyages importants de Leurs Majestés remplirent la seconde moitié de cette belle année, qu'attristèrent néanmoins deux grands deuils de famille, la mort du roi Jérôme, arrivée le 24 juin, et celle de madame la duchesse d'Albe, sœur de l'Impératrice, décédée le 17 septembre. L'Empereur et l'Impératrice visitèrent la Savoie et le comté de Nice, réunis à la France, et y reçurent les plus éclatantes ovations. Ce voyage dura du 23 août au 13 septembre. De Nice, Leurs Majestés se rendirent en Corse, et arrivèrent, le 14, à Ajaccio. Elles trouvèrent, au berceau des Napoléon, l'accueil affectueux et enthousiaste qu'elles étaient en droit d'y attendre. Le 17 septembre, l'Empereur et l'Impératrice arrivèrent à Alger, où le bey de Tunis et un frère de l'empereur du Maroc vinrent les saluer ; et le lendemain eut lieu, dans la plaine de la Mitidja, une réunion immense des chefs et des députations de toutes les tribus arabes, au milieu desquelles l'Empereur reçut les hommages de ces populations guerrières.

Le 22 septembre, Leurs Majestés étaient rentrées à Saint-Cloud.

Ici va commencer une phase politique nouvelle. L'Empereur,

dont les qualités du cœur étaient admirables, qui se savait aimé de la France, qui se sentait investi d'un pouvoir immense et irrésistible, eut l'ambition louable en elle-même, mais que les plus grands souverains n'ont jamais pu satisfaire, de ne laisser autour de lui aucun mécontent. Les événements d'Italie en avaient produit dans le parti religieux, les nouvelles réformes économiques, que l'expérience a consacrées et justifiées, en produisaient parmi la riche bourgeoisie, engagée dans les opérations industrielles ; enfin, le parti républicain, vaincu le 2 décembre 1848, se plaignait naturellement d'une Constitution qui ne lui laissait pas la faculté d'agiter de nouveau le pays par la tribune et par la presse.

Au lieu de laisser au temps la solution des problèmes qui relèvent surtout de lui ; au lieu d'attendre que les agitations religieuses se fussent calmées, que les réformes économiques fussent jugées par leurs effets, que les populations ouvrières, égarées par la démagogie, fussent ramenées et définitivement conquises par la prospérité générale et croissante de la France, l'Empereur conçut la pensée d'ouvrir la carrière aux mécontentements, fondés ou non, et de les vaincre par la force de sa loyauté et par l'ascendant de la raison et de la logique.

Donc, vers la fin de septembre 1860, l'esprit encore tout rempli des ovations de Chambéry, d'Annecy, de Nice, d'Ajaccio et d'Alger, persuadé que tant d'affection et d'autorité lui commandaient plus de bonté et lui permettaient plus de confiance, l'Empereur pensa qu'il pouvait desserrer les liens de la Constitution, et donner la liberté à la tribune.

Lorsque son dessein fut à peu près arrêté, il s'en ouvrit à M. Rouher, qui s'attacha à le dissuader. M. Rouher fit observer que l'opinion ne demandait pas de telles innovations ; que les institutions fonctionnaient régulièrement, avec le concours manifeste et convaincu de l'immense majorité du pays ; que le désir de fermer la bouche à quelques opposants, chose toujours difficile et souvent impossible, risquait d'affaiblir la confiance et le zèle de ceux qui s'étaient énergiquement dévoués à l'Empire.

Néanmoins, malgré ces sages conseils, l'Empereur persistait ; il alléguait le péril qu'il y avait, selon lui, à laisser à M. Baroche seul, président du Conseil d'État, la tâche de défendre et de faire prévaloir sa politique : il croyait bon et prudent de partager cette tâche entre deux ministres spéciaux, ministres sans portefeuille, et consacrés à l'œuvre de la parole, dans le débat loyalement ouvert, à l'aide d'une adresse que le Sénat et le Corps législatif seraient autorisés à voter, en réponse au discours du chef de l'État. Le fond de la volonté du pays se ferait jour dans cette discussion ; il croyait juste d'accueillir ce qu'il y aurait de bon, et il comptait sur son autorité et sur le bon sens du pays pour écarter ce qu'il y aurait de mauvais. M. Rouher était, dans sa pensée, l'un des orateurs les plus propres à l'accomplissement de son œuvre ; et l'Empereur lui demanda d'accepter le rôle qu'il lui avait destiné.

M. Rouher ne se laissa pas vaincre ; il resta frappé du danger qu'il y avait dans un changement que l'opinion publique ne sollicitait à aucun degré, et dans un ébranlement moral prématuré, inutile, qu'une telle innovation ne pouvait manquer de produire, sans qu'il fût possible de lui assigner des limites. Il pria donc l'Empereur de renoncer à son projet, et, quant à lui, il refusa respectueusement son concours.

Un peu ébranlé par cette résistance, l'Empereur dit qu'il réfléchirait, et il recommanda le plus grand secret à M. Rouher ; mais, à cette époque, le décret était déjà préparé par M. Walewsky, et M. Thiers en était le confident.

Mais l'Empereur n'avait pas seulement autour de lui des conseillers préoccupés du maintien de la Constitution et de son acclimatement nécessaire ; d'autres, dévoués sans contredit, mais ayant habitué leur esprit à des idées appartenant à d'autres régimes, étaient moins frappés de la nécessité et de la supériorité pratique des principes de 1852. De ce nombre était M. Walewski, ami de M. Thiers, dont il avait autrefois soutenu la politique dans la presse, et qui lui avait ouvert la carrière diplomatique en 1840. Ses relations avec lui s'étaient maintenues depuis le 2 décembre ; et c'est pénétré de ses insinuations, entraîné par ses conseils, qu'il avait poussé l'Empereur à la nouveauté délicate et inopportune dont l'esprit du souverain était obsédé. M. de Morny était dans la confidence des démarches de M. Walewski, et il ne fut pas étranger à leur succès définitif.

L'Empereur se décida en effet ; il rédigea ses décrets du

24 novembre, sans consulter de nouveau M. Rouher ; et se croyant sûr d'un ascendant absolu sur lui, il le nomma ministre sans portefeuille, avec M. Magne, qui était alors ministre des finances. Le décret rédigé et signé, un officier d'ordonnance fut chargé de le porter au *Moniteur*, et, quelques instants auparavant, un autre officier alla chercher M. Rouher, de la part de l'Empereur, qui s'était réservé de lui annoncer l'événement, et de lui arracher un consentement moins obtenu qu'imposé.

C'était le 22 novembre au soir. M. Rouher arriva chez l'Empereur, et trouva dans le salon d'attente l'officier d'ordonnance qui portait les décrets au *Journal officiel*. Rapidement averti du contenu des décrets, il le pria d'attendre, et entra dans le cabinet.

Informé par le souverain des dispositions qu'il venait d'arrêter, et du rôle qu'il y remplissait, M. Rouher opposa un refus nouveau et absolu. Il ne revint sur les dangers qu'il avait déjà signalés que pour les maintenir; et il se cantonna dans la nécessité de poursuivre l'œuvre économique dont le traité de commerce avec l'Angleterre avait été l'inauguration. Il rappela les négociations nombreuses engagées avec divers pays, et qu'il fallait poursuivre ; les difficultés soulevées par les intéressés, et qu'il fallait vaincre. Il ajouta qu'à ses yeux la liberté du travail et des échanges était une œuvre plus utile, plus pratique, plus urgente que l'établissement de l'Adresse ; qu'il s'y était engagé avec l'autorisation et l'appui de l'Empereur ; que son unique désir était de la mener à bien ; que l'Empereur pouvait bien lui retirer le ministère de l'agriculture et du commerce, si telle était sa pensée ; mais qu'en l'état où se trouvait la question économique, il était bien résolu à ne pas changer son ministère pour un autre, quel qu'il fût. Il termina en suppliant l'Empereur de lui épargner la douleur d'un éclat et d'un refus public.

L'Empereur, sans entrer dans aucune discussion, demanda si les décrets étaient envoyés au *Moniteur*, et, informé du retard demandé par M. Rouher, il les reprit. Celui-ci sortit du cabinet, laissant le souverain dans un état de mécontentement peu dissimulé ; et il rentra chez lui pour préparer son déménagement, bien persuadé que, le lendemain matin, il ne serait plus ministre.

Le lendemain matin, ce ne fut pas la révocation qui arriva, ce fut M. Walewski, fort intéressé au succès de l'entreprise, puisque l'un des décrets en suspens le faisait ministre d'État. Il vint reprendre la première thèse de l'Empereur, avec force insistances affectueuses et flatteuses ; mais il ne tarda pas à s'apercevoir qu'il faisait peu de progrès dans l'esprit de son interlocuteur. Il venait d'ailleurs de la part de l'Empereur, et il portait des propositions qui, de la part d'un grand souverain envers un serviteur éprouvé, sont toujours très-honorables. L'Empereur considérait que l'état de fortune de M. Rouher, son dévouement et services appelaient de sa part un témoignage public de satisfaction. En conséquence, il lui faisait offrir par M. Walewski un hôtel d'un million, qui pourrait faciliter plus tard l'établissement de ses enfants. M. Rouher écouta cette offre avec une respectueuse déférence ; et puis, regardant M. Walewski, il lui dit avec un sourire : « Mon cher Walewski, veuillez dire à l'Empereur que je suis prêt à rester ici à vingt sous par jour, s'il m'y veut, ou à m'en aller, s'il ne m'y veut pas ; mais que je ne veux pas aller ailleurs, et que je n'accepte pas le million que vous m'offrez de sa part. »

M. Walewski se retira ; l'Empereur, satisfait de l'abnégation et de la dignité de son ministre du commerce et des travaux publics, le laissa à son poste. Le lendemain, 23 novembre, la nomination de M. Walewski, comme ministre d'État, en remplacement de M. Fould, parut au *Moniteur* ; M. Billault fut appelé au poste refusé par M. Rouher ; et la combinaison élaborée avec tant de peine parut au *Moniteur* du 24 novembre ; la voici :

Paris, le 24 novembre 1860.

NAPOLÉON,

Par la grâce de Dieu et la volonté nationale, Empereur des Français,

A tous présents et à venir, salut :

Voulant donner aux grands corps de l'État une participation plus directe à la politique générale de notre gouvernement et un témoignage éclatant de notre confiance,

Avons décrété et décrétons ce qui suit :

ART. 1ᵉʳ. — Le Sénat et le Corps législatif voteront tous les

ATTAQUE DES FORTIFICATIONS CHINOISES DANS LE PEI-HO

ans, à l'ouverture de la session, une adresse en réponse à notre discours.

Art. 2. — L'adresse sera discutée en présence des commissaires du Gouvernement, qui donneront aux Chambres toutes les explications nécessaires sur la politique intérieure et extérieure de l'Empire.

Art. 3. — Afin de faciliter au Corps législatif l'expression de son opinion dans la confection des lois et l'exercice du droit d'amendement, l'article 54 de notre décret du 22 mars 1852 est remis en vigueur, et le règlement du Corps législatif est modifié de la manière suivante :

« Immédiatement après la distribution des projets de loi, et au
« jour fixé par le président, le Corps législatif, avant de nommer sa
« commission, se réunit en comité secret ; une discussion sommaire
« est ouverte sur le projet de loi, et les commissaires du Gouver-
« nement y prennent part.

« La présente disposition n'est applicable ni aux projets de loi
« d'intérêt local, ni dans le cas d'urgence. »

Art. 4. — Dans le but de rendre plus prompte et plus complète la reproduction des débats du Sénat et du Corps législatif, le projet de sénatus-consulte suivant sera présenté au Sénat :

« Les comptes rendus des séances du Sénat et du Corps législatif,
« rédigés par des secrétaires-rédacteurs placés sous l'autorité du
« président de chaque assemblée sont adressés chaque jour à tous
« les journaux. En outre, les débats de chaque séance sont repro-
« duits par la sténographie et insérés in extenso dans le *Journal*
« *officiel* du lendemain. »

Art. 5. — Pendant la durée des sessions, l'Empereur désignera des ministres sans portefeuille pour défendre devant les Chambres, de concert avec le président et les membres du conseil d'État, les projets de loi du Gouvernement.

Art. 6. — Le ministère de notre Maison est supprimé : Ses attributions sont réunies à celles du grand maréchal du Palais.

Art. 7. — Le ministère de l'Algérie et des colonies est supprimé. Les colonies sont réunies au ministère de la marine.

Art. 8. — Sont distraits du ministère de l'Instruction publique, pour être placés dans les attributions du ministère d'État, les services qui ne touchent pas directement à l'enseignement public ou aux établissements spéciaux de l'Université.

Art. 9. — Le service des haras est distrait du ministère de l'agriculture, du commerce et des travaux publics, pour être placé dans les attributions du ministère d'État.

Art. 10. — M. le comte de Chasseloup-Laubat, ancien ministre de l'Algérie et des colonies, est nommé ministre de la marine et des colonies, en remplacement de M. l'amiral Hamelin, appelé à d'autres fonctions.

Art. 11. — M. l'amiral Hamelin est nommé grand chancelier de la Légion d'honneur, en remplacement de M. le maréchal Pélissier, duc de Malakoff, appelé à d'autres fonctions.

Art. 12. — M. le maréchal Pélissier, duc de Malakoff, est nommé gouverneur général de l'Algérie.

Art. 13. — Les ministres sans portefeuille ont le rang et le traitement des ministres en fonctions ; ils font partie du conseil des ministres et sont logés aux frais de l'État.

Art. 14. — Notre ministre d'État est chargé de l'exécution du présent décret.

Fait au Palais des Tuileries, le 24 novembre 1860.

NAPOLÉON.

L'article 13 promettait aux ministres sans portefeuilles qu'ils seraient logés aux frais de l'Etat. L'Empereur prit la promesse à son compte. MM. Billault et Magne reçurent chacun un hôtel acheté aux frais de la liste civile.

Au moment où l'Empereur tentait ainsi la fortune et mettait loyalement dans les mains de ses adversaires politiques les moyens de lui faire payer cher sa générosité, le personnel militant qu'il avait sous la main était nombreux et plein d'ardeur.

Ainsi que nous venons de la rapporter, M. Billault reçut la mission difficile et glorieuse de défendre le gouvernement par la parole dans l'une et l'autre chambre. Il s'en acquitta avec autorité et avec éclat. La session de 1861 et celles de 1862 et de 1863 furent l'apogée de sa situation et de son talent. Il parla comme avait parlé M. Guizot; et si, plus tard, M. Rouher le dépassa comme orateur pénétré de l'esprit et de la pratique des affaires, M. Billault fut alors sans rival au point de vue de l'élévation, de la mesure et de la correction de la parole.

M. Magne demeura chargé de la partie des débats plus spécialement consacrés au budget, et il ne cessa d'apporter dans l'accomplissement de sa tâche, la netteté, la finesse et la bonhomie railleuse qui caractérisent sa discussion.

M. de Persigny, ambassadeur à Londres, venait remplacer M. Billault à l'intérieur ; M. de Forcade La Roquette prenait la place de M. Magne aux finances ; M. Baroche restait président du conseil d'État avec le titre de ministre sans portefeuille ; M. Delangle était à la justice, M. Rouland à l'instruction publique, M. Thouvenel aux affaires étrangères ; M. Randon à la guerre ; M. De Chasseloup-Laubat à la marine. On a déjà vu M. Walewsky entrer au ministère d'État ; et M. Rouher conservait ce ministère de l'agriculture, du commerce et des travaux où il avait voulu rester à tout prix, pour y accomplir la grande œuvre de la liberté de l'industrie et des échanges.

En dehors du ministère était un homme important, plein d'ambition, courageux, dévoué, mais auquel le goût des spéculations n'avait pas permis de prendre un ascendant moral et politique proportionné à la distinction de son esprit et à l'importance de ses services. C'était M. de Morny. Il avait succédé, en 1854, à M. Billault comme président du Corps législatif, et il dirigeait les discussions de la Chambre avec les façons les plus élégantes et les plus courtoises. Il était moins mordant que ne l'avait été M. Dupin, mais il n'était pas moins spirituel. Son goût pour les beaux arts, son luxe de grand seigneur, la fréquence et l'éclat de ses fêtes l'avaient pour ainsi dire préparé aux grandes séances qui furent inaugurées par l'Adresse, et pendant lesquelles il resta au niveau des difficultés de sa mission.

Toujours échauffé par un reste de levain parlementaire puisé dans le gouvernement de 1830, il avait favorisé l'évolution politique opérée le 24 novembre, et il exagéra même l'exécution de la partie des décrets qui inaugurait la nouvelle extension donnée à la publicité des débats. En Angleterre, foyer du régime parlementaire, les séances de la Chambre des Communes comme celles de la Chambre des Lords ont principalement lieu de nuit. Cette circonstance amortit la curiosité du public, qui se contente généralement de suivre dans la presse périodique les débats du parlement. M. de Morny fit rétablir les deux rangs de tribunes du gouvernement de juillet, et le Corps législatif devint comme une enceinte théâtrale, encombrée de femmes frivoles et d'oisifs, venus pour assister à l'imprévu et aux émotions des luttes oratoires.

La discussion de la première Adresse du Sénat et du Corps législatif fit bien pressentir combien les passions extérieures pénétreraient désormais dans la politique; car, dès le premier jour, la direction calme, sage, pratique, imprimée jusqu'alors aux affaires par l'Empereur, sera troublée et, dans une forte mesure, remplacée par l'initiative et l'impulsion individuelles.

Un décret du 15 janvier 1861 convoqua le Sénat et le Corps législatif pour le 4 février suivant. Le Sénat s'était réuni quelques jours auparavant pour libeller et voter un sénatus-consulte portant modification de l'article 42 de la constitution relatif à la publicité des débats.

La session fut ouverte, le 4 février, dans la salle des États, par l'Empereur en personne. Son discours, plein de loyauté et d'abandon, respire le sentiment de confiance avec lequel il remettait en quelque sorte dans les mains du pays une portion de l'autorité qu'il en avait reçue, et il permet des mesurer le chemin plein d'illusions qu'il parcourut depuis cette époque jusqu'à la catastrophe de 1870.

Voici ce beau discours, le premier pas qui fut fait dans la voie de concessions généreuses, mais imprudentes, et dont on peut dire qu'elles n'étaient ni nécessaires, ni désirées par la France :

« Messieurs les Sénateurs,
« Messieurs les Députés,

« Le discours d'ouverture de chaque session résume, en peu de mots, les actes passés et les projets à venir. Jusqu'à ce jour, cette communication, restreinte par sa nature, ne mettait pas mon gouvernement en rapport assez intime avec les grands corps de l'État, et ceux-ci étaient privés de la faculté de fortifier le gouvernement par leur adhésion publique ou de l'éclairer par leurs conseils.

« J'ai décidé que tous les ans un exposé général de la situation de l'Empire serais mis sous vos yeux, et que les dépêches les plus importantes de la diplomatie seraient déposées dans vos bureaux.

« Vous pourrez également, dans une adresse, manifester votre sentiment sur les faits qui s'accomplissent, non plus, comme autrefois, par une simple périphrase du discours du Trône, mais par la libre et loyale expression de votre opinion.

« Cette amélioration initie plus amplement le pays à ses propres affaires, lui fait mieux connaître ceux qui le gouvernent comme ceux qui siégent dans les Chambres, et malgré son importance, n'altère en rien l'esprit de la Constitution.

« Autrefois, vous le savez, le suffrage était restreint. La Chambre des députés avait, il est vrai, des prérogatives plus étendues, mais le grand nombre de fonctionnaires publics qui en faisaient partie donnait au gouvernement une action directe sur ses résolutions.

« La Chambre des pairs, votait aussi les lois, mais la majorité pouvait être à chaque instant déplacée par l'adjonction facultative de nouveaux membres.

« Enfin, les lois n'étaient pas toujours discutées pour leur valeur réelle, mais suivant la chance que leur adoption ou leur rejet pouvait avoir de maintenir ou de renverser le ministère. De là, peu de sincérité dans les délibérations, peu de stabilité dans la marche du gouvernement, peu de travail utile accompli.

« Aujourd'hui, toutes les lois sont préparées avec soin et maturité par un conseil d'hommes éclairés, qui donnent leur avis sur toutes les mesures à prendre. Le Sénat, gardien du pacte fondamental, et dont le pouvoir conservateur n'use de son initiative que dans les circonstances graves, examine les lois sous le seul rapport de leur constitutionnalité, mais, véritable cour de cassation politique, il est composé d'un nombre de membres qui ne peut être dépassé.

« Le Corps législatif ne s'immisce pas, il est vrai, dans tous les détails de l'administration, mais il est nommé directement par le suffrage universel, et ne compte dans son sein aucun fonctionnaire public. Il discute les lois avec la plus entière liberté; si elles sont repoussées, c'est un avertissement dont le gouvernement tient compte; mais ce rejet n'ébranle pas le pouvoir, n'arrête pas la marche des affaires et n'oblige pas le souverain à prendre pour conseillers des hommes qui n'auraient pas sa confiance.

Telles sont les différences principales entre la Constitution actuelle et celle qui a précédé la révolution de février.

« Epuisez, messieurs, pendant le vote de l'adresse, toutes les discussions, suivant la mesure de leur garantie, pour pouvoir ensuite vous consacrer entièrement aux affaires du pays, car, si celles-ci réclament un examen approfondi et consciencieux, les intérêts à leur tour, sont impatients de solutions promptes.

« A la veille d'explications plus détaillées, je me bornerai à vous rappeler sommairement ce qui s'est fait au dedans et au dehors.

« A l'intérieur, toutes les mesures prises tendent à augmenter la production agricole, industrielle et commerciale. Le renchérissement de toute chose est la conséquence inévitable d'une prospérité naissante, mais, au moins, devrions-nous chercher à rendre les objets de première nécessité le moins chers possible.

« C'est dans ce but que nous avons diminué les droits sur les matières premières, signé un traité de commerce avec l'Angleterre, projeté d'en contracter d'autres avec les pays voisins, facilité partout les voies de communication et les transports.

« Pour réaliser ces réformes économiques, nous avons dû renoncer à quatre-vingt-dix millions de recettes annuelles, et cependant le budget vous sera présenté en équilibre, sans qu'il ait été nécessaire de recourir à la création de nouveaux impôts, ni au crédit public, ainsi que je vous l'avais annoncé l'année dernière.

« Les changements opérés dans l'administration de l'Algérie

ont placé la direction supérieure des affaires au sein même des populations. Les services illustres du maréchal mis à la tête de la colonie, sont de sûrs garants d'ordre et de prospérité.

« A l'extérieur, je me suis efforcé de prouver, dans mes relations avec les puissances étrangères, que la France désirait sincèrement la paix ; que sans renoncer à une légitime influence, elle ne prétendait s'ingérer nulle part où ses intérêts n'étaient pas en jeu ; enfin que, si elle avait des sympathies pour tout ce qui est noble et grand, elle n'hésitait pas à condamner tout ce qui violait le droit des gens et la justice.

« Des événements difficiles à prévoir, sont venus compliquer en Italie, une situation déjà si embarrassée. Mon gouvernement d'accord avec ses alliés, a cru que le meilleur moyen de conjurer de plus grands dangers était d'avoir recours au principe de non intervention, qui laisse chaque pays maître de ses destinées, localise les questions et les empêche de dégénérer en conflits européens.

« Certes, je ne l'ignore pas, ce système a l'inconvénient de paraître autoriser bien de fâcheux excès, et les opinions extrêmes préféreraient, les uns que la France prît fait et cause pour toutes les révolutions, les autres qu'elle se mît à la tête d'une réaction générale.

« Je ne me laisserai détourner de ma route par aucune de ces excitations opposées. Il suffit à la grandeur du pays de maintenir son droit là où il est incontestable, de défendre son honneur là où il est attaqué, de prêter son appui là où il est imploré en faveur d'une juste cause.

« C'est ainsi que nous avons maintenu notre droit en faisant accepter la cession de Nice et de la Savoie : ces provinces sont aujourd'hui irrévocablement réunies à la France.

« C'est ainsi que pour venger notre honneur à l'extrême Orient, notre drapeau uni à celui de la Grande-Bretagne, a flotté victorieux sur les murs de Péking, et que la croix emblème de la civilisation chrétienne, surmonte de nouveau dans la capitale de la Chine, les temples de notre religion, fermés depuis plus d'un siècle.

VUE DE SAIGON.

« C'est ainsi qu'au nom de l'humanité, nos troupes sont allées en Syrie, en vertu d'une convention européenne, protéger les chrétiens contre un fanatisme aveugle.

« A Rome j'ai cru devoir augmenter la garnison, lorsque la sécurité du Saint-Père a été menacée.

« A Gaëte j'ai envoyé une flotte au moment où elle semblait devoir être le dernier refuge du roi de Naples. Après l'y avoir laissée quatre mois, je l'ai retirée, quelque digne de sympathie que fût une infortune royale noblement supportée. La présence de nos vaisseaux nous obligeait à nous écarter tous les jours du système de neutralité que j'avais proclamé, et elle donnait lieu à des interprétations erronnées. Or, vous le savez, en politique, on ne croit guère à une démarche désintéressée.

« Tel est l'exposé rapide de la situation générale. Que les appréhensions se dissipent donc et que la confiance se raffermisse ! Pourquoi les affaires commerciales et industrielles ne reprendraient-elles pas un nouvel essor ?

« Ma ferme résolution est de n'entrer dans aucun conflit où la cause de la France ne serait pas basée sur le droit et sur la justice. Qu'avons-nous à craindre ? Est-ce qu'une nation unie et compacte, comptant quarante millions d'âmes, peut redouter soit d'être entraînée dans des luttes dont elle n'approuverait pas le but, soit d'être provoquée par une menace quelconque.

« La première vertu d'un peuple est d'avoir confiance en lui-même et de ne pas se laisser émouvoir par des alarmes imaginaires. Envisageons donc l'avenir avec calme, et, dans la pleine conscience de votre force comme dans nos loyales intentions, livrons-nous sans préoccupations exagérées au développement des germes de prospérité que la Providence a mis entre nos mains. »

Le premier résultat de l'innovation tentée par l'Empereur fut une perte de temps considérable. L'Adresse du sénat ne fut prête et ne put entrer en discussion que le 27 février.

Ce fut une passe d'armes, comme on devait s'y attendre. Trois grands discours la caractérisèrent ; celui de M. de Larochejacquelein, plein de violences, contre les Italiens et le roi Victor-Emmanuel ; celui du Prince Napoléon, non moins excessif, contre la papauté, les catholiques et le jeune et malheureux roi de Naples ; celui de M. Billault, qui entrait dans son rôle de ministre de la parole, et qui débuta avec une sérénité d'esprit et de talent dignes du souverain au nom duquel il parlait.

M. Billault n'hésita pas à rompre la solidarité que l'opinion publique aurait pu être portée à établir entre le discours intempérant du Prince Napoléon et les sentiments réels de l'Empereur, et il ramena la discussion des régions de l'exaltation à celles de la réalité et de la pratique des affaires.

Il y eut néanmoins dans le discours du Prince Napoléon de nobles sentiments, heureusement exprimés ; le Sénat les applaudit, et il est bon de les rappeler, afin que l'histoire les juge :

« Si dans toutes les familles souveraines, il y a des divergences d'opinion, des appréciations et des opinions personnelles différentes, elles ne doivent se manifester que pendant les jours heureux et aux époques de succès, mais jamais dans le malheur. (Très-bien ! très-bien !). Dans le malheur il n'y a qu'un devoir qui domine tous les autres, et ce devoir, c'est de rester unis. (Très-bien, très-bien !)

« Dans la famille de l'Empereur nous avons vu, à une certaine époque, des divergences intérieures ; nous avons vu son frère Lucien se séparer de lui sur différentes questions, mais, dans les cent jours il était à côté de lui. (Nouvelle et vive approbation.)

« Dans l'avenir, si des jours de malheur viennent jamais, soyez en sûrs, l'histoire n'aura pas à enregistrer une trahison..... (Bravo ! bravo ! — Applaudissements)..... comme dans la maison de Bourbon ; et jamais les Napoléon ne formeront qu'un faisceau pour faire face au danger (Bravo ! bravo ! — Nouveaux applaudissements. — Mouvement prolongé). »

L'Adresse du Sénat fut votée le 7 mars, et portée à l'Empereur, le 8, par une députation tirée au sort. L'Empereur, après en avoir écouté la lecture, adressa au Président, M. Troplong, les paroles suivantes :

« Le nouveau droit donné aux corps politiques d'examiner librement tous les actes du gouvernement a eu pour but d'éclairer le pays sur les grandes questions qui l'agitent aujourd'hui.

« La discussion a dû lui prouver que malgré les difficultés nées à l'étranger du conflit de situations extrêmes, nous n'avons abandonné aucun des intérêts opposés qu'il s'agissait de sauvegarder. Ma politique sera toujours ferme, loyale et sans arrière-pensée. »

L'Adresse du Corps législatif, plus longuement et plus laborieusement élaborée que celle du Sénat, dans laquelle la personnalité de son président avait dominé, fut confiée, après une discussion animée dans les neuf bureaux, à une commission élue, composée de MM. Larrabure, de Belleyme, Corta, Jérome David, Schneider, de Grouchy, Granier de Cassagnac, Guillaumin et Rigaud. La commission fut nommée le 14 février. M. de Morny en faisait partie de droit et la présidait.

Deux longues séances furent consacrées par la commission à discuter le discours de l'Empereur et à arrêter les bases de l'Adresse. On nomma un rapporteur, chargé de la rédaction. Sur la proposition de M. de Morny, ce rapporteur fut M. Granier de Cassagnac. Sa rédaction faite, le rapporteur alla soumettre son travail à M. de Morny, avant de le lire à la commission, qui l'approuva. La discussion commença le 11 mars.

La session avait été ouverte le 4 février ; il y avait donc un mois de perdu pour les affaires, et gagné pour l'agitation des esprits.

Toutes les personnalités en relief au sein du Corps législatif et placées à divers points de vue, prirent part à la discussion de l'Adresse.

Trois groupes d'orateurs distincts se formèrent ; l'un, âpre défenseur du pouvoir temporel du Saint-Siége et adversaire de l'indépendance italienne ; l'autre, patron des révolutionnaires partout, au dedans comme au dehors, et ennemi irréconciliable de l'Eglise catholique ; le troisième, rangé autour du gouvernement de l'Empereur et secondant sa politique calme, forte et modérée.

Le premier groupe comprenait M. de Flavigny, M. Kolb-Bernard, M. Plichon, M. Keller, M. O'Quin.

Dans le second figuraient M. Jules Favre, M. Emile Ollivier et M. Ernest Picard.

Le troisième réunit M. Jérôme David, M. Nogent Saint-Laurent, M. de Belleyme, et M. Granier de Cassagnac, auxiliaires libres de M. Billault, de M. Baroche et de M. Magne.

A côté et en dehors de ces trois groupes, principalement voués à la politique, il s'en forma un quatrième, exclusivement préoccupé de la question économique et des finances, et dans lequel s'affirmèrent avec des talents divers M. Gouin, M. Kœnigswarter, M. Jules Brame, M. Pouyer-Quertier, M. Schneider, M. Arman, M. Ancel, M. Edouard Dalloz et M. Dewinck.

M. Billault, secondé par M. Baroche, porta avec le plus grand éclat le poids de la discussion politique; M. Baroche seul soutint brillamment la lutte économique, et M. Magne fit honneur à son nouveau titre dans la question financière.

S'il n'avait été question que de savoir, d'esprit, de talent de parole, le gouvernement et ses amis n'auraient eu rien à redouter. Quoique nouveaux dans les luttes publiques, les orateurs qui soutinrent la politique de l'Empereur ne restèrent pas au-dessous des athlètes les plus exercés du palais; mais le droit de proposer des amendements à l'Adresse avait permis aux adversaires de l'Empire de saper l'autorité de la Constitution, de mettre en doute son efficacité dans le présent, son maintien dans l'avenir. Tout fut attaqué dans des amendements qu'on proposait, non pour les faire voter, mais pour en faire des occasions de bruit, d'agitation et de scandale. M. Picard demanda le rétablissement du Conseil municipal élu de Paris; M. Hénon demanda le rétablissement de celui de Lyon. La France fut représentée comme inquiète et agitée par le régime impérial; et M. Jules Favre put terminer son premier discours par les déclarations suivantes :

« ..... Oui, nous sommes révolutionnaires, si on entend le mot ainsi. Mais sachez-le bien, la France nous jugera. La France prononcera entre nous et vous, la France depuis qu'elle souffre, depuis qu'elle attend, depuis qu'elle espère, depuis qu'elle est patiente, la France a vu se former dans son sein un grand parti, une opinion qui domine toutes les autres, et que je pourrais appeler même en me servant d'un mot usé, mais qui est le seul qui puisse peindre ma pensée, c'est l'opinion libérale, celle qui a soif de garanties, de régime légal, celle qui a horreur de toute espèce de servitude, de violence, de tyrannie, de révolution, et ceux qui préparent les abîmes dans lesquels s'engloutissent les droits, la sécurité et la fortune des peuples, ce sont précisément ceux qui demandent que ces peuples soient soumis au joug des dominateurs qui les gouvernent sans les consulter.

« Mais ce grand parti légal qui s'est formé, qui se recrute de tous les hommes généreux, de tous ceux qui travaillent, de tous ceux qui économisent, de toutes les intelligences, ce grand parti est celui, permettez-moi de le dire, qui a combattu avec nous le drapeau rouge dans les plis factieux duquel nous lisons le mot détesté de dictature et de servitude; mais nous n'en voulons pas, qu'elle vienne de la rue ou du Trône (Très-bien!). Ce que nous voulons c'est un régime d'égalité et d'honnêteté. C'est enfin ce que la France veut. »

Le but de l'Empereur était donc manqué. Le décret du 24 novembre, au lieu de placer les actes du gouvernement en face de l'opinion calme, loyale, patriotique, les livrait à la prévention, à la haine, à la calomnie des partis; et au lieu d'être jugés, ces actes seront dénaturés.

A l'époque où l'Empereur se désaisissait de la direction exclusive des affaires publiques, et en livrait une bonne partie aux assemblées délibérantes, l'opposition hostile, systématique, se composait de cinq personnes, qui étaient M. Jules Favre, M. Ernest Picard, M. Hénon, M. Emile Ollivier et M. Darimon. Les trois premiers faisaient une guerre sans merci aux institutions impériales; les deux derniers devaient s'y rallier plus tard; et M. Émile Ollivier, effrayé sans doute de la solidarité que pouvaient faire peser sur lui les paroles violentes de M. Jules Favre, indiqua, dans la même séance, une première nuance de dissentiment, au sujet du décret du 24 novembre, dont il osa faire l'éloge, et dont il dit : « Ce décret, nous pouvons en désirer l'extension, mais nous en reconnaissons et le courage, et la générosité et le bienfait. »

L'Adresse du Corps législatif dut refléter et refléta en effet la pensée de l'Empereur ; le temps n'était pas encore venu de le décourager, encore moins de l'avertir des périls dont cette voie était semée. Voici les passages principaux de l'Adresse, qui fut portée à l'Empereur par une députation, le 23 mars, et lue par le président du Corps législatif :

« Sire,

« Le Corps législatif ne saurait user, pour la première fois, des prérogatives nouvelles et importantes qu'il doit à l'initiative de Votre Majesté, sans applaudir à la pensée libérale et prévoyante qui les a inspirées, et sans se montrer fier et reconnaissant de la confiance dont elles sont le témoignage.
« Ces libertés développent les principes de la Constitution, en appropriant, d'une manière sagement progressive, son mécanisme et son jeu à l'état présent de la société.
« Cette constitution, fondée en vue des difficultés qu'elle devait surmonter et de l'œuvre de pacification qu'elle devait produire, a préparé et rendu possibles les développements qu'elle reçoit. Nous acceptons, avec la résolution de la faire tourner au bien général, la part plus large qu'elle fait à nos travaux et à notre responsabilité. Témoin de nos loyaux efforts pour faire connaître la vérité au pays comme à vous-même, l'opinion publique sanctionnera d'autant mieux nos décisions, et rendra encore plus efficace notre dévouement à votre personne et à votre dynastie, car rien ne saurait être donné à notre popularité qui ne s'ajoute à votre force.

. . . .

« Sire, l'intérêt national et traditionnel que nous portons aux destinées de l'Italie s'est accru par les énergiques et glorieux efforts que vous avez faits, à la tête de nos armées, en faveur de sa délivrance.
« Le Corps législatif, en s'associant au respect que vous avez montré pour les vœux des peuples italiens, approuve la sage réserve qui a maintenu la France sur le terrain des traités, du droit des gens et de la justice, et qui, sans amoindrir vos sympathies pour les nations qui se relèvent, ne vous a pas permis d'associer votre politique à des actes que vous réprouvez.

« Sire, les documents diplomatiques et le dernier envoi de troupes à Rome, dans une circonstance critique, ont prouvé au monde entier que vos constants efforts ont assuré à la Papauté sa sécurité et son indépendance, et ont sauvegardé sa souveraineté temporelle, autant que l'ont permis la force des choses, et la résistance à de sages conseils.

« En agissant ainsi, Votre Majesté a fidèlement rempli les devoirs de fils aîné de l'Église, et répondu aux sentiments religieux comme aux traditions politiques de la France.

« Pour cette grave question, le Corps législatif s'en rapporte entièrement à votre sagesse, bien persuadé que, dans les éventualités de l'avenir, Votre Majesté s'inspirera toujours des mêmes principes et des mêmes sentiments, sans se laisser décourager par des injustices qui nous affligent.

« Sire, depuis bientôt dix ans que la France vous a confié ses destinées, les obstacles et les luttes n'ont ni déconcerté votre prudence, ni lassé votre courage. La Providence vous a couvert de son égide, et la France de ses acclamations.

« Persistez, sire, dans cette politique prudente et résolue, libérale et ferme, qui abrite sous un pouvoir fort des libertés durables, et qui n'a d'autre ambition que l'éclat et l'honneur du nom français.

« Votre fils, à l'ombre des travaux et des vertus qui l'environnent, grandira fortifié par votre exemple ; il aura appris ainsi à gouverner un jour, d'une manière digne d'elle, une grande nation maîtresse de ses destinées, trop juste pour qu'on la craigne, trop loyale pour qu'on la soupçonne, trop forte pour qu'on l'intimide ou qu'on l'entraîne. »

L'Empereur répondit à l'Adresse par le discours suivant où percent à la fois l'impression pénible que lui avait causée la violence des débats parlementaires, et la confiance qu'il avait dans le bon sens et dans l'affection du pays :

« Messieurs les députés,

« Je remercie la Chambre des sentiments qu'elle m'exprime, et de la confiance qu'elle met en moi. Si cette confiance m'honore

L'EMPEREUR A ALGER.

et me flatte, je m'en crois digne par ma constante sollicitude à n'envisager les questions que sous le point de vue du véritable intérêt de la France.

« Être de son époque, conserver du passé tout ce qu'il avait de bon, préparer l'avenir en dégageant la marche de la civilisation, des préjugés qui l'entravent ou des utopies qui la compromettent, voilà comment nous préparerons à nos enfants des jours calmes et prospères.

« Malgré la vivacité de la discussion, je ne regrette nullement de voir les grands Corps de l'État aborder les questions si difficiles de la politique extérieure. Le pays en profite sous bien des rapports. Ces débats l'instruisent, sans pouvoir l'inquiéter.

« Je serai toujours heureux, croyez-le bien, de me trouver d'accord avec vous. Issus du même suffrage, guidés par les mêmes sentiments, aidons-nous mutuellement à concourir à la grandeur et à la prospérité de la France. »

La discussion de l'adresse du Corps Législatif avait duré onze jours, du 11 mars au 22. La durée trimestrielle de la session approchant de sa fin, sans que la tâche normale eut été encore abordée, on dut la proroger d'abord jusqu'au 4 juin, puis jusqu'au 19, puis encore jusqu'au 27. A l'exception de l'abolition de la contrainte par corps pour le paiement des dettes commerciales, aucune loi ne passionna les débats. La lutte et le bruit recommencèrent à l'occasion de la discussion du budget.

Ce fut le budget de la guerre qui eut les honneurs des plus vives attaques. Chose à noter, aussitôt que la parole fut complètement donnée au Corps législatif, et qu'à l'aide des amendements, il eut l'initiative des questions, les forces militaires de la France furent attaquées.

C'est dans l'opposition et dans la bourgeoisie financière que se produisirent les attaques contre l'armée. On demanda la diminution de l'effectif. MM. Picard, Guyard-Delalain, Kœnigswarter, Emile Ollivier, furent les principaux qui poursuivirent ce résultat. L'argument général consistait à dire que la paix n'avait pas besoin d'être protégée par des armées permanentes aussi nombreuses.

M. Emile Ollivier prit même l'initiative d'une idée qu'il voudra réalisera plus tard, lorsque la roue de la fortune politique l'aura élevé au pouvoir. Il proposa d'imposer à l'Europe un désarmement général : « Ce que je demande au gouvernement, dit-il le 6 juin, et je puis le lui demander sans être chimérique, car, dans les questions européennes, je puis avoir cet orgueil pour lui comme pour mon pays, il a une telle influence, que lorsqu'il veut résolument une chose, il y a grande espérance que cette chose soit, ce que je demande au gouvernement, c'est qu'après avoir fait des traités de commerce, il pose nettement à l'Europe la question des traités de désarmement, afin que la France sache quelle est sa situation. S'il y a des questions d'honneur, des questions de liberté à vider par les armes, nous les soutiendrons. Le pays fera des efforts énergiques et vigoureux. »

On voit que M. Emile Ollivier était de bonne heure disposé à la guerre, et qu'il n'avait pas sur l'organisation militaire de la Prusse des notions bien exactes, puisqu'il fondait des espérances sérieuses de paix sur des traités de désarmement. Or, le mode d'organisation de l'armée allemande, armée qui embrasse toute la population valide, est tel, que la réduction de l'effectif sous les armes, quelque considérable qu'elle fût à un jour donné, ne serait pas un obstacle à la mobilisation et la mise en ligne immédiates de toutes les forces du pays. Sans soldats aujourd'hui, l'Allemagne peut en être couverte demain. Ce n'est donc pas dans le désarmement des autres puissances, mais dans son propre armement, que la France pouvait trouver sa sécurité.

La session de 1861 finit comme elle avait commencé, par des attaques violentes contre les institutions fondées en 1852. M. Jules Favre avait déposé un amendement sur le régime de la presse, et il le développa, dans la séance du 18 juin, avec une amertume de récriminations qui amena un véritable tumulte.

Emu de l'injustice de l'opposition, qui tenait si peu de compte à l'Empereur de l'énorme concession spontanément faite par le décret du 24 novembre précédent, M. Billault constata le chemin qui avait déjà été fait, en six mois, dans la voie du désordre et du désarmement de la société.

« Le décret du 24 novembre, dit-il, a été pour l'opposition une occasion de demander l'abrogation des lois de sûreté, de la loi sur la presse, de celles sur le droit de réunion, l'abandon des candidats gouvernementaux en face des candidats hostiles ; la métamorphose prochaine du gouvernement fondé sur la constitution en ce qu'on appelle le gouvernement parlementaire. Toutes ces choses ont été produites, proclamées comme les conséquences directes, nécessaires, immédiates du décret du 24 novembre. N'en croyez rien, messieurs. Le Gouvernement n'entend laisser entrer dans la citadelle dont la France lui a confié la garde, ni ennemis déclarés, ni ennemis déguisés.

« Il est résolu à garder et à exercer, suivant les besoins, les pouvoirs qu'en 1852 le pays tout entier et l'Empereur ont confiés à l'administration pour assurer l'ordre, fonder la dynastie, et constituer un état social assez solide pour qu'après soixante-dix ans de révolutions, la révolution ne soit plus que dans le passé. »

C'étaient là de sages résolutions. Exécutées avec fermeté, elles auraient, sinon arrêté, du moins contenu dans de certaines limites le travail de désorganisation commencé par les ennemis de l'Empire ; mais les conséquences logiques du décret du 24 novembre se produiront peu à peu d'elles-mêmes ; et M. Billault, après avoir fourni, en deux années, la plus brillante carrière d'orateur politique, aura la chance de mourir assez jeune pour ne pas voir ses assurances démenties et ses espérances trompées.

Quelques actes, utiles à rappeler, signalèrent, pendant cette année 1861, l'active initiative de l'Empereur.

Le 10 juillet, dans une lettre adressée au ministre de la marine, il arrêta le recrutement des engagés noirs, enrôlés sur la côte occidentale d'Afrique, pour la culture des colonies, en vue de leur substituer des ouvriers indiens.

Le 19 août, dans une lettre à M. de Persigny, ministre de l'intérieur, il exprima la volonté d'activer l'amélioration de la viabilité dans les campagnes, en affectant 25 millions au prompt achèvement des chemins d'intérêt commun.

Vers la même époque, et en vue de favoriser les travaux de l'art et de l'histoire, il acheta du roi de Naples, à Rome, la partie la plus considérable des anciens jardins et des ruines du Palais des Césars, où des fouilles intéressantes furent opérées.

Le 4 octobre, il adopta, dans une lettre célèbre, attestant sa perpétuelle loyauté, un mémoire lu au conseil privé par M. Fould, sur un mode plus sévère de gérer les finances, et consistant à renoncer aux ouvertures de crédit supplémentaires ou extraordinaires, pendant l'ouverture des sessions.

Cette détermination parut au monde financier si importante pour le crédit public et privé, que la compagnie des agents de change de Paris demanda à l'Empereur, par la lettre suivante, la permission de lui ériger une statue dans l'enceinte du Palais de la Bourse :

« Paris, le 28 novembre 1861.

« SIRE,

« Le décret qui supprime la perception d'un droit d'entrée à la Bourse, est un véritable bienfait pour le crédit de la France.

« La compagnie des agents de change de Paris n'est que l'interprète du sentiment public, en venant offrir à Votre Majesté l'expression de sa reconnaissance.

« Cette mesure libérale, l'une des conséquences du nouveau programme financier que l'Empereur a si noblement adopté dans sa lettre du 12 novembre à son ministre d'État, sera, nous en sommes sûrs, le prélude d'une grande PÉRIODE NOUVELLE D'ACTIVITÉ ET DE RICHESSE POUR LA FRANCE.

« En dix ans de règne, Votre Majesté a su pacifier les esprits, *relever le crédit public* et inscrire de nouvelles victoires sur notre drapeau. Il n'appartient qu'*au génie de l'Empereur* d'accomplir cette tâche si difficile, de donner en même temps satisfaction *à l'amour du pays pour la gloire* et à *ses intérêts légitimes*.

« Nous avons, Sire, naguère applaudi avec la France entière à *votre grandeur dans la guerre ;* elle applaudira avec nous à *votre grandeur dans la paix*.

« Permettez-nous d'élever UN MONUMENT DE NOTRE RECONNAISSANCE en plaçant LA STATUE DE VOTRE MAJESTÉ DANS L'ENCEINTE DU PALAIS DE LA BOURSE.

« Le guerrier aura, sur nos voies publiques, ses colonnes triomphales. La statue du prince pacificateur, dans le palais de la Bourse, protégera ces immenses négociations qui fécondent le travail des peuples et proclament la sagesse des souverains.

« Nous sommes, Sire, avec le plus profond respect,
« De Votre Majesté,
« Les très-humbles, très-obéissants et très-fidèles sujets :

« *Les agents de change près la Bourse de Paris.* »

Egalement au-dessus de l'orgueil et des engoûments irréfléchis, l'Empereur déclina avec finesse l'offre des financiers, et leur écrivit en ces termes :

« Compiègne, 29 novembre 1861.

« Messieurs, les termes par lesquels vous appréciez mes efforts pour le bien de la France et pour le progrès du crédit, comme l'intention de me donner une preuve publique de votre reconnaissance, ne pouvaient que me toucher profondément ; mais n'est-ce pas en exagérer le témoignage que de vouloir, à l'occasion d'une simple mesure, m'élever une statue dans l'enceinte même du Palais de la Bourse ?

« Quelque flatteuse que soit la proposition, permettez-moi de n'y pas souscrire. Je trouve plus naturel de vous offrir MON PORTRAIT, pour le placer dans la salle de vos séances, et je vous prie de l'accepter. Il vous rappellera combien m'a été précieuse LA MANIFESTATION DE VOS SENTIMENTS.

« Recevez, messieurs, l'assurance de ma considération distinguée.

« NAPOLÉON. »

Enfin, le 16 octobre, justement blessé des attaques immodérées dirigées contre son pouvoir, basé sur le choix répété de la nation, par un fonctionnaire public, tenu à plus de respect envers l'autorité souveraine, il accepta la proposition que lui fit son ministre de l'instruction publique de retirer sa chaire à M. Victor de Laprade, professeur de littérature française à Lyon.

Quelques souverains visitèrent l'Empereur durant le cours de cette année. Le 6 août, le roi de Suède et le prince Oscar vinrent passer quelques jours à Paris. Le 6 octobre, le roi de Prusse vint à Compiégne, où il fut suivi, le 12, par le roi des Pays-Bas.

Le 1ᵉʳ décembre 1861 mourut à Windsor le prince Albert, époux de la reine d'Angleterre, homme remarquable par la distinction de sa personne et de son esprit, et la sagesse de sa conduite.

Un décret du 8 janvier 1862 convoqua le Sénat et le Corps législatif pour le 27. Réuni quelques jours avant la session, le Sénat autorisa par un sénatus-consulte la modification proposée par M. Fould dans l'ouverture des crédits, ainsi que la présentation du budget par sections, chapitres et articles, nouvelle concession spontanée faite par le souverain au contrôle des finances, exercé par le Corps législatif et par l'opinion publique.

La session s'ouvrit, comme à l'ordinaire, dans la salle des États, le 27 janvier. Le fond de la pensée de l'Empereur se montra dans son discours, il sentait l'injustice des partis, sans en être découragé :

« Le sort de ceux qui sont au pouvoir, je ne l'ignore pas, est de voir leurs intentions les plus pures méconnues, leurs actes les plus louables dénaturés par l'esprit de parti. Mais les clameurs sont impuissantes lorsqu'on possède la confiance de la Nation et que l'on ne néglige rien pour la mériter. Ce sentiment qui se manifeste en toutes circonstances est ma récompense la plus précieuse ; il faut une plus grande force. Survient-il de ces événements imprévus, tels que la cherté des subsistances et le ralentissement du travail ? Le peuple souffre, mais dans sa justice, il ne me rend pas responsable de ses souffrances, parce qu'il sait que toutes mes pensées, tous mes efforts, toutes mes actions, tendent sans cesse à améliorer son sort et à augmenter la prospérité de la France. »

Le projet d'Adresse du Sénat fut lu en séance le 17 février. La discussion renouvela les excès de langage de l'année précédente.

Au dehors, les événements d'Italie furent de nouveau l'occasion de luttes d'une violence regrettable. Le prince Napoléon s'y sentait poussé par son talent de parole, et il y compromettait son nom et son rang par la véhémence de ses idées. Il se produisit, le 22, un violent tumulte, au sujet de son opinion sur le retour de l'Empereur, revenant de l'île d'Elbe. Il dit, ou l'on crut qu'il avait dit, que l'Empereur était rentré aux cris de : *A bas les nobles ! à bas les prêtres !* Après un échange de paroles plus que vives, le prince accepta la phrase : *à bas les traîtres*, à la place de : *à bas les prêtres*, et le calme put se rétablir, mais sans avoir effacé la profonde et pénible impression que l'incident avait causé.

Le prince Napoléon demanda, pour la seconde fois, le 1er mars, que les troupes françaises fussent retirées de Rome, et que la Papauté fût laissée à la merci des Italiens. Pour la seconde fois aussi, M. Billault, au nom du Gouvernement, combattit et repoussa la politique du prince Napoléon, et déclara que la France poursuivait à la fois l'indépendance du Saint-Siége et l'indépendance de l'Italie.

Au dedans, la discussion alla plus loin que l'année précédente. Le Sénat, qui avait la garde des institutions impériales, dut écouter les attaques les plus passionnées contre le régime auquel la presse avait été soumise depuis 1852 ; et la demande de substituer à la juridiction administrative des avertissements et des suspensions, la juridiction de droit commun, essayée par la Restauration et par la monarchie de 1830, et dont l'expérience avait pourtant démontré l'impuissance radicale.

Au Corps législatif, la commission de l'Adresse, nommée le 4 février, n'eut achevé son travail que le 22, et la discussion ne commença que le 6 mars.

Dès le 19 février s'était produit un regrettable incident ; par décret du 22 janvier, l'Empereur avait décerné au général Cousin-Montauban le titre de comte de Palikao, afin de perpétuer dans sa famille le souvenir et la gloire de l'expédition de Chine, et des faits d'armes légendaires qui précédèrent l'entrée de l'armée Franco-Anglaise à Pékin. Par un nouveau décret du 19 février, le Corps législatif fut saisi d'un projet de loi ayant pour objet de donner au comte de Palikao une dotation de 50,000 francs.

Rien de plus naturel et de plus légitime qu'un pareil acte de

M. BILLAULT

munificence. Il était conforme aux précédents du deuxième Empire, qui avait donné une dotation de 100,000 francs au duc de Malakoff; il continuait la tradition du premier Empire, qui avait doté tous les Maréchaux; il était conforme à la conduite de la Convention qui, à plusieurs reprises, avait voté un milliard, pour être distribué à l'armée républicaine ; il rappelait enfin les usages de l'ancienne monarchie, qui avait donné Chambord au maréchal de Saxe.

Ce décret arriva incidemment au Corps législatif; il fut lu avec plusieurs autres de moindre importance par un vice-président; M. de Morny, qui exerçait une grande influence sur ses collègues, n'en avait parlé à personne ; quelques députés appartenant au parti orléaniste et au parti légitimiste, affectèrent de trouver cette dotation insolite, l'opposition contre l'armée faisait déjà beaucoup de chemin ; enfin, le Corps législatif dévoué à l'Empereur, qui avait applaudi, comme la France, à l'expédition de Chine, et qui était fort sympathique à son noble chef, se trouva pénétré à son insu par des impressions vaguement défavorables au projet, et qui se firent jour le lendemain, dans la discussion du comité secret. M. de Morny, à la négligence duquel l'Empereur avait imputé, non sans quelque raison, ce manque d'égards et de justice, fit de grands efforts pour effacer l'impression première; il y réussit complétement, et la dotation du comte de Palikao aurait été votée à une immense majorité, malgré le rapport fait par M. de Jouvenel, au nom d'une commission hostile ; mais la juste susceptibilité du général comte de Palikao ne voulut pas souffrir qu'une récompense qu'on lui décernait fut discutée ; et, par une lettre des plus nobles, en date du 22 février, il pria l'Empereur de retirer le projet de loi.

L'Empereur, justement blessé de l'incident survenu au Corps législatif, adressa au général la réponse suivante :

« Paris, 22 février 1862.

« Mon Cher Général,

« La demande que vous me faites de retirer le projet de dotation vous est inspiré par un sentiment dont j'aime à vous voir animé; mais je ne retirerai pas ce projet.

« Le Corps législatif peut à son gré ne pas trouver digne d'une récompense exceptionnelle le chef d'une poignée d'héroïques soldats, qui, à travers tant de difficultés et de dangers, oubliés le lendemain du succès, ont été au bout du monde planter le drapeau de la France dans la capitale d'un empire de 200 millions d'âmes ; le chef qui tout en maintenant la dignité et l'indépendance de son commandement a su conserver avec nos alliés les relations les plus utiles et les plus amicales.

« A chacun la liberté de ses appréciations ; quant à moi, je désire que le pays et l'armée surtout, juge obligé des services politiques et militaires, sachent que j'ai voulu honorer par un don national une entreprise sans exemple, car les grandes actions sont le plus facilement produites là où elles sont le mieux appréciées, et les nations dégénérées marchandent seules les récompenses publiques.

« Recevez, mon cher général l'assurance de ma sincère amitié. »

NAPOLÉON.

Cependant, l'Empereur dut céder, quoique à regret, aux délicates instances du comte de Palikao, et le projet de dotation fut définitivement retiré.

La discussion de l'Adresse du Corps législatif dura quatorze jours, du 6 mars au 20 de ce mois. Deux idées s'y accentuèrent encore un peu plus que l'année précédente ; la première fut une croisade contre les armées permanentes, continuée par les représentants de la bourgeoisie parisienne ; la seconde fut une guerre de principes faite à la constitution. Les *cinq* députés de l'opposition proposèrent un amendement qui demandait la liberté de la presse, sous la répression du jury ; la suppression de ce qu'on appelait les candidatures officielles ; la liberté pour toutes les grandes villes, y compris Paris et Lyon, de nommer leurs conseils municipaux ; enfin, l'abrogation des lois de sûreté générale.

Les auteurs de cet amendement savaient bien qu'il serait repoussé à une immense majorité, mais ils le reproduiront périodiquement pendant sept années, jusqu'à la suppression de l'Adresse, parce que le droit d'amendement leur était une occasion et un moyen d'agiter l'opinion, et de saper les bases des institutions impériales.

L'Adresse fut présentée à l'Empereur le 3 mars. Rien de notable ne signala la fin de la session, qui fut close le 27 juin. Leurs Majestés visitèrent l'Auvergne, dans les premiers jours de juillet, après quoi l'Empereur se rendit seul, à Vichy, et ensuite à Biarritz, jusqu'au 8 octobre. Le 15 de ce mois, M. Drouyn de l'Huys rentra au ministère des affaires étrangères, en remplacement de M. Thouvenel; et un décret du 20 décembre convoqua le Sénat et le Corps législatif pour le 12 janvier 1863.

La session de 1863 offrit des symptômes d'apaisement. La discussion de l'Adresse fut très-courte au Sénat, et beaucoup moins longue au Corps législatif. Les mêmes questions furent partout débattues, mais avec beaucoup moins de vivacité. Ainsi, la guerre aux candidatures dites officielles continua, et M. Emile Ollivier, après avoir attaqué la législation sur la presse, la loi de sûreté générale, et réclamé de nouveau la liberté municipale, finit par demander toutes les libertés, ou, selon la formule qu'il employa, « la liberté sans épithète. »

Néanmoins, les excès de langage des sessions précédentes ne se reproduisirent pas. Les élections générales du Corps législatif approchaient; la popularité de l'Empereur parmi les populations était immense, et l'on est autorisé à supposer que nul ne se soucia de la braver trop ouvertement par des attaques irritantes.

L'Empereur lui-même parut s'être abusé sur ce retour à la modération, qui ne devait pas être de bien longue durée; et sa satisfaction perça clairement dans la réponse qu'il fit le 14 février, à l'Adresse du Corps législatif. Voici ses paroles:

« Monsieur le Président,

« L'Adresse que vous me présentez est une nouvelle preuve de l'accord qui existe entre le Corps législatif et mon gouvernement. Je la reçois donc avec la plus vive satisfaction. Cet accord est plus indispensable que jamais, à une époque où, sur tous les points du globe, la vérité est obscurcie par tant de passions contraires.

« La France doit être forte et calme à l'intérieur, pour être toujours en mesure d'exercer sa légitime influence en faveur de la justice et du progrès, dont le triomphe est trop souvent compromis par l'exagération des partis extrêmes.

« Une confiance réciproque a toujours maintenu les bonnes relations entre nous ; elle est due, sans doute, au sentiment patriotique qui nous anime tous, mais, je me plais à le reconnaître, la position du Président qui fait à la fois partie du gouvernement et du Corps législatif contribue aussi à cet heureux résultat. Continuez donc, Monsieur le Président, à remplir, comme par le passé, la noble mission d'adoucir et de rendre plus intimes nos rapports officiels. Ne cessez pas de me faire connaître les désirs et les observations de la Chambre et soyez auprès d'elle l'interprète de ma gratitude et de ma sympathie. »

D'ailleurs, les illusions semblaient les mêmes des deux côtés. Pendant que l'empereur croyait au désarmement des partis dans le Corps législatif, M. Emile Ollivier, parlant de ces mêmes partis, le 4 février, s'écriait : « Que sont-ils, ces anciens partis ? des fantômes ! »

Un seul incident fit exception à cet apaisement général. Dans une séance du Sénat, d'ailleurs fort calme, le 19 mars, le Prince Napoléon crut devoir interrompre inopinément M. Billault, pour lui reprocher d'avoir, le 10 décembre 1848, voté pour le général Cavaignac. Au milieu de l'impression pénible causée par cet appel aux luttes du passé, M. Billault répondit au Prince avec dignité : « Le fait personnel que cite Son Altesse Impériale me paraissait inutile dans ce débat ; mais il est vrai ; je n'ai pas voté pour le Prince-Président ; mais, depuis dix ans, l'ayant vu à l'œuvre, je le sers avec fidélité et honneur. »

Le Sénat applaudit cette réponse, et l'Empereur adressa à son ministre la lettre suivante :

« MON CHER MONSIEUR BILLAULT,

« Je viens de lire votre discours, et comme toujours, j'ai été heureux de trouver en vous un interprète si fidèle et si éloquent de ma politique. Vous avez su concilier l'expression de nos sympathies pour une cause si chère à la France avec les égards dus à des souverains et à des gouvernements étrangers.

« Vos paroles ont été sur tous les points conformes à ma pensée, et je repousse toute autre interprétation de mes sentiments. Croyez à ma sincère amitié.

« NAPOLÉON. »

Un seul événement de quelque importance s'était produit en dehors de la session, et pendant sa durée. L'exposition universelle de Londres, dite du Palais de Cristal, avait été close ; les exposants Français y occupèrent un rang honorable, et l'Empereur jugea que ces triomphes de l'industrie française méritaient des récompenses spéciales. La distribution solennelle de ces récompenses eut lieu le 25 janvier, et le Souverain adressa aux vainqueurs une allocution où il disait :

« .... L'état d'une société se revèle par le degré plus ou moins avancé des divers éléments qui la composent, et comme tous les progrès marchent de front, l'examen d'un seul des produits multiples de l'intelligence suffit pour apprécier la civilisation du pays auquel il appartient. Ainsi, lorsque aujourd'hui nous découvrons un simple objet d'art des temps anciens, nous jugeons par sa perfection plus ou moins grande, à quelle période de l'histoire il se rapporte. S'il mérite notre admiration, soyez sûrs qu'il date d'une époque où la société bien assise était grande par les armes, par la parole, par les sciences comme par les arts. Il n'est donc pas indifférent pour le rôle réservé à la France, d'avoir été placer sous les yeux de l'Europe les produits de notre industrie ; à eux seuls en effet ils témoignent de notre état moral et politique.

« Je vous félicite de votre énergie et de votre persévérance à rivaliser avec un pays qui nous avait devancés dans certaines branches du travail... »

Ainsi la même pensée, seconder ceux qui travaillent, soulager ceux qui souffrent, ne cessait d'occuper l'esprit de l'Empereur ; et il se montrait prodigue de distinctions à Paris, comme il s'était montré prodigue de bienfaits à Lyon.

Le Corps législatif, qui avait été prorogé jusqu'au 7 mai, fut dissous par décret de ce jour, comme ayant atteint la limite de ses six sessions constitutionnelles, et les élections générales pour son renouvellement furent fixées au 31 mai.

Ces élections seront l'événement capital de cette année.

M. de Persigny était, comme on sait, ministre de l'intérieur. Homme souverainement autoritaire, il n'hésita pas un seul instant à soutenir le droit et l'obligation qu'avait le gouvernement d'éclairer les populations sur leurs intérêts, et de les guider dans les choix qu'elles avaient à faire. Ces populations, par des plébiscites successifs, avaient fondé l'Empire; l'Empereur, qui était le dépositaire de leur confiance et l'exécuteur de leurs vœux, était donc tenu, lors du renouvellement de la représentation nationale, de désigner aux électeurs, sous la réserve de leur réflexion et de leur libre choix, les candidats que les ministres de l'Empereur considéraient comme les plus propres et les plus résolus à maintenir et à seconder le gouvernement.

D'ailleurs, les ennemis des institutions impériales ne se faisaient pas faute d'appuyer les candidats qu'ils supposaient les plus propres à les combattre. Il était donc à la fois naturel, légitime et nécessaire que l'administration fît, de son côté, ce que l'opposition ferait du sien. S'abstenir d'avoir des candidats avoués et de les soutenir par des voies loyales, lorsqu'on est un pouvoir né, comme le pouvoir impérial, du choix populaire, c'est proprement abdiquer, et trahir la confiance du pays.

La circulaire de M. de Persigny aux préfets fut donc nette, ferme et explicite. La voici :

« Monsieur le Préfet,

« S'il n'y avait en France comme en Angleterre que des partis divisés sur la conduite des affaires, mais tous également attachés à nos institutions fondamentales, le gouvernement pourrait se borner dans les élections à assister à la lutte des opinions diverses. Mais dans un pays comme le nôtre, qui, après tant de convulsions, n'est sérieusement constitué que depuis dix ans, ce jeu régulier des partis, qui, chez nos voisins, féconde si heureusement les libertés publiques, ne pourrait dès aujourd'hui se reproduire qu'en prolon-

L'EMPEREUR DISTRIBUANT DES

AUX INONDÉS DE LYON

geant la révolution et en compromettant la liberté ; car chez nous il y a des partis qui ne sont encore que des factions. Formés des débris des gouvernements déchus, et, bien qu'affaiblis chaque pour par le temps qui seul peut les faire disparaître, ils ne cherchent à pénétrer au cœur de nos institutions que pour en vicier le principe et n'invoquent la liberté que pour la tourner contre l'État.

« En présence d'une coalition d'hostilités, de rancunes, de dépits opposée aux grandes choses de l'Empire, votre devoir, Monsieur le préfet, est tout naturellement tracé. Pénétré de l'esprit libéral et démocratique de nos institutions que l'Empereur s'applique chaque jour à développer, ne vous adressez qu'à la raison et au cœur des populations. Laissez librement se produire toutes les candidatures, publier et distribuer les professions de foi et les bulletins de vote, suivant les formes prescrites par nos lois. Veillez au maintien de l'ordre et à la régularité des opérations électorales. C'est pour tous un droit et pour nous un devoir de combattre énergiquement toutes les manœuvres déloyales, l'intrigue, la surprise et la fraude, d'assurer enfin la liberté et la sincérité du scrutin, la probité de l'élection.

« Le suffrage est libre. Mais afin que la bonne foi des populations ne puisse être trompée par des habiletés de langage ou des professions de foi équivoques, désignez hautement, comme dans les élections précédentes, les candidats qui inspirent le plus de confiance au gouvernement. Que les populations sachent quels sont les amis et les adversaires plus ou moins déguisés de l'Empire, et qu'elles se prononcent en toute liberté, mais en parfaite connaissance de cause. »

Néanmoins, M. de Persigny, comme ministre présidant aux élections, commit deux fautes. Il exclut un certain nombre de députés, honnêtes gens, hommes d'ordre, ayant une importance personnelle plus ou moins considérable, en souvenir de la fidélité qu'ils avaient conservée au Saint-Siége, et de la vivacité qu'ils avaient montrée dans la discussion des affaires de Rome et d'Italie. Le temps et les événements calmèrent ces ardeurs, et l'on créa contre l'Empire des inimitiés gratuites et regrettables. M. de

Persigny, peu favorable par lui-même au Saint-Siége, céda à ses préventions, qu'il reconnut et qu'il regretta plus tard.

En même temps qu'il excluait un certain nombre de candidats, sous prétexte qu'ils étaient des cléricaux, M. de Persigny prêta l'oreille aux propositions qui lui étaient faites, au nom de la presse parisienne, par un groupe d'hommes politiques, foncièrement hostiles aux institutions impériales, mais qui laissaient espérer un vague concours, pour entrer au Corps législatif par les élections Paris. M. Havin, rédacteur en chef du *Siècle*, homme honnête et modéré, mais subissant en définitive la pression du parti dont il était le chef, fut l'agent de cette négociation. Les bases étaient les suivantes : la presse de Paris désignerait quatre candidats que le gouvernement agréerait, et, en retour de cette concession, les autres candidats présentés par le gouvernement pour Paris et le département de la Seine, obtiendraient l'appui des journaux de l'opposition. M. Thiers devait être un des quatre candidats de la Presse parisienne.

M. de Persigny porta et soumit au Conseil cette combinaison. Ses défauts sautèrent aux yeux des ministres et de l'Empereur. Le premier consistait à se séparer sans raison d'anciens députés fidèles aux institutions, dont quelques-uns, tels que M. Devinck et M. Véron, avaient rendu de grands services ; le second consistait à ouvrir soi-même la porte à des adversaires qui pouvaient, pour le moment, ne pas accuser leur hostilité, mais que leur origine, leurs doctrines connues et leurs amis forceraient bientôt à la déclarer. La proposition de M. de Persigny fut donc repoussée, et il fut résolu que, dans le département de la Seine, comme ailleurs, le gouvernement n'appuierait que des candidats favorables aux institutions impériales.

Les élections donnèrent le résultat qu'il était naturel d'en attendre après trois sessions livrées aux discussions les plus vives : les populations, toujours dévouées à l'Empire, envoyèrent une énorme majorité ; mais Paris nomma dix députés de l'opposition, et quelques grandes villes de province, Marseille, Lyon, Le Havre, et quelques départements en nommèrent quatorze. L'opposition compta donc, à partir de 1863, vingt-quatre membres au Corps-Législatif, en y comprenant les cinq qui y étaient déjà.

Cette opposition représentait des nuances très-diverses : Marseille avait nommé M. Berryer, légitimiste, mais en nommant M. Marie, républicain. M. Lambrecht, du Pas-de-Calais ; M. Lanjuinais, de la Loire-Inférieure ; M. Ancel, du Havre ; M. Havin lui-même, étaient de purs parlementaires de l'École de 1830. Quant à M. Thiers, on le croyait alors dévoué à la monarchie de 1830 ; le temps a montré qu'il ne l'était qu'à sa propre ambition. L'Empereur ne se dissimulait pas que la secousse imprimée aux esprits par trois années de discussions entièrement libres aurait pour résultat d'augmenter, dans une certaine mesure, le nombre des opposants au Corps législatif. Il songea à y fortifier en conséquence la défense de sa politique. Le résultat des élections confirma ses prévisions. M. Billault avait conquis dans les débats une autorité considérable, mais il sembla que son titre de ministre sans portefeuille, qui constituait une position isolée, en dehors de l'administration, ne mettait pas assez directement la connaissance des grandes affaires à sa portée. L'Empereur remania le ministère d'État, il lui enleva les attributions secondaires qui lui avait été données, lorsque M. Fould et M. Walewski en avaient été investis, et il en fit un grand ministère politique, centralisant les rapports du cabinet avec le souverain, et portant devant le Sénat et le Corps législatif l'exposition de ses doctrines et de ses avis.

M. Billault reçut, le 23 juin, le ministère d'État ainsi constitué, et il eut dans M. Rouher, investi de la Présidence du Conseil d'État, un compagnon de lutte déjà apprécié, mais qui n'avait pas encore donné la mesure de sa force, et qui prendra bientôt, en y ajoutant un nouvel éclat, le rôle enlevé à M. Billault par une mort prématurée.

La note suivante, insérée au *Moniteur* du 24 juin, expliquait les motifs qui avaient déterminé l'Empereur, et faisait connaître les résultats qu'il se promettait de l'organisation nouvelle.

« Le plébiscite sur lequel se base la Constitution de 1852, en établissant que les ministres étaient responsables envers l'Empereur seul, a voulu mettre un terme à la compétition d'ambitions parlementaires, causes continuelles d'agitation et de faiblesse pour les gouvernements passés.

« Sans altérer en rien la force et la liberté d'action nécessaires au pouvoir, l'Empereur, par le décret du 24 novembre, a voulu donner aux grands corps de l'État une participation plus directe dans la politique générale de son gouvernement; mais ce décret n'a pas modifié les principes fondamentaux du plébiscite de 1852, qu'un nouveau plébiscite seul pourrait changer.

« La discussion plus large et plus complète des affaires publiques devant le Sénat et le Corps législatif avait motivé la création de ministres sans portefeuille, c'est-à-dire de ministres n'ayant dans les faits à débattre aucune part personnelle.

« L'Empereur, par le décret de ce jour, leur substitue le ministre chargé des rapports du gouvernement avec les grands corps de l'État, dans le but d'organiser plus solidement la représentation de la pensée gouvernementale devant les Chambres, sans s'écarter de l'esprit de la Constitution.

« Le ministre d'État, dégagé de toutes attributions administratives, et le ministre présidant le Conseil d'État, avec le concours des membres de ce Conseil, sont désormais chargés d'expliquer et de défendre les questions portées devant le Sénat et le Corps législatif. »

Un remaniement ministériel accompagna la mesure principale. M. Baroche passa à la justice, M. Boudet à l'intérieur, M. Béhic à l'agriculture, au commerce et aux travaux publics, et M. Duruy à l'instruction publique. Inspecteur général de l'Université, M. Duruy sembla une concession ou un concours aux idées libérales qui prévalaient. Il caractérisa son entrée au ministère en rétablissant, le 29 juin, pour la dernière année des études classiques, le titre de *Classe de Philosophie*, remplacé depuis M. Fortoul, par celui de *Classe de Logique*. Ce n'était pas seulement une différence de mots, c'était surtout une différence de tendances, et l'esprit philosophique dominant dans l'Université n'a pas conquis l'approbation des familles au changement introduit par M. Duruy.

M. de Persigny quitta donc, après les élections, le maniement direct des affaires, qu'il ne reprendra plus. C'était un serviteur de la première heure ; l'Empereur lui donna, le 9 septembre, un témoignage d'estime et d'affection ; il lui conféra le titre de Duc.

Le Sénat et le Corps législatif venaient d'être convoqués en session ordinaire pour le 5 novembre, par décret du 10 octobre, lorsque le *Moniteur* du 13 annonça la mort bien inattendue de M. Billault. L'organisation politique du 23 juin perdait son pivot, et l'Empire une personnalité précieuse. Un décret du 18 octobre appela M. Rouher au ministère d'État. Il était seul à la hauteur d'un rôle si important et si difficile. Avec lui, le gouvernement aura un noble lutteur sur la brèche, mais, sans la mort de M. Billault, il en aurait eu deux. M. Rouland prit la présidence du Conseil d'État.

La session fut ouverte, le 25 novembre, par l'Empereur en personne. Le discours qu'il prononça accepta loyalement les conditions nouvelles du gouvernement à l'intérieur, et, à l'extérieur, il marqua le point de départ de complications ultérieures, en invitant l'Europe à la révision des traités de 1815.

Voici d'abord ce qui a trait à la politique intérieure :

« L'exposé de la situation intérieure, vous montrera que, malgré la stagnation forcée du travail, dans certaines branches, le progrès ne s'est pas ralenti. Notre industrie a lutté avec avantage contre la concurrence étrangère, et, devant des faits irrécusables, les craintes suscitées par le traité de commerce avec l'Angleterre se sont évanouies.

« Nos exportations dans les huit premiers mois de l'année 1863, comparées à celles des mois correspondants de l'année 1862, se sont accrues de 233 millions.

« Pendant la même période, le mouvement de la navigation maritime a surpassé le chiffre de l'époque précédente de 175,000 tonneaux dont 136,000 sous pavillon français.

« La récolte abondante de cette année est un bienfait de la Providence, qui doit assurer à meilleur marché la subsistance de la population ; elle constate aussi la prospérité de notre agriculture.

« Les travaux publics ont été poursuivis avec activité. Environ mille kilomètres nouveaux de chemin de fer ont été livrés à la circulation. Nos ports, nos rivières, nos canaux, nos routes ont continué à s'améliorer.

« La session ayant lieu plus tôt que de coutume, le rapport du Ministre des finances n'a pas encore été publié. Il le sera prochainement. Vous y verrez que, si nos espérances ne sont pas complétement réalisées, les revenus ont suivi une marche ascendante, et que, sans ressources extraordinaires, nous avons fait face aux dépenses occasionnées par la guerre au Mexique et en Cochinchine.

« Je dois vous signaler plusieurs réformes jugées opportunes, entre autre le décret relatif à la liberté de la boulangerie, celui qui rend l'inscription maritime moins onéreuse à la population des côtes, le projet qui modifie la loi sur les coalitions, et celui qui supprime les privilèges exclusifs pour les théâtres. Je fais également étudier une loi destinée à augmenter les attributions des conseils généraux et communaux et à remédier à l'excès de la centralisation.

« En effet, simplifier les formalités administratives, adoucir la législation applicables aux populations dignes de toute notre sollicitude, ce sera là un progrès auquel vous aimerez à vous associer.

« Vous aurez aussi à vous occuper de la question des sucres qui demande à être enfin résolue par une législation plus stable. Le projet soumis au Conseil d'État tend à accorder aux produits indigènes la facilité d'exportation dont jouissent les sucres d'autres provenances. Une loi sur l'enregistrement fera disparaître le double décime, et remplacera cette surtaxe par une répartition plus juste.

« En Algérie, malgré l'anomalie qui réunit les mêmes populations, les unes au pouvoir civil, les autres au pouvoir militaire, les Arabes ont compris combien la domination française était réparatrice et équitable, sans que les Européens aient moins confiance dans la protection du gouvernement.

« Nos anciennes colonies ont vu disparaître les barrières gênantes pour leurs transactions, mais les circonstances n'ont pas été favorables au développement de leur commerce. L'établissement récent d'institutions de crédit, viendra, je l'espère, améliorer leur sort.

« Au milieu de ces soins matériels, rien de ce qui touche à la religion, à l'esprit et au moral n'a été négligé, les œuvres religieuses de bienfaisance, les arts, les sciences et l'instruction publique, ont reçu de nombreux encouragements. Depuis 1848, la population scolaire s'est accrue d'un quart. Aujourd'hui, près de cinq millions d'enfants, dont un tiers à titre gratuit, sont reçus dans les écoles primaires ; mais nos efforts ne doivent pas se ralentir, puisque six cent mille sont encore privés d'instruction.

« Les hautes études ont été ranimées dans les écoles secondaires où l'enseignement spécial se réorganise.

« Tel est, Messieurs, le résumé de ce que nous avons fait et de ce que nous voulons faire encore. »

Ce langage était sincère. L'Empereur se sentait fort de l'affection et de la confiance du pays ; et, appuyé sur elles, il se croyait en état de contenir et de surmonter les difficultés qu'il avait lui-même autorisées, en vue du bien public. Il n'y avait donc qu'à persévérer, au moins jusqu'à ce que l'expérience complète eût été faite.

Le langage adressé à l'Europe posait une question grave. L'agencement général des États était évidemment ébranlé. La Pologne voyait à peine s'éteindre l'incendie périodique qui venait d'y éclater ; la Vénétie cherchait toujours son centre d'attraction ; la Confédération germanique semblait pressentir sa dislocation prochaine ; les Duchés du Nord créaient un conflit immédiat entre le Danemarck et l'Allemagne. Il était donc naturel et opportun que l'Europe se concertât pour donner aux peuples une assiette solide et durable, et l'Empereur était l'interprète sincère des intérêts Européens en provoquant la réunion d'un congrès.

Voici ses paroles :

« L'insurrection polonaise à laquelle sa durée imprimait un caractère national, réveilla partout des sympathies, et le but de la diplomatie fut d'attirer à cette cause le plus d'adhérents possible, afin de peser sur la Russie de tout le poids de l'opinion de l'Europe. Ce concours de vœux presque unanime nous semblait le moyen le plus propre à opérer la persuasion sur le cabinet de Saint-Pétersbourg. Malheureusement nos conseils désintéressés, ont été interprétés comme une intimidation, et les démarches de l'Angleterre, de l'Autriche et de la France, au lieu d'arrêter la

M. VALEWSKI.

lutte n'ont fait que l'envenimer. Des deux côtés se commettent des excès qu'au nom de l'humanité on doit également déplorer.

« Que reste-t-il donc à faire? Sommes-nous réduits à la seule alternative de la guerre ou du silence? Non.

« Sans courir aux armes comme sans nous taire, un moyen nous reste : c'est de soumettre la cause polonaise à un tribunal européen.

« La Russie l'a déjà déclaré, en acceptant les conférences où toutes les autres questions qui agitent l'Europe seraient débattues, et ne blesseraient en rien sa dignité.

« Prenons acte de cette déclaration. Qu'elle nous serve à éteindre, une fois pour toutes, les ferments de discorde prêts à éclater de tous côtés, et que, du malaise même de l'Europe, travaillée par tant d'éléments de dissolution, naisse une ère nouvelle d'ordre et d'apaisement.

« Le moment n'est-il pas venu de reconstruire sur de nouvelles bases l'édifice miné par le temps et détruit pièce à pièce par les révolutions?

N'es-il pas urgent de reconnaître par de nouvelles conventions ce qui s'est irrévocablement accompli, et d'accomplir d'un commun accord ce que réclame la paix du monde.

« Les traités de 1815 ont cessé d'exister. La force des choses les a renversés, ou tend à les renverser presque partout. Ils ont été brisés en Grèce, en Belgique, en France, en Italie comme sur le Danube. L'Allemagne s'agite pour les changer, l'Angleterre les a généreusement modifiés par la cession des îles Ioniennes, et la Russie les foule aux pieds à Varsovie.

« Au milieu de ce déchirement successif du pacte fondamental européen, les passions ardentes se surexcitent, et au Midi comme au Nord, de puissants intérêts demandent une solution.

« Quoi donc de plus légitime et de plus sensé que de convier les puissances de l'Europe à un congrès, où les amours-propres et les résistances disparaîtraient devant un arbitrage suprême.

« Quoi de plus conforme aux idées de l'époque, aux vœux du plus grand nombre que de s'adresser à la conscience, à la raison des hommes d'État de tous les pays et de leur dire :

« Les préjugés, les rancunes qui nous divisent n'ont-ils pas déjà trop duré ?

« Les rivalités jalouses des grandes puissances empêcheront-elles sans cesse le progrès de la civilisation ?

« Entretiendrons-nous toujours de mutuelles défiances par des armements exagérés.

« Les ressources les plus précieuses doivent-elles indéfiniment s'épuiser dans une vaine ostentation de nos forces ?

« Conserverons-nous éternellement un état qui n'est ni la paix ni la guerre avec ses chances heureuses ?

« Ne donnons pas plus longtemps une importance factice à l'esprit subversif des partis extrêmes en nous opposant par d'étroits calculs aux légitimes aspirations des peuples.

« Ayons le courage de substituer à un état maladif et précaire une situation stable et régulière, dût-elle coûter des sacrifices.

« Réunissons-nous sans système préconçu, sans ambition exclusive, animés par la seule pensée d'établir un ordre des choses fondé désormais sur l'intérêt bien compris des souverains et des peuples.

« Cet appel, j'aime à le croire, sera entendu de tous. Un refus ferait supposer de secrets projets qui redoutent le grand jour ; mais quand même la proposition ne serait pas unanimement agréée, elle aurait l'immense avantage d'avoir signalé à l'Europe où est le danger, où est le salut. Deux voies sont ouvertes : l'une conduit au progrès par la conciliation et la paix ; l'autre, tôt ou tard mène fatalement à la guerre par l'obstination à maintenir un passé qui s'écroule.

« Vous connaissez maintenant, Messieurs, le langage que je me propose de tenir à l'Europe. Approuvé par vous, sanctionné par l'assentiment public, il ne peut manquer d'être écouté puisque je parle au nom de la France. »

En conséquence de son discours au Sénat et au Corps législatif l'Empereur adressa, le 11 novembre, une lettre à tous les Souverains de l'Europe, pour les inviter à réunir un congrès.

Les adhésions ne tardèrent pas à se produire. La reine d'Espagne, le roi de Suède, la Confédération Suisse, le roi de Saxe, le roi de Wurtemberg, le roi des Belges, le roi d'Italie, le Pape, le roi de Bavière, le roi des Hellènes, le roi de Danemark, acceptèrent le congrès purement et simplement.

La reine d'Angleterre, l'empereur de Russie, l'empereur d'Autriche, le roi de Prusse, la Confédération germanique l'acceptèrent aussi, mais sous la réserve que les questions sur lesquelles le congrès aurait à délibérer seraient indiquées et précisées au préalable.

C'était par avance l'avortement du congrès. Les puissances qui avaient à redouter la révision des traités de 1815 subordonnaient leur adhésion à des explications préalables, que la France n'était pas en situation de donner, et parce qu'elle ne pouvait pas afficher la prétention de limiter le haut arbitrage et la suprême juridiction de l'Europe, et parce qu'elle ne devait pas accepter la responsabilité de solutions qui, proposées par elle seule, avaient la chance de se heurter à des oppositions intéressées. L'accord sincère et pratique des puissances manqua donc à l'Europe, juste au moment où surgissaient des difficultés suivies des plus redoutables déchirements.

Telle fut celle qui venait d'éclater, au sujets des duchés de Schleswig et de Holstein, après la mort du roi de Danemark Frédéric VII, arrivée en 1863. Ces deux duchés appartenaient au Danemark, dont le roi, à raison de leur possession, faisait partie de la Confédération germanique. Des luttes intestines entre les habitants de race allemande et les Danois amenèrent, en décembre 1863, l'intervention de la diète germanique, qui réclama l'exécution du règlement des prétentions respectives des populations, fixées par un traité signé à Londres le 8 mai 1852, sous la garantie des grandes puissances européennes. L'avénement du roi Christian IX, quoique prévu et sanctionné par le traité de Londres, amena de nouvelles complications. La Diète, après une sommation adressée au roi de Danemark, comme membre de la Confédération, fit occuper le Holstein par un corps de Saxons et de Hanovriens. Les Danois avaient volontairement évacué ce duché, comme relevant légitimement de la Confédération ; mais ils résolurent de défendre le Schleswig, comme province danoise.

En ce moment, la Prusse et l'Autriche proposèrent à la Diète d'occuper ce duché, jusqu'au règlement définitif des questions en litige ; la Diète refusa, mais l'Autriche et la Prusse persistèrent comme grandes puissances, parties au traité de Londres, et, le 1ᵉʳ février 1864, elles firent envahir le Holstein par le feld-maréchal Wrangel, à la tête de quatre-vingt-dix mille hommes, qui chassèrent les troupes fédérales, franchirent l'Eyder, et occupèrent le Schleswig, le Jutland, et enlevèrent Düppel et Frédéricia, après des assauts meurtriers soutenus par les Danois avec une bravoure héroïque. Une fois entrées, sous prétexte d'occupation provisoire, l'Autriche et la Prusse garderont leurs conquêtes, qu'elles se partageront par le traité de Gastein, du mois d'août 1865. Dépouillé, malgré les garanties stipulées par le traité de Londres, le malheureux roi de Danemark dut se soumettre, et signer, le 30 octobre, le traité de Vienne, qui lui enlevait le Holstein, le Schleswig, le Lauenbourg, les îles de la mer du Nord, et celles de Ichmann et d'Alsen, dans la Baltique.

En possession des dépouilles du Danemark, la Prusse et l'Autriche éprouvèrent des sentiments de rivalité qui amenèrent en s'aigrissant, la terrible guerre de 1866 et la disparition de la diète germanique.

La session législative, ouverte le 5 novembre, vit sa tâche régulière et annuelle retardée au Corps législatif par les débats passionnés de la vérification des pouvoirs, qui dura un mois, et par la préparation et la discussion de l'Adresse, qui en durèrent près de deux. Les deux assemblées étaient réunies depuis environ trois mois, lorsque l'adresse du Corps législatif fut présentée à l'Empereur le 29 janvier.

On a vu que l'opposition, favorisée par les élections générales s'était augmentée de vingt membres. Les nouveaux élus, à l'exception d'un seul, M. Berryer, appartenaient aux idées républicaines ou aux idées orléanistes. Les orateurs adverses et écoutés s'y étaient fortifiés de M. Thiers, de M. Berryer, de M. Marie et de M. Jules Simon.

La thèse qu'ils soulevèrent pendant la discussion de l'adresse était la même que celle des cinq. Ils demandèrent la liberté de la presse, la liberté électorale, la liberté de réunion, la liberté d'association, et le rappel de la loi de sûreté générale, pour représenter, disaient-ils, la liberté individuelle. Toutes ces revendications, formulées en amendements aux paragraphes de l'Adresse, étaient l'objet de discussions violentes qui, quoique n'aboutissant jamais à un vote approbatif, n'en ébranlaient pas moins les principes des institutions, dont elles étaient la négation manifeste. Aucune des libertés réclamées avec tant de bruit ne faisait défaut au pays; mais l'usage de chacune d'entr'elles était modéré par la constitution, et approprié à la préservation du gouvernement que la nation avait institué. Les secrets desseins de l'opposition étaient faciles à pénétrer; et l'événement a bien prouvé qu'elle ne voulait pas améliorer les institutions impériales, mais les détruire.

Ce groupe nouveau d'opposition, plus nombreux, plus puissant, plus âpre encore que l'ancien, trouva en face de lui, sur les bancs des orateurs du gouvernement, M. Rouher, titulaire du nouveau ministère d'État, créé pour M. Billault, et qu'il n'avait pas eu le temps d'occuper.

On sentait en M. Rouher une puissance énorme de travail, un besoin d'être clair et probant pour lui-même comme pour les autres, une parole rompue aux luttes, un souffle puissant se faisant jour à travers les obstacles, et qui était comme l'expansion d'une plétore de savoir et de bon sens. Le décret du 23 juin, en le plaçant à côté de M. Billault, les avait destinés tous deux à soutenir ensemble le choc des partis. Si la mort ne les eût pas séparés, ils eussent accompli leur tâche avec un égal dévouement, y apportant chacun son éclat particulier, et sans qu'aucun des deux eût affaibli ou voilé la gloire de l'autre.

La session dura jusqu'au 28 mai, c'est-à-dire six mois, ou le double du temps que lui assignait la constitution. La loi sur les coalitions fut sa préoccupation la plus importante. L'examen du budget ramena les discussions et les luttes théoriques sur les gouvernements, ce qui était pour l'opposition un prétexte et une occasion de miner l'Empire; et M. Thiers inaugura alors ces longs discours épisodiques, sortes de conférences de faculté libre, chères à sa vieillesse, et dans lesquelles il cherchait à faire illusion sur la profondeur de son esprit par l'étendue de sa surface.

La session, successivement prorogée, ne fut close, comme nous venons de le dire, que le 28 mai, n'ayant produit de loi notable que celle qui accepta et qui régla le droit de coalition. Le 22 mai, le maréchal Pélissier, duc de Malakof, gouverneur général de l'Algérie, termina sa glorieuse carrière.

Pendant la discussion du budget, et à l'occasion de la loi fixant le contingent, M. Picard demanda de nouveau la réduction de l'armée, et reprocha au gouvernement d'avoir laissé écraser le Danemark par les forces combinées de la Prusse et de l'Autriche. Ce sera là désormais le jeu habituel de l'opposition, travaillant à diminuer les forces militaires de la France, et exaltant en même temps la fierté militaire de la nation, en reprochant au gouvernement de ne point faire sentir assez au dehors le poids de son influence, et en persuadant à l'opinion publique que nulle grosse entreprise ne pouvait et ne devait être faite, en Europe, sans notre aveu.

Il est certain que la violence faite au Danemark par la Prusse et par l'Autriche avait créé une situation délicate et difficile à la France et à l'Angleterre. Le Danemark est lié avec nous, depuis longtemps par des sympathies que le malheur a cimentées deux fois; l'intérêt maritime de l'Angleterre lui commandait de faire obstacle au développement d'une forte marine allemande dans la Baltique, et l'affection naturelle du peuple anglais pour la princesse de Galles, future reine d'Angleterre, et fille du roi Christian, rendait la cause du Danemark aussi naturellement sympathique en Angleterre qu'en France.

De cette communauté de sympathies de la France et de l'Angleterre envers le Danemark à une intervention commune ayant pour objet de maintenir les stipulations du traité de Londres contre la main mise un peu brutale de la Prusse et de l'Autriche sur les duchés, il n'y avait qu'un pas. L'Angleterre eut un instant la pensée de le franchir, et elle s'en ouvrit au cabinet des Tuileries. L'entreprise était considérable, surtout pour la France que sa situation plaçait au premier plan pour la lutte. Les intérêts matériels ont pris une place si considérable dans la société moderne qu'il devient très-délicat et très-dangereux de les compromettre dans de pures questions de principes.

L'Empereur, dans le préliminaire des pourparlers, dut naturellement penser à réclamer deux choses : la participation directe de l'Angleterre à la guerre continentale, et de légitimes compensations, en cas de succès. Le cabinet de lord John Russell hésita d'abord sur les compensations et finit néanmoins par en accepter le principe. Il fut plus long à se décider sur l'envoi d'un corps de troupes sur le continent, ayant d'abord voulu borner son action au concours maritime. La gravité de la question et les hésitations de l'Angleterre refroidirent l'Empereur.

Cependant la conférence de Londres siégeait toujours, et le parti Tory poussait à la guerre. Pendant la première semaine de juin, lord Cowley fit une démarche nouvelle, et se décida enfin pour une coopération armée sur le continent : il offrit un corps de trente mille hommes. C'était une compromission réelle et sérieuse, qui engageait l'honneur anglais. L'Empereur, à qui l'ouverture fut faite, ajourna l'acceptation. Pendant qu'il réfléchissait de son côté, le gouvernement anglais réfléchit du sien ; et lorsque, à la séance de la chambre des Pairs, le 17 juin, lord Ellenboroug interpella le ministère, et lui demanda s'il n'était pas résolu à défendre le Danemark contre une injuste agression, le comte Russell répondit que la France s'était refusée à faire la guerre pour l'exécution du traité de 1852, et qu'en sa qualité de ministre de la Reine, il ne conseillait pas non plus de la faire, ajoutant que le traité de 1852 ne contenait pas à proprement parler des stipulations de garantie.

Les déclarations de lord John Russell n'étaient pas précisément l'exacte vérité, et la guerre aurait eu lieu si l'Empereur avait accepté, le 6 juin, avant de partir pour Fontainebleau, les propositions de l'Angleterre. Mais alors commença pour les plus grands gouvernements la nécessité de fléchir sous le poids que fait sentir aux cabinets les plus résolus l'état matériel et moral de l'Europe actuelle. La France avait eu le déboire de l'inexécution du traité de Zurich ; l'Angleterre eut alors celui de l'inexécution du traité de Londres.

Après le langage qu'avait tenu lord John Russell, la conférence de Londres dut reconnaître son impuissance et se dissoudre. Les hostilités reprirent immédiatement, et l'île d'Alsen fut enlevée par les Prussiens le 29 juin.

L'Empereur se rendit à Vichy le 7 juillet et y passa un mois. Il était déjà, dès cette époque, sous l'influence de la douloureuse et redoutable maladie dont il est mort, et sur laquelle ses médecins

M. MOCQUARD.

et lui-même se sont fait illusion jusqu'à la dernière heure. C'est pendant son séjour à Vichy que l'Empereur, toujours préoccupé du sort de ceux qui souffrent, adressa au maréchal Vaillant, ministre de sa Maison, la lettre touchante qu'on va lire :

« Vichy, le 31 juillet 1864.

« Mon cher maréchal, je viens vous faire part d'une réflexion qui m'est survenue pendant le repos dont je jouis ici. Deux grands établissements doivent être reconstruits à Paris, avec une destination bien différente : l'Opéra et l'Hôtel-Dieu. Le premier est déjà commencé, le second ne l'est pas encore.

« Quoique exécutés, l'Opéra aux frais de l'État, l'Hôtel-Dieu aux frais des hospices et de la Ville de Paris, tous deux ne seront pas moins pour la capitale des monuments remarquables ; mais comme ils répondent à des intérêts très-différents, je ne voudrais pas que l'un surtout parût plus protégé que l'autre.

« Les dépenses de l'Académie impériale de musique dépasseront malheureusement les prévisions, et il faut éviter le reproche d'avoir employé des millions pour un théâtre, quand la première pierre de l'hôpital le plus populaire de Paris n'a pas encore été posée.

« Engagez donc, je vous prie, le Préfet de la Seine à faire commencer bientôt les travaux de l'Hôtel-Dieu, et veuillez faire diriger ceux de l'Opéra de manière à ne les terminer qu'en même temps.

« Cette combinaison, je le reconnais, n'a aucun avantage pratique ; mais, au point de vue moral, j'attache un grand prix à ce que le monument consacré au plaisir ne s'élève pas avant l'asile de la souffrance.

« Recevez, mon cher maréchal, l'assurance de ma sincère amitié.

« NAPOLÉON. »

Rentré à Paris, le 7 août, il ne tarda pas à se rendre au camp de Châlons, où il nomma, par un décret du 1er septembre, M. le maréchal de Mac-Mahon, gouverneur général de l'Algérie, et où il conféra, par un décret du 5, au général Bazaine, le titre de maréchal de France. Le 28 du même mois, M. Vuitry fut nommé vice président du Conseil d'État, en remplacement de M. Rouland, élevé à la dignité de sénateur.

Le 10 décembre 1864 mourut M. Mocquard, chef du cabinet de l'Empereur, ami des mauvais jours, cœur dévoué, caractère sociable, causeur charmant. Né à Bordeaux en 1791, avocat, sous-préfet, homme de lettres par-dessus tout, M. Mocquard avait été, sous la Restauration, l'un des hôtes fidèles d'Arenemberg. Sous le gouvernement de Juillet, il organisa à Paris une presse bonapartiste, à laquelle il rattacha M. Mauguin. Les événements de 1848 le trouvèrent aux côtés du Prince Louis, dont il fut le secrétaire et le principal confident, après le 10 décembre. M. Mocquard était un lettré du premier ordre, élevé à l'école de Tacite, de Corneille et de Bossuet, en possédant à fond les œuvres magistrales, gourmet en fait de style, comme l'Empereur, dont il partageait les goûts par ce côté, et réunissant, comme lui, dans ce qu'il écrivait, l'énergie, la précision et la finesse. M. Mocquard avait été fait sénateur.

L'Empereur confia son cabinet, le 21 décembre, à M. Étienne Conti, nommé, en 1848, procureur général à Bastia, devenu député de la Corse à l'Assemblée constituante, et conseiller d'État en 1852. M. Conti était aussi un lettré de distinction. Une maladie lente le minait déjà et assombrissait un peu son caractère sociable et bienveillant. Lié à l'Empereur par le dévouement le plus absolu, il s'établit par son ordre à Bruxelles après la catastrophe, et il fut le lien qui rattacha les fidèles au souverain prisonnier à Willemshoë. C'est de là qu'en exécution d'un désir de l'Empereur, il appela M. Granier de Cassagnac, retiré à Mons et rapproché ainsi de ses deux enfants prisonniers, et qu'il le chargea de la rédaction du *Drapeau*, journal destiné à mettre les prisonniers d'Allemagne en relation avec leurs familles. On sait que M. Conti, envoyé à l'Assemblée nationale par la Corse en 1871, est mort le 8 février de l'année suivante, non sans avoir donné à l'Empereur, jusqu'à la dernière heure, des témoignages de son inviolable fidélité. Le vote précipité et un peu irréfléchi de déchéance, prononcé sans discussion contre l'Empire, sera lié dans l'histoire au souvenir du courage d'Étienne Conti.

Un décret du 25 janvier convoqua le Sénat et le Corps législatif pour le 15 février. Comme d'habitude, l'Empereur ouvrit la session dans la salle des États; son discours sembla marquer un point d'arrêt dans la politique de concessions volontaires qu'il avait inaugurée; et il déclara, dans les termes suivants, sa résolution de maintenir les bases de la Constitution de 1852, qui aurait préservé la France des terribles épreuves qui l'attendaient.

Voici comment il s'exprima à ce sujet :

« Continuons à suivre la marche tracée ; à l'extérieur, vivons en paix avec les différentes puissances, et ne faisons entendre la voix de la France que pour le droit et la justice ; à l'intérieur, protégeons les idées religieuses, sans rien céder des droits du pouvoir civil ; répandons l'instruction dans toutes les classes de la société ; simplifions, sans le détruire, notre admirable système administratif; donnons à la commune et au département une vie plus indépendante ; suscitons l'initiative individuelle et l'esprit d'association ; enfin élevons l'âme et fortifions le corps de la nation. Mais, tout en nous faisant les promoteurs ardents des réformes utiles, maintenons avec fermeté les bases de la Constitution.

« Opposons-nous aux tendances exagérées de ceux qui provoquent des changements dans le seul but de saper ce que nous avons fondé. L'utopie est au bien ce que l'illusion est à la vérité, et le progrès n'est point la réalisation d'une théorie plus ou moins ingénieuse, mais l'application des résultats de l'expérience consacrés par le temps et acceptés par l'opinion publique. »

Malheureusement pour la France, ces bonnes dispositions fondirent sous l'action délétère des influences qui entraînaient l'Empereur vers le régime parlementaire.

L'adresse du Sénat ne fit que ressasser les vieux thèmes sur les questions de Rome et de l'Italie.

La discussion de l'adresse du Corps législatif fut beaucoup plus longue et surtout beaucoup plus grave. Elle dura du 27 mars au 15 avril.

Deux adversaires de la Constitution de 1852 s'y dessinèrent, avec des vues diverses ; M. Emile Ollivier pour *rajeunir* l'Empire, ce fut son expression ; M. Thiers pour le détruire, c'était sa pensée.

M. de Morny, mort le 10 mars, ne put pas assister au développement des principes qu'il avait partagés et encouragés.

C'est le 27 mars que M. Emile Ollivier prononça son discours. Toujours partisan des concessions spontanées de l'Empereur, et prenant son point d'appui sur elles, il dit qu'à son avis le décret du 24 novembre était trop ou trop peu; trop, si l'on était résolu à s'y tenir; trop peu, si l'on voulait arriver à un régime constitutionnel. Dans une espèce d'invocation oratoire au fauteuil du président, où son regard ému chercha M. de Morny, il plaça ses aspirations sous le patronage du défunt, et déclara n'exprimer que des idées qui leur avaient été communes. Il ajouta que M. de Morny avait exprimé la conviction que l'Empire trouverait son *rajeunissement* dans l'établissement de la liberté, telle que l'entendaient alors et que l'entendent encore les partisans de la charte de 1830. Ce rajeunissement ne pouvant s'opérer qu'à la condition de détruire la Constitution de 1852, il fallait commencer par tuer l'Empire, qui n'était pourtant encore âgé que de douze ans.

Tout en demandant la liberté, M. Emile Ollivier se sépara un peu de ses collègues de la gauche; car il déclara que si l'Empire devenait libéral, il l'accepterait et lui donnerait son concours. Comme gage de la loyauté de son langage, il déclara qu'il voterait l'adresse, ce qu'il n'avait pas encore fait.

Agissant comme il parlait, M. Emile Ollivier semblait de bonne foi; et il paraissait convaincu qu'en devenant *libéral*, l'Empire *dissoudrait la coalition de ses adversaires*. Tel n'était pas l'espoir que l'on pouvait puiser dans l'attitude de M. Thiers.

C'est le 28 mars que M. Thiers prononça le fameux discours dans lequel il déclara ne reconnaître le caractère d'un véritable gouvernement qu'au régime qui réunirait un minimum de certaines libertés, qu'il appelait *les Libertés nécessaires*. Ce minimum comprenait la liberté individuelle, la liberté électorale, la liberté de la tribune et la liberté de la presse; et l'insistance qu'il mit à réclamer ces quatre libertés semblait évidemment prouver que la France n'en possédait aucune.

Il y avait alors sur les bancs des commissaires du gouvernement chargés de soutenir la discussion un homme d'une grande énergie et d'un tempérament oratoire remarquable. C'était M. Thuilier, ancien avocat d'Amiens, devenu, sous l'Empire, préfet, directeur de l'administration communale et conseiller d'État. Il répondit à M. Thiers en faisant toucher du doigt, réelles, vivantes, efficaces, toutes ces libertés qu'il feignait de ne pas voir, et dont il usait largement pour saper le régime qui les avait établies.

M. Thiers, appuyé sur l'autorité de son âge, de sa longue carrière politique, s'abandonnant à sa parole, un peu molle et décousue, mais facile et abondante, affectait de prendre au Corps législatif une sorte de protectorat des libertés politiques. Il pontifiait volontiers comme grand prêtre du régime parlementaire.

Ces allures ne plaisaient guère qu'au groupe d'alliés politiques auxquels elles profitaient. Aussi le Corps législatif couvrit-il de ses applaudissements, le 15 avril, une puissante sortie de M. Rouher, réglant, au nom du bon sens et de l'histoire, les comptes de cette carrière plus prétentieuse qu'illustre, pleine d'agitations, vide d'actes, troublant tout, n'organisant rien, inaccessible aux leçons du temps et de l'expérience, traversant la société moderne sans la comprendre, ayant nié la possibilité des chemins de fer, ayant combattu la liberté du commerce et de l'industrie, et n'ayant rien de réellement grand que la soif du pouvoir et l'impuissance de le conserver, après l'avoir obtenu.

Le Corps législatif, fidèle aux principes qui servaient de base à la Constitution de 1852, restait encore inaccessible aux attaques de leurs adversaires. Il savait bien, lui, qu'il était réellement en possession de ces *libertés nécessaires* réclamées avec tant d'apparat par M. Thiers ; il savait que les élections étaient sincères, que la presse avait la faculté de discuter toutes les questions discutables ; que la liberté individuelle des honnêtes gens ne courait aucun risque ; et, en ce qui touchait la tribune, les déclamations violentes qui s'y produisaient chaque jour attestaient suffisamment des franchises dont elle était investie.

L'Adresse du Corps législatif fut apportée à l'Empereur par une députation, le 16 avril, selon l'usage. Comme elle était toujours votée à une immense majorité, elle ne portait aucune trace des attaques violentes et annuelles dont la Constitution était l'objet ; mais ces attaques faisaient leur chemin et opéraient leur œuvre souterraine. M. Pelletan avait comparé leur travail à celui des termites, qui creusent et dévorent à l'intérieur les œuvres vives d'un édifice, si bien que la ruine certaine ne s'accuse que par l'effondrement.

La session arriva, par des prorogations successives, au 8 juillet. La discussion du budget amena, comme les années précédentes, l'examen et le vote du contingent. L'armement d'une garde nationale universelle fut demandé par M. Garnier-Pagès, partisan, comme beaucoup d'autres l'étaient alors, des levées de volontaires faites en 1792, et adversaire déclaré, comme ses amis, des armées régulières et permanentes.

Pendant la durée de la session, l'Empereur se rendit de nouveau en Algérie pour en étudier les besoins et en préparer une organisation plus efficace. Avant de partir, il conféra à l'Impératrice le titre de Régente.

En l'absence de l'Empereur, le prince Napoléon Jérôme avait été chargé d'aller présider à Ajaccio l'inauguration de la statue que la Corse érigeait, à son berceau même, à l'immortel fondateur de la dynastie. Le discours que prononça le Prince était empreint de cette politique déjà exposée par lui devant le Sénat, et qui avait blessé les sentiments conservateurs et religieux du pays.

Dès que l'Empereur eut connaissance de ce discours, il adressa au Prince Napoléon une lettre qui était un complet et énergique désaveu. Cette lettre, insérée au *Moniteur* du 27 mai, était ainsi conçue :

« Monsieur et très-cher Cousin,

« Je ne puis m'empêcher de vous témoigner la pénible impression que me cause la lecture de votre discours prononcé à Ajaccio.

« En vous laissant, pendant mon absence, auprès de l'Impératrice et de mon Fils comme vice-président du Conseil privé, j'ai voulu vous donner une preuve de mon amitié, de ma confiance, et j'espérais que votre présence, votre conduite, vos discours, témoigneraient de l'union qui règne dans notre famille.

« Le programme politique que vous placez sous l'égide de l'Empereur ne peut servir qu'aux ennemis de mon gouvernement.

A des appréciations que je ne saurais admettre vous ajoutez des sentiments de haine et de rancune qui ne sont plus de notre époque.

« Pour savoir appliquer aux temps actuels les idées de l'Empereur il faut avoir passé par les rudes épreuves de la responsabilité et du pouvoir. Et d'ailleurs pouvons-nous réellement, pygmées que nous sommes, apprécier à sa juste valeur la grande figure historique de Napoléon ! Comme devant une statue colossale, nous sommes impuissants à en saisir à la fois l'ensemble. Nous ne voyons jamais que le côté qui frappe nos regards ; de là l'insuffisance de la reproduction et les divergences des opinions.

« Mais ce qui est clair aux yeux de tout le monde, c'est que pour empêcher l'anarchie des esprits, cette ennemie redoutable de la vraie liberté, l'Empereur avait établi dans sa famille d'abord, dans son Gouvernement ensuite, cette discipline sévère qui n'admettait qu'une volonté et qu'une action : je ne saurais désormais m'écarter de la même règle de conduite.

« Sur ce, monsieur et cher cousin, je prie Dieu qu'il vous ait en sa sainte garde.

« Napoléon. »

L'Empereur quitta l'Algérie le 7 juin, en adressant à l'armée une proclamation éloquente.

Dans le courant de cette année, M. Sainte-Beuve fut nommé sénateur, le 29 avril. C'était un lettré plus mièvre que fin, voué surtout à la critique, œuvre dans laquelle il apportait plus de commérage que de doctrine ; il aimait à braver l'opinion de ses contemporains par ses opinions anti-religieuses, et il n'attendit pas la fin de l'Empire pour se montrer ingrat envers lui.

La session, close le 4 juillet, ne parut avoir laissé dans l'esprit de l'honorable vice-président M. Schneider d'autre impression que celle des belles passes d'armes oratoires qui s'y étaient accomplies. Après les éloges donnés aux talents consacrés par le succès, il ajouta : « Vous me permettrez de dire, à l'honneur de cette assemblée et à ma satisfaction profonde, que nous avons vu se révéler cette année de nombreux et de solides talents, qui doivent ajouter à la confiance du pays ». Illusion que tout cela ; quand les institu-

M. EMILE OLLIVIER

tions ne préservent pas un pays, ce ne sont pas les discours qui le sauvent.

Après s'être rendu à Plombières, au camp de Châlons et à Fontainebleau, l'Empereur alla, comme d'habitude, passer les beaux jours d'automne à Biarritz.

C'est là qu'il fut visité, dans les premiers jours d'octobre, par M. de Bismarck, destiné à diriger de si redoutables événements, et que le roi de Prusse venait de faire comte. Arrivé à Paris le 1er octobre, et reçu par le ministre des affaires étrangères le 2, M. de Bismarck repartit le soir même pour Biarritz, où il arriva le 3, accompagné de madame la comtesse et de Mlle de Bismarck.

Rien ne transpira d'absolument certain des entretiens qui eurent lieu entre M. de Birmarck et l'Empereur. Les luttes éventuelles, suite forcée des prétentions opposées de l'Autriche et de la Prusse, au sujet de la prépondérance en Allemagne, y furent examinées et discutées. L'attitude que la France pouvait prendre dans ces événements était naturellement un élément considérable de la question. M. de Bismarck, qui avait mission de la pressentir, ne ménagea pas les perspectives d'agrandissement qui pouvaient flatter et tenter l'Empereur. Ces ouvertures furent reçues avec la plus grande réserve; et ce qu'on en sut de positif, c'est que la Prusse n'aurait pas vu d'un mauvais œil l'agrandissement de la France, pourvu qu'elle ne fût pas gênée dans l'accomplissement du sien.

Le 12 octobre, l'Empereur, l'Impératrice et le Prince impérial rentrèrent à Saint-Cloud. Le choléra sévissait à Paris. L'Empereur alla visiter les cholériques de l'Hôtel-Dieu le 21 octobre, et l'Impératrice, quoique très-souffrante, s'y rendit le 23; quand ils ne pouvaient pas soulager les malheureux, Leurs Majestés tenaient au moins à les consoler.

Deux hommes diversement considérables disparurent, vers la fin de l'année, de la scène politique, où ils avaient joué un grand rôle. Lord Palmerston mourut le 18 octobre, et le roi Léopold le 10 décembre. L'un et l'autre s'étaient montrés bienveillants envers l'Empire.

Le 26 décembre, M. de Sacy, l'écrivain le plus élégant du *Journal des Débats*, fut nommé au Sénat, où ira le joindre, le

18 novembre suivant, M. Désiré Nisard, un ferme talent et un noble esprit.

Un décret du 3 janvier 1866 fixa l'ouverture de la session législative au 22 du même mois. M. Walewski, qui avait présidé avec succès le congrès de Paris, crut qu'il pourrait présider de même le Corps législatif. Il sollicita de l'Empereur la succession de M. Morny, et il l'obtint ; il avait fallu qu'avant de présider les députés, il le devint lui-même. Une petite combinaison, imaginée dans ce but, porta au Sénat M. Corta, député des Landes, et livra son siége à M. Walewski ; mais l'événement trompa son attente. Les orages du Corps législatif désarçonnèrent le président du congrès, et il dut se retirer avant la fin de la deuxième session.

L'adresse de 1866 au Corps législatif, qui fut la dernière, avait été, comme les cinq précédentes, rédigée par M. Granier de Cassagnac, qui prit une part importante à sa discussion.

Le caractère de la session fut le même, avec une aggravation redoutable. Pendant cinq années, on avait vu la constitution de 1852 attaquée avec acharnement par l'opposition républicaine, légitimiste et orléaniste, mais défendue avec une grande énergie d'ensemble par les conservateurs. Pendant la discussion de l'Adresse de 1866, un groupe important de ces derniers se forma qui, sans se joindre formellement à l'opposition, poursuivit de son côté ce qu'il appelait les conséquences du décret du 20 novembre 1860.

Ce groupe comprenait 45 députés, occupant tous une situation plus ou moins considérable à la chambre, la plupart convaincus et modérés, et d'autant plus dangereux, que quelques-uns d'entre eux pouvaient être regardés comme dévoués aux institutions impériales.

Ce groupe déposa un amendement au paragraphe de l'Adresse où il était dit que la stabilité des institutions n'excluait pas les progrès désirables. L'amendement était ainsi conçu :

« Cette stabilité n'a rien d'incompatible avec le sage progrès de nos institutions. La France, *fermement attachée à la dynastie qui lui garantit l'ordre*, ne l'est pas moins à la liberté, qu'elle considère comme nécessaire à l'accomplissement de ses destinées. Aussi le Corps législatif croit-il aujourd'hui être l'interprète du sentiment public, en apportant aux pieds du trône le vœu que Votre Majesté donne au grand acte de 1860 les développements qu'il comporte. Une expérience de cinq années nous paraît en avoir démontré la convenance et la nécessité. La nation, plus intimement associée par notre libérale initiative à la conduite des affaires, envisagera l'avenir avec une entière confiance. »

On le voit, le groupe des 45, dans lequel figuraient M. Buffet, M. Chevandier de Valdrôme, M. le marquis de Talhouet, M. Maurice Richard, M. Lambrecht, M. Jules Brame, M. Kolb Bernard, M. de Torcy, M. de Richemond, M. Justinien Clary, M. Eschassériaux, commençait par affirmer son attachement à la dynastie impériale, et, pour quelques-uns de ses membres, la sincérité n'était pas douteuse ; que voulait ce groupe ? Sans le croire et sans le dire encore, il poussait à l'établissement du régime parlementaire, sur les ruines de la constitution de 1852.

M. Buffet et M. de Talhouët caractérisèrent la portée de l'amendement, en le défendant dans la séance du 19 mars. Il tendait à obtenir la présence des ministres à la chambre, mais sans la responsabilité ministérielle, une plus grande liberté pour la presse dans l'appréciation des débats législatifs, et le droit de réunion pour discuter les questions politiques, pendant la période électorale.

Le but restait encore voilé ; mais l'usage que l'opposition avait fait, depuis cinq ans, des libertés spontanément décrétées par l'Empereur le 20 novembre 1860, permettait de pressentir avec netteté celui qu'elle ferait des libertés nouvelles ; et, dans un discours plein d'énergie et de talent, M. Jérôme David prononça ces paroles prophétiques : « Ce n'est pas l'amour de la liberté qui réunit les anciens partis, c'est une rancune commune qui les pousse vers un but commun, l'affaiblissement du gouvernement impérial. Si l'édifice venait à être renversé et qu'il fallût reconstruire, on aurait bientôt la preuve de leurs profondes divisions. On les verrait de nouveau se déchirer impitoyablement sur les ruines sanglantes de la patrie. »

M. de Talhouët, M. Martel, M. Emile Ollivier se réunirent à M. Buffet, pour solliciter les libertés nouvelles. M. Emile Ollivier résuma ainsi son discours : « Si ceux qui pensent que l'Empereur peut donner la liberté triomphent, la dynastie sera fondée et assise sur le roc ; si ceux qui pensent que l'Empereur ne peut pas donner la liberté l'emportent, la dynastie est condamnée aux aventures. »

L'événement qui domina la discussion de l'Adresse, ce fut, avec la présentation de l'amendement des quarante-cinq, un discours magistral que prononça M. Rouher dans la séance du 19 mars, et dans lequel il prit corps à corps et les illusions des auteurs de l'amendement, et les doctrines analogues, mais plus nettes encore, exposées par M. Thiers, dans la séance du 16 février.

Il n'y avait pas à s'y tromper ; ce que l'opposition ancienne ou nouvelle poursuivait, c'était, qu'elle le pensât ou non, l'établissement de la responsabilité ministérielle, la prédominance du Corps législatif, et le régime parlementaire se substituant à la monarchie dirigeante et autoritaire, fondée par les plébiscites en la personne et en la dynastie impériales. La constitution de 1852 était directement attaquée et prise corps à corps ; à ce point que, d'après M. Emile Ollivier, le décret du 20 novembre 1860 l'avait déjà atteinte et *abrogée dans sa partie substantielle ;* assertion assurément bien hasardée, car un décret, même intentionnel, n'aurait pu détruire ce que le plébiscite de 1852 avait fondé.

M. Rouher se trouvait en face de deux corps de doctrine, développés par les adversaires de la constitution ; le premier, consistant à prétendre que le Corps législatif représentait les volontés et les droits de la nation ; le second, consistant à penser que le système parlementaire pouvait être appliqué à la situation de la France, telle que l'a faite l'établissement du suffrage universel.

Entré dans le débat avec une hauteur de raison et une étude pratique de la société moderne qui l'élevait fort au-dessus de ses adversaires, il n'eut pas de peine à montrer, sur le premier point, que si le Corps législatif résumait la confiance de la nation pour la bonne gestion de ses affaires, l'Empereur en personnifiait les droits et la volonté, pour la direction générale du gouvernement et de la politique, étant le mandataire direct, général et permanent de la souveraineté nationale. Le rôle du Corps législatif était considérable, et il était nécessaire qu'il le fût ; mais la constitution lui avait indiqué un but et tracé des limites, elle l'avait placé dans un cercle dont il ne pouvait pas sortir sans se détruire lui-même, en détruisant le pacte constitutionnel, source et fondement de ses attributions.

Sur le second point, M. Rouher était à l'aise avec ses adversaires. Il rappela les grandes discussions du gouvernement de juillet, dans lesquelles M. Guizot et M. Thiers avaient repoussé le suffrage universel, comme incompatible avec le régime parlementaire.

M. Thiers avait dit, le 5 décembre 1834 : « Les *classes populaires* n'ont jamais pris part au gouvernement que pour le rendre *anarchique, violent et sanguinaire.* » Il ajoutait : « à ceux qui voudraient pousser la *réforme électorale jusqu'au suffrage universel*, il faut répondre : voulez-vous faire sortir le pouvoir des classes sages et modérées pour le faire entrer dans les *classes turbulentes et passionnées;* voulez-vous donc amener dans les colléges électoraux les *populaces du Midi, les partisans de Henri V et de la République ?* »

Eh ! bien, ce que M. Guizot et M. Thiers avaient flétri comme dangereux, ou dédaigné comme impossible, l'état social fondé sur le suffrage universel existait. La souveraineté nationale était en plein exercice ; plus de neuf millions d'hommes avaient fondé un gouvernement régulier et puissant, nommé des députés. Comment pouvait-on concilier ces deux choses, suffrage universel et régime parlementaire, déclarés inconciliables ? Maintenu, le suffrage universel rendait le régime parlementaire impraticable ; poursuivi et atteint, le régime parlementaire rendait le suffrage universel impossible.

C'est qu'en effet, à un état de la société répond le gouvernement qui en est la forme naturelle et l'expression nécessaire.

A la société féodale, l'ancienne monarchie; à la société moderne, fondée sur la souveraineté nationale et agissant par le suffrage universel, la monarchie impériale, autorité puissamment concentrée, plaçant la direction dans le souverain, le contrôle et le conseil dans les corps élus.

Les assemblées délibérantes, mer toujours agitée par le remou du corps électoral, n'ont jamais pu mettre le pouvoir dirigeant à l'abri du naufrage, même lorsqu'elles n'étaient exposées qu'à la fluctuation de deux cent mille électeurs : comment le conserveraient-elles intact, ferme, respecté, sous l'impulsion formidable et le souffle irrésistible et variable de neuf millions d'hommes ?

La conclusion du beau discours de M. Rouher se tirait d'elle-même. C'était le spectacle des institutions impériales ayant, depuis quinze années, mené à bien de grandes guerres, des travaux immenses, et recevant les bénédictions d'un pays laborieux, calme, prospère, étranger aux fausses inquiétudes, aux aspirations factices, inventées et exploitées, dans les régions politiques, au profit d'un petit groupe d'ambitieux.

Tout cela était vrai, concluant, accepté par l'immense majorité du Corps législatif, qui, au scrutin, repoussa l'amendement des 45 par 269 voix, contre 63 qui l'appuyèrent ; mais ces attaques contre la constitution, ces appels à de nouvelles libertés cheminaient dans l'opinion publique, toujours un peu légère en France, et à qui quinze années de sécurité et de prospérité avaient fait oublier les luttes et les transes passées.

L'Empereur, dont la loyauté était ainsi méconnue, fut péniblement affecté de cette injustice des partis, qui lui devaient jusqu'à ces armes tournées contre lui ; et il accueillit l'Adresse avec un sentiment de tristesse exprimé dans les paroles suivantes :

« La grande majorité du Corps législatif a affirmé une fois de plus, par le vote de l'Adresse, la politique qui nous a donné quinze années de calme et de prospérité. Je vous en remercie. Sans vous laisser entraîner par de vaines théories qui, sous de séduisantes apparences, s'annoncent comme pouvant seules favoriser l'émancipation de la pensée et de l'activité humaine, vous vous êtes dit que nous aussi nous voulons atteindre ce même but, en réglant notre marche sur l'apaisement des passions et sur les besoins de la société.

« Notre mobile n'est-il pas l'intérêt général ? Et quel attrait aurait donc, pour vous votre mandat, pour moi le pouvoir, séparés de l'amour du bien ? Supporteriez-vous tant de longs et de pénibles travaux si vous n'étiez animés du vrai patriotisme ? Supporterais-je, depuis dix-huit ans, le fardeau du Gouvernement, les préoccupations de tous les instants et cette lourde responsabilité devant

Dieu comme devant la nation, si je ne trouvais en moi la force que donnent le sentiment du devoir et la conscience d'une utile mission à remplir ?

« La France veut ce que nous voulons tous : la stabilité, le progrès et la liberté, mais la liberté qui développe l'intelligence, les instincts généreux, les nobles efforts du travail, et non la liberté qui, voisine de la licence, excite les mauvaises passions, détruit toutes les croyances, ranime les haines et enfante le trouble. Nous voulons cette liberté qui éclaire, qui contrôle, qui discute les actes du Gouvernement, et non celle qui devient une arme pour le miner sourdement et le renverser.

« Il y a quinze ans, chef nominal de l'Etat, sans pouvoir effectif, sans appui dans la Chambre, j'osai, fort de ma conscience et des suffrages qui m'avaient nommé, déclarer que la France ne périrait pas dans mes mains. J'ai tenu parole. Depuis quinze ans la France se développe et grandit. Ses hautes destinées s'accompliront. Après nous nos fils continueront notre œuvre. J'en ai pour garants le concours des grands corps de l'État, le dévouement de l'armée, le patriotisme de tous les bons citoyens, enfin, ce qui n'a jamais manqué à notre patrie, la protection divine. »

Cependant, d'autres événements venaient s'ajouter à cette agitation intérieure, et ils emprunteront à l'intervention de moins en moins mesurée du Corps législatif un degré spécial de gravité.

Le désaccord survenu entre l'Autriche et la Prusse, sorti de leur action commune dans l'invasion des duchés du Nord, s'était accentué d'une manière si rapide et si publique, que la guerre semblait inévitable et imminente. En effet, dès le mois d'avril, l'Autriche ayant fait appel à l'arbitrage armé de la Confédération germanique, la Prusse répondit en déclarant qu'elle ne reconnaissait plus l'autorité de la Diète. C'était, en fait, la guerre déclarée. Elle ne tardera pas à éclater de trois côtés à la fois ; à l'ouest de l'Allemagne, entre la Prusse et les États restés fidèles à la Confédération ; en Bohême, entre l'Autriche et la Prusse ; en Vénétie, entre l'Autriche et l'Italie, devenue l'alliée de la Prusse.

Comme on doit le penser, l'Italie n'était pas devenue l'alliée de la Prusse au moment où la guerre était près d'éclater, sans

M. DROUYN DE LHUYS

avoir obtenu l'assentiment de la France. Lorsqu'il avait commencé la guerre d'Italie, en 1859, l'Empereur avait eu la pensée d'affranchir la Péninsule jusqu'à Venise. Les intérêts de la France, menacée au Nord par l'Allemagne, l'avaient forcé de s'arrêter, avant le complet accomplissement de sa parole. En s'alliant à la Prusse, l'Italie avait la promesse d'obtenir la Vénétie comme compensation de sa coopération à la lutte. L'Empereur, qui tenait à dégager sa promesse de 1859, trouva bon que l'Italie acquît par elle-même le territoire qu'il n'avait pas pu lui donner.

Au moment où la guerre allait éclater, vers le milieu du mois de juin 1866, l'opinion unanime des militaires et des hommes politiques en Europe, était que l'Autriche triompherait, et que la Prusse serait vaincue. Dans une discussion qui eut lieu au Corps législatif, le 3 mai 1866, M. Thiers traita la conduite de la Prusse de *burlesque*, M. Emile Ollivier *d'infâme*; et l'orateur n'épargna pas ses sarcasmes aux Prussiens, qu'il déclara incapables de dominer l'Allemagne, encore moins de se l'approprier. Cette conviction universellement répandue en Europe de l'infériorité de la Prusse, dans la lutte qu'elle engageait, constitua une bonne partie de son succès inattendu, parce que les grands Etats intéressés à l'équilibre général, n'eurent ni la pensée, ni le temps de mettre obstacle à ses opérations militaires.

Tout le monde, en effet, était convaincu en France qu'on aurait le temps d'intervenir, s'il y avait lieu, pour circonscrire la lutte ou l'empêcher de compromettre nos intérêts. C'est ce sentiment qui domine dans la lettre adressée par l'Empereur à M. Drouyn de Lhuys, ministre des affaires étrangères, le 11 juin 1866. On y trouve, avec les légitimes prétentions de la France, les illusions communes à tout le monde :

« Palais des Tuileries, le 11 juin 1866.

« Monsieur le ministre, au moment où semblent s'évanouir les espérances de paix que la réunion de la conférence nous avait fait concevoir, il est essentiel d'expliquer par une circulaire aux agents diplomatiques à l'étranger les idées que mon gouvernement se proposait d'apporter dans les conseils de l'Europe, et la conduite qu'il compte tenir en présence des événements qui se préparent.

« Cette communication placera notre politique dans son véritable jour.

« Si la conférence avait eu lieu, votre langage, vous le savez, devait être très-explicite ; vous deviez déclarer en mon nom que je repoussais toute idée d'agrandissement territorial *tant que l'équilibre européen ne serait pas rompu*. En effet nous ne pourrions songer à l'extension de nos frontières que *si la carte de l'Europe venait à être modifiée au profit d'une grande puissance* et si les provinces limitrophes demandaient, par des vœux librement exprimés, leur annexion à la France.

« En dehors de ces circonstances, je crois plus digne de notre pays de préférer à des acquisitions de territoire le précieux avantage de vivre en bonne intelligence avec nos voisins en respectant leur indépendance et leur nationalité.

« Animé de ces sentiments et n'ayant en vue que le maintien de la paix, j'avais fait appel à l'Angleterre et à la Russie pour adresser ensemble aux parties intéressées des paroles de conciliation.

« L'accord établi entre les puissances neutres restera à lui seul un gage de sécurité pour l'Europe. Elles avaient montré leur haute impartialité en prenant la résolution de restreindre la discussion de la Conférence aux questions pendantes. Pour les résoudre, je croyais qu'il fallait les aborder franchement, les dégager du voile diplomatique qui les couvrait et prendre en sérieuse considération les vœux légitimes des souverains et des peuples :

« Le conflit qui s'est élevé a trois causes :

« La situation géographique de la Prusse *mal délimitée* ;

« Le vœu de l'Allemagne demandant une reconstitution politique plus conforme à ses besoins généraux ;

« La nécessité pour l'Italie d'*assurer son indépendance nationale*.

« Les puissances neutres ne pouvaient vouloir s'immiscer dans les affaires intérieures des pays étrangers ; néanmoins les cours qui ont participé aux actes constitutifs de la Confédération germanique, avaient le droit d'examiner si les changements réclamés n'étaient pas de nature à compromettre l'ordre établi en Europe.

« Nous aurions en ce qui nous concerne désiré pour les États secondaires de la Confédération une union plus intime, une organisation plus puissante, un rôle plus important ; pour la Prusse plus d'homogénéité et de force dans le Nord ; pour l'Autriche le *maintien de sa grande position en Allemagne.*

« Nous aurions voulu en outre que, moyennant une compensation équitable, l'Autriche *pût céder la Vénétie à l'Italie ;* car si, de concert avec la Prusse et sans se préoccuper du traité de 1852, elle a fait au Danemark une guerre au nom de la nationalité allemande, il me paraissait juste qu'elle reconnût en Italie le même principe en complétant l'indépendance de la Péninsule.

« Telles sont les idées que, dans l'intérêt du repos de l'Europe, nous aurions essayé de faire prévaloir. Aujourd'hui il est à craindre que le sort des armes seul en décide.

« En face de ces éventualités, quelle est l'attitude qui convient à la France ? Devons-nous manifester notre déplaisir parce que l'Allemagne trouve les traités de 1815 impuissants à satisfaire ses tendances nationales et à maintenir sa tranquillité ?

« Dans la lutte qui est sur le point d'éclater, nous n'avons que deux intérêts : *la conservation de l'équilibre européen*, et le maintien de l'œuvre que nous avons contribué à édifier en Italie. Mais pour sauvegarder ces deux intérêts, la force morale de la France ne suffit-elle pas ? Pour que sa parole soit écoutée, sera-t-elle obligée de tirer l'épée ? Je ne le pense pas.

« Si, malgré nos efforts, les espérances de paix ne se réalisent pas, nous sommes néanmoins assurés, par les déclarations des cours engagées dans le conflit, que, quels que soient les résultats de la guerre, aucune des questions qui nous touchent ne sera résolue sans l'assentiment de la France. Restons donc dans une neutralité attentive, et, forts de notre désintéressement, animés du désir sincère de voir les peuples de l'Europe oublier leurs querelles et s'unir dans un but de civilisation, de liberté et de progrès, demeurons confiants dans notre droit et calmes dans notre force.

« Sur ce, Monsieur le Ministre, je prie Dieu qu'il vous ait en sa sainte garde.

« Napoléon. »

L'événement trompa l'attente universelle ; le 24 juin, l'armée italienne, qui était entrée dans le quadrilatère, fut complétement battue à Cuztozza par l'archiduc Albert, et dut repasser le Mincio ; et la flotte italienne, commandée par l'amiral Persano, fut défaite, le 20 juillet, à Lissa, sur les côtes de la Dalmatie, par l'amiral Tégéthoff ; mais l'Italie fut sauvée par la victoire signalée que les Prussiens remportèrent sur l'armée Autrichienne à Sadowa ou Kœnigsgræetz, le 3 juillet, événement qui donna lieu à la note suivante, publiée officiellement par le *Moniteur*, journal officiel de l'Empire, le 4 juillet :

« Un fait important vient de se produire :

« Après avoir sauvegardé l'honneur de ses armes en Italie, l'empereur d'Autriche, accédant aux idées de l'Empereur Napoléon, dans sa lettre adressée le 11 juin à son ministre des affaires étrangères, cède la Vénétie à l'Empereur des Français, et accepte sa médiation pour amener la paix entre les belligérants.

« L'Empereur s'est empressé de répondre à cet appel, et s'est immédiatement adressé aux rois de Prusse et d'Italie, pour amener un armistice. »

Cette remise de la Vénétie à l'Empereur jeta un moment d'éclat sur la France, au milieu de ces graves événements, accomplis en dehors de son action. Le général Le Bœuf se rendit à Venise, pour recevoir la ville et les forteresses du quadrilatère des mains de l'Autriche ; et l'Empereur adressa au roi Victor-Emmanuel la lettre suivante :

« Monsieur mon Frère,

« J'ai appris avec plaisir que Votre Majesté avait adhéré à l'armistice et aux préliminaires de paix signés entre le roi de Prusse et l'Empereur d'Autriche. Il est donc probable qu'une nouvelle ère de tranquillité va s'ouvrir pour l'Europe. Votre Majesté sait que j'ai accepté l'offre de la Vénétie pour la préserver de toute dévastation et prévenir une effusion de sang inutile. Mon but a toujours été de la rendre à elle-même, afin que l'Italie fût libre des

Alpes à l'Adriatique. Maîtresse de ses destinées, la Vénétie pourra bientôt, par le suffrage universel, exprimer sa volonté.

« Votre Majesté reconnaîtra que dans ces circonstances l'action de la France s'est encore exercée en faveur de l'humanité et de l'indépendance des peuples.

« Je vous renouvelle l'assurance des sentiments de haute estime et de sincère amitié avec lesquels je suis,

« De Votre Majesté,
« le bon Frère,

« NAPOLÉON.

« Saint-Cloud, le 11 août 1866. »

L'armistice, d'abord accepté, amena les préliminaires de Nicholsbourg, signés le 26 juillet, et la paix de Prague, signée le 23 août. Par cette paix, l'Autriche reconnaissait la dissolution de la Confédération Germanique, et la réorganisation future de l'Allemagne, sans la participation de l'Autriche.

Des traités particuliers, conclus d'août à octobre 1866, entre la Prusse et les États au nord du Mein, organisèrent une confédération de l'Allemagne du Nord; et des articles secrets, insérés dans des traités signés en 1866, avec la Bavière, le Wurtemberg, Bade et Hesse-Darmstadt, placèrent par avance, sous la main de la Prusse, toute l'Allemagne du Sud.

A coup sûr, le cas prévu par l'Empereur dans sa lettre du 11 juin, venait de se réaliser : l'équilibre européen était rompu ; les traités de 1815 étaient détruits en Allemagne au profit d'une seule puissance ; mais quelle conduite la raison, la situation nouvelle de l'Europe, l'intérêt de la France conseillaient-ils de suivre ?

La bataille de Sadowa avait révélé une arme nouvelle et inconnue, aux effets de laquelle la victoire fut attribuée : c'était le *fusil à aiguille*. Il en fut dit tant de merveilles, qu'aucun homme de guerre n'aurait alors conseillé de lutter, avec les meilleures carabines, contre ce fusil destructeur. La première nécessité qui s'imposa au gouvernement, fut donc de modifier l'armement de l'infanterie, pour laquelle on adopta le fusil dit *Chassepot*, du nom de son inventeur. En même temps, la réorganisation de l'armée parut à l'Empereur devoir être immédiatement mise à l'étude. Un décret du 26 octobre créa une commission chargée d'*étudier les moyens de mettre nos forces militaires en situation d'assurer la défense du territoire et le maintien de notre influence politique*. Cette commission, présidée par l'Empereur, était composée de tous les maréchaux et des généraux Fleury, Allard, Bourbaki, Le Bœuf, Frossard, Trochu et Lebrun. M. Rouher en faisait également partie.

La session avait été close le 14 juillet, et l'Empereur était parti pour Vichy le 28. Il en était revenu le 7 août, très-souffrant. Il était alors en proie aux premières atteintes sérieuses de la douloureuse maladie à laquelle il a succombé, et les médecins, pas plus à sa première période qu'à sa dernière, ne se rendirent exactement compte de sa nature. Cet état de souffrance, que seul il pouvait apprécier, et sur lequel, pour ne pas inquiéter l'opinion publique, il s'abstenait de s'expliquer, l'avait vivement frappé, et il crut à sa fin prochaine. Sa principale préoccupation était le maintien de l'ordre en France et l'avenir de sa dynastie. Il voyait la paix de l'Europe menacée, l'influence de la France atteinte par l'expansion excessive de la Prusse ; et, au dedans, un groupe nouveau d'hommes plus ou moins importants, formé au sein du Corps législatif, poussait le gouvernement à de nouvelles expériences constitutionnelles. Il avait foi dans son œuvre politique, dont l'expérience lui avait prouvé l'efficacité ; mais il y avait dans le langage de la nouvelle opposition tant et de si formelles assurances de dévouement à la dynastie, M. Emile Ollivier déclarait si fermement que si les nouvelles libertés étaient accordées, elle serait désormais *assise sur le roc*, que l'Empereur entrevit l'espoir d'entrer, par cette concession, dans une voie d'apaisement.

Il s'ouvrit à M. Rouher, qui lui fit observer que la faiblesse n'avait jamais aidé à résoudre les sérieuses difficultés ; que plus l'hypothèse d'un nouveau règne faisait pressentir de luttes, plus il était indispensable de conserver l'énergie inhérente à la pratique correcte de la constitution de 1852, qui mettait la direction dans les mains du souverain, au lieu de la compromettre en la livrant aux compétitions d'une assemblée.

L'Empereur insista, en faisant connaître que M. Emile Ollivier, conseillé par M. Walewski, était tout prêt à faire partie du cabinet, où il se contenterait du ministère de l'instruction publique. Sans le séduire absolument, l'entrée du jeune orateur lui souriait, et il pressa vivement M. Rouher de s'associer à cette combinaison. M. Rouher refusa, et en termes d'une fermeté calme, qui ne permettaient pas d'espérer un retour.

Dès ce moment, c'était dans les derniers mois de 1866, après le retour de Biarritz, qui eut lieu le 20 septembre, l'Empereur s'isola dans son projet, qu'il mûrit seul, écoutant M. Emile Ollivier, sans l'adopter, et M. Walewski, sans l'écarter encore. Ses réflexions le conduisirent au système formulé par l'amendement des 45 ; il résolut de retirer l'Adresse, qui n'avait été qu'une occasion de violences et d'attaques contre la constitution, et de la remplacer par le droit d'interpellation ; d'accorder l'envoi des ministres à la chambre, une loi nouvelle sur la presse, et le droit de réunion.

Le 19 janvier, le *Moniteur* publia la lettre suivante, adressée au ministre d'État, avec le décret qui l'accompagne.

« Monsieur le Ministre.

« Depuis quelques années on se demande si nos institutions ont atteint leur limite de perfectionnement ou si de nouvelles améliorations doivent être réalisées ; de là une regrettable incertitude qu'il importe de faire cesser.

« Jusqu'ici vous avez dû lutter avec courage en mon nom pour repousser des demandes inopportunes et pour me laisser l'initiative des réformes utiles, lorsque l'heure en serait venue. Aujourd'hui, je crois qu'il est possible de donner aux institutions de l'Empire tout le développement dont elles sont susceptibles et aux libertés publiques une extension nouvelle, sans compromettre le pouvoir que la nation m'a confié.

« Le plan que je me suis tracé consiste à corriger les imperfections que le temps a révélées et à admettre les progrès compatibles

M. DE FORCADE LA ROQUETTE.

avec nos mœurs, car gouverner c'est profiter de l'expérience acquise et prévoir les besoins de l'avenir.

« Le décret du 24 novembre 1860 a eu pour but d'associer plus directement le Sénat et le Corps législatif à la politique du gouvernement; mais la discussion de l'Adresse n'a pas amené les résultats qu'on devait en attendre; elle a parfois passionné inutilement l'opinion, donné lieu a des débats stériles, et fait perdre un temps précieux pour les affaires; je crois qu'on peut sans amoindrir les prérogatives des pouvoirs délibérants, remplacer l'Adresse par le droit d'interpellation sagement réglementé.

« Une autre modification m'a paru nécessaire dans les rapports du gouvernement avec les grands corps de l'État ; j'ai pensé qu'en envoyant les ministres au Sénat et au Corps législatif, en vertu d'une délégation spéciale, pour y participer à certaines discussions, j'utiliserais mieux les forces de mon Gouvernement, sans sortir des termes de la Constitution, qui n'admet aucune solidarité entre les ministres et les fait dépendre uniquement du chef de l'État.

« Mais là ne doivent pas s'arrêter les réformes qu'il convient d'adopter; une loi sera proposée pour attribuer exclusivement aux tribunaux correctionnels l'appréciation des délits de presse et supprimer ainsi le pouvoir discrétionnaire du gouvernement. Il est également nécessaire de régler législativement le droit de réunion en le contenant dans les limites qu'exige la sécurité publique.

« J'ai dit, l'année dernière, que mon Gouvernement voulait marcher sur un sol affermi, capable de supporter le pouvoir et la liberté. Par les mesures que je viens d'indiquer, mes paroles se réalisent; je n'ébranle pas le sol que quinze années de calme et de prospérité ont consolidé, je l'affermis davantage en rendant plus intimes mes rapports avec les grands pouvoirs publics, en assurant par la loi aux citoyens des garanties nouvelles, en achevant enfin le couronnement de l'édifice élevé par la volonté nationale.

« Napoléon. »

DÉCRET DU 19 JANVIER.

Napoléon, par la grâce de Dieu et la volonté nationale, Empereur des Français,

A tous présents et à venir salut.

Voulant donner aux discussions des grands corps de l'État, sur la politique intérieure du Gouvernement, plus d'utilité et plus de précision,

Avons décrété et décrétons ce qui suit :

Art. 1er. Les membres du Sénat et du Corps législatif peuvent adresser des interpellations du Gouvernement.

Art. 2. Toute demande d'interpellation doit être écrite ou signée par cinq membres au moins. Cette demande explique sommairement l'objet des interpellations ; elle est remise au Président qui la communique au ministre d'Etat et la renvoie à l'examen des bureaux.

Art. 3. Si deux bureaux du Sénat, ou quatre bureaux du Corps législatif émettent l'avis que les interpellations peuvent avoir lieu, la Chambre fixe le jour de la discussion.

Art. 4. Après la clôture de la discussion, la Chambre prononce l'ordre du jour pur et simple ou le renvoi au Gouvernement.

Art. 5. L'ordre du jour pur et simple a toujours la priorité.

Art. 6. Le renvoi au Gouvernement ne peut être prononcé que dans les termes suivants :

Le Sénat (ou le Corps législatif) appelle l'attention du Gouvernement sur l'objet des interpellations.

Dans ce cas un extrait de la délibération est transmis au ministre d'Etat.

Art. 7. Chacun des ministres peut par une délégation spéciale de l'Empereur être chargé de concert avec le ministre d'Etat, les présidents et les membres du conseil d'Etat de représenter le Gouvernement devant le Sénat ou le Corps législatif, dans la discussion des affaires ou des projets de loi.

Art. 8. Sont abrogés les art. 1 et 2 de notre décret du 24 novembre 1860, qui statuait que le Sénat et le Corps législatif voteraient tous les ans à l'ouverture de la session une Adresse en réponse à notre discours. »

Comme complément de ces mesures, le maréchal Niel entrait au ministère de la guerre, à la place du maréchal Randon. L'amiral Rigaud de Genouilly remplaçait à la marine M. de Chasseloup-Laubat, M. de Forcade la Roquette devenait ministre du commerce et des travaux publics, en remplacement de M. Béhic; M. Rouher restait ministre d'Etat. Le ministère de la justice et des cultes conservait son titulaire.

Quel fut l'effet de cette innovation? celui qu'on devait logiquement attendre; l'opposition se plaignit plus amèrement que jamais. Elle accepta toutes les nouvelles armes qu'on lui donnait; mais, loin d'en remercier l'Empereur, elle alla jusqu'à donner la forme de l'invective aux reproches que lui inspira le retrait de l'Adresse. Dans la séance du 25 février, M. Jules Favre s'écria *qu'il valait mieux fermer la Chambre*. M. Picard dit que les réformes du 19 janvier, c'était *la dictature organisée;* M. Bethmont déclara que c'était *le gouvernement personnel;* et comme la majorité se récriait contre tant d'injustice, M. Thiers ajouta : *Faire et défaire les constitutions, n'est-ce pas la dictature?* M. Jules Favre termina ce scandaleux incident par une menace : « *L'Adresse nous appartenait, c'est à nous de la maintenir*. »

Cette ingratitude des partis ne détourna pas l'Empereur de la marche qu'il s'était tracée. Il présida le 4, le 6 et le 9 février les séances du conseil d'État délibérant sur la réorganisation de l'armée ; le 28 février, l'examen de la loi sur la presse; et le 4 mars, l'examen de la loi sur les réunions publiques.

La session législative se traînait. Le Corps législatif était présidé par M. Schneider, en remplacement de M. Walewski, qui avait donné sa démission le 29 mars. Deux incidents s'y produisirent. Le 8 avril fut votée une loi qui accordait 500,000 francs à M. de Lamartine, pour l'aider à vivre et à mourir en paix. C'est ainsi que l'Empereur se vengeait des diatribes du poète contre sa personne et contre sa dynastie. Le 12 juillet, M. Emile Ollivier, faisant avec des réserves l'éloge du décret du 19 janvier, fit une sortie que rien ne motivait contre le ministère d'État. L'Empereur y répondit en envoyant à M. Rouher la plaque de Grand'Croix de la Légion d'honneur en diamants. La session fut close pour le Corps législatif le 24 juillet, et pour le Sénat le 27.

En dehors des agitations politiques et en dépit d'elles s'accomplit un grand événement, qui marqua l'apogée de l'éclat de la France, sous l'Empire. Le 2 avril avait eu lieu l'inauguration de la grande Exposition universelle de 1867, au Champ de Mars, close le 1er juillet, par la distribution publique des récompenses, faite au palais de l'Industrie, en présence du sultan Abdul-Azis. Cette exposition avait attiré à Paris les personnes remarquables et les souverains de l'Europe. Ces derniers furent tous les hôtes de l'Empereur. L'empereur de Russie arriva le 1er juin; le roi de Prusse le 5; le Sultan le 31. De grandes fêtes, semant partout l'abondance, eurent lieu aux Tuileries et à l'Hôtel de Ville, deux monuments aujourd'hui détruits, comme le gouvernement qui les remplit de sa gloire.

L'année s'acheva dans la préparation des lois annoncées et les pérégrinations habituelles de Saint-Cloud et de Biarritz, où l'Empereur trouvait un peu de soulagement à la douleur qui le minait. Le 6 octobre mourut, dans sa villa de Tarbes, M. Achille Fould. C'était un serviteur de l'Empire, aussi dévoué que capable, d'une grande autorité dans les matières financières et d'un grand bon sens dans toutes. Quoique étranger au département des Hautes-Pyrénées, il s'y était créé une influence immense par son caractère et sa bonté inépuisable. Sa mort y fut un deuil public.

M. Magne fut appelé aux finances, et M. Pinard, procureur général d'un grand talent, fut nommé ministre de l'intérieur, en vue des discussions que ne manqueraient pas d'appeler les lois nouvelles.

Un décret du 28 octobre marqua l'ouverture de la session pour le 18 novembre.

La loi sur l'organisation de l'armée et de la garde nationale mobile, présentée la première, entra en discussion générale le 19 décembre. Elle fut l'objet des attaques systématiques de l'opposition, et c'est par là que les ennemis de l'Empire préparèrent l'écroulement de la dynastie et l'envahissement de la France. Tous les chefs de l'opposition s'acharnèrent contre l'organisation des forces militaires : M. Jules Simon, M. Jules Favre, M. Garnier-Pagès, M. Pelletan, M. Ollivier ; M. Jules Simon ouvrit la discussion générale.

La thèse de l'orateur fut digne de cet esprit errant dans le vague des conceptions idéales. Il dit que « ce qui rend les armées invincibles, c'est la liberté ; » et que les Autrichiens avaient été vaincus à Sadowa parce qu'ils n'avaient pas d'institutions libérales à défendre. Thèse étrange, en face de la bataille de Custozza, où ces mêmes Autrichiens avaient vaincu l'Italie constitutionnelle !

M. Jules Simon s'attacha surtout à détruire l'esprit militaire, à supprimer l'armée régulière et à la remplacer par des levées de volontaires, appelés au moment du danger. « S'il n'y a pas d'armée sans esprit militaire, répondit-il à une observation de M. Wast-Vimeux, *je demande que nous ayons une armée qui n'en soit pas une* », et il ajouta au nom de la gauche : « Nous demandons sans ambages de *supprimer l'armée permanente, et d'armer la nation entière,* de la rendre, je répète le mot, invincible au dedans, *incapable de faire la guerre au dehors.* »

M. Jules Favre demanda également que l'on remplaçât les armées par des institutions républicaines. « Les peuples, dit-il, marchent fatalement à la guerre ; pourquoi ? parce qu'ils ne sont pas libres ! Ils sont séparés par des intérêts dynastiques. Si ces intérêts n'existaient pas, les peuples n'auraient aucune espèce de raison de se faire la guerre. » Cette étrange théorie laissait sans réponse la question de savoir pourquoi, dans les temps anciens, Rome républicaine, n'ayant à faire prévaloir les intérêts d'aucune dynastie, fit la guerre au monde entier ; et, dans les temps modernes, pourquoi les républicains de l'Amérique du Nord et les républicains de l'Amérique du Sud se sont égorgés pendant trois années.

M. Emile Ollivier lui-même vint soutenir la même thèse, véritable défi adressé au bon sens et à l'histoire. Il dit, le 23 décembre, en examinant les moyens à l'aide desquels pouvaient être conjurés les périls de la situation : « Ces moyens sont au nombre de deux : premièrement, le gouvernement doit établir un régime libéral et constitutionnel, à la place du régime personnel ; deuxièmement, la chambre doit repousser la loi sur l'organisation de l'armée. » La Providence permit que, deux ans plus tard, M. Emile Ollivier fut le premier ministre d'un gouvernement constitutionnel, et qu'il lançât imprudemment la France et l'Empereur dans une guerre que rendit fatale l'avortement de la loi sur l'organisation de l'armée.

M. Thiers n'était pas assez privé de bon sens pour soutenir qu'il suffit de telles ou telles chartes, de telles ou telles institutions pour éviter les chocs entre les nations et pour rendre les armées invincibles. Il prit donc un autre chemin pour combattre l'organisation des forces militaires de la France ; il dit qu'elle était inutile, que l'armée, telle qu'elle était, suffisait, qu'on aurait toujours le temps d'organiser la garde nationale mobile, et qu'il n'était pas vrai que les forces des puissances européennes fussent aussi considérables que le gouvernement le prétendait. Voici le langage qu'il tint le 28 décembre ; l'histoire doit faire connaître les efforts qui furent faits pour empêcher la France d'être en état de se défendre :

« On vous présentait l'autre jour, — dans un discours de M. Rouher, du 24, — des chiffres de douze cent, de treize cent mille hommes comme étant ceux que les différentes puissances de l'Europe pourraient mettre sur pied... Quand on vous les a cités ils vous ont fait une impression fort vive. Eh bien, *ces chiffres-là sont parfaitement chimériques.*

« Il ne faut pas se fier à *cette fantasmagorie de chiffres...* Il y a une funeste impulsion vers les armements exagérés, je la déplore comme vous, mais il ne faut pas présenter comme réels *des chiffres qui sont tout à fait chimériques ;* et je le dis, parce *qu'il faut rassurer notre pays ;* il ne faut pas que les paroles qui sont prononcées ici *lui persuadent qu'il court des périls effroyables.*

« Eh bien, quand nous voyons que l'armée que nous pourrions présenter à l'ennemi serait, dépôts déduits, n'oubliez pas cela, de cinq cent quarante mille hommes... je dis que *la France aurait le temps de respirer derrière une aussi puissante armée,* et j'ai la confiance, moi, que cette armée *donnerait le temps à la garde nationale mobile de s'organiser...* Est-ce que *vous n'aurez pas toujours deux à trois mois pour organiser la garde nationale mobile ?* »

C'est ainsi qu'on endormait la France, pour la livrer à l'ennemi.

De la thèse générale qui précède, passant à la garde nationale mobile, M. Thiers demanda qu'elle ne fût pas organisée, parce que son organisation coûterait trente millions. M. Emile Ollivier demanda aussi l'ajournement de cette organisation, pour ne pas développer dans les départements la manie des emplois.

Et comme le ridicule se mêle à toutes les questions, il y eut des orateurs pour combattre l'extension des forces militaires, dans l'intérêt du développement de la population. M. Segris, le futur collègue de M. Emile Ollivier, soutint cette opinion.

Trois hommes de cœur, de talent, animés du même sentiment de patriotisme, le maréchal Niel, M. Rouher et M. Baroche soutinrent la loi. Il fut très-nettement établi que les forces de la Confédération de l'Allemagne du Nord, placées dans les mains de la Prusse, s'élevaient à treize cent mille hommes, et l'Empereur, n'ayant pas osé affronter les résistances prévues, se bornait à demander, armée active et réserve comprises, sept cent cinquante mille hommes, avec une garde nationale mobile, longue à organiser, et pouvant donner de trois cent à quatre cent mille hommes supplémentaires. L'opposition trouva que c'était trop et que c'était inutile.

Ce que le maréchal Niel, M. Rouher et M. Baroche dépensèrent de bon sens, d'esprit pratique, de connaissance approfondie du sujet, fut immense. Ils firent passer la loi, mais ils ne purent pas faire qu'elle n'arrivât aux populations affaiblie, discréditée, presque déshonorée. Tous les députés, tous les journaux de l'opposition la présentèrent comme aggravant sans nécessité les charges des contribuables ; et il a fallu l'effroyable expérience de 1870 pour montrer à quel point la prévoyance de l'Empereur avait été fondée et patriotique.

La seconde loi qui vint en discussion fut la loi sur la presse.

Jusqu'alors, et pendant seize années, on avait vécu sous

M. LE DUC DE GRAMONT

l'empire de la loi du 17 février 1852, qui soumettait la presse au pouvoir discrétionnaire de l'autorité administrative. La presse était absolument libre de discuter toutes les matières, avec un esprit de modération et d'équité, sauf à recevoir un avertissement lorsqu'elle dépassait la mesure. Deux avertissements pouvaient être suivis d'une suspension. En fait, les suspensions avaient été très-rares, et il était d'usage, à la fin de l'année, de faire remise aux journaux des avertissements encourus.

La loi nouvelle soumettait la presse au droit commun, c'est-à-dire la rendait justiciable de la cour d'assises pour les crimes, et de la police correctionnelle pour les délits. Elle rouvrait donc l'ère de la prison et des amendes; mais l'opposition l'avait demandée par une série d'amendements aux adresses.

Chose moins étrange qu'on ne serait porté à le penser, lorsque la loi sur la presse fut présentée, l'opposition la combattit avec la dernière énergie. Elle supprimait un motif régulier de plainte; car, l'ayant obtenue, l'opposition ne pourrait plus la demander.

L'immense majorité du Corps législatif repoussait la loi; elle ne la subissait qu'avec peine et par respect pour l'Empereur, qui l'avait annoncée le 19 janvier. Un membre de cette majorité, dont le dévouement à la dynastie ne pouvait être mis en doute, se fit l'interprète des répugnances de la Chambre, et il porta dans la question l'expérience qu'il devait à ses études d'historien et à trente années de pratique de la presse.

Voici le discours de M. Granier de Cassagnac ; nous le donnons d'après le *Moniteur officiel*, et parce qu'il obtint l'approbation de la majorité, et parce qu'il fut l'occasion de questions sérieuses et délicates, soulevées à son sujet dans les conseils du gouvernement :

M. le Président Schneider. La parole est à M. Granier de Cassagnac.

M. Granier de Cassagnac. Messieurs, j'ai pris hier l'engagement d'apporter ici, en toute sincérité, mes sentiments sur la liberté de la presse ; je viens tenir ma promesse.

Si la chambre me permet — je l'espère bien d'ailleurs et je l'en prie — d'aborder ce débat avec la plus entière liberté d'esprit et de parole, je lui dirai que, depuis trois jours, je marche en suivant la discussion, non pas seulement de discours en discours, mais encore et surtout de surprise en surprise (Mouvement et rires), et je sens se poser dans mon esprit deux questions auxquelles je n'ai pas encore trouvé de réponses.

La première question qui se pose dans mon esprit est celle-ci : Pour qui donc faisons-nous la loi? La majorité, on me l'accordera, ne l'a pas réclamée ; l'opposition la combat à outrance (Très-bien! sur plusieurs bancs), et je me demande — et je vous demande à vous, messieurs, — quelles pourront être, dans l'avenir, l'autorité et l'efficacité d'une mesure que personne n'accueille franchement, et que ceux-là mêmes auxquels elle semble concédée attaquent, affaiblissent, discréditent, déshonorent à l'avance par les plus amères objurgations. (Très-bien! sur quelques bancs.)

La seconde question qui se pose dans mon esprit est celle-ci : Le projet de loi sur la presse est-il donc une de ces conceptions idéales que les esprits méditatifs et précurseurs introduisent dans les sociétés pour les guider, et dont la vertu intrinsèque est telle qu'elle sert et préserve ceux mêmes qui ne la comprennent pas?

A ce point de vue je conçois Turgot. La France du temps de Turgot ne comprenait pas les lois économiques. Turgot les comprenait et il désirait les appliquer, parce que, après avoir fait l'étude de ces lois et de son pays, il les trouvait utilement applicables. Je me suis placé à ce même point de vue pour juger le projet de loi : je me suis demandé et je me demande encore avec vous, s'il y a dans la France actuelle quelques éléments de prospérité, de sécurité, de grandeur, d'avenir qui resteraient inertes faute de la liberté de la presse, et auxquels cette liberté serait destinée à communiquer le mouvement et la vie. (Marques d'adhésion.)

Eh bien, messieurs, si le projet de loi actuel est le résultat, est le produit d'une pareille conception, il y a quelqu'un qui doit avoir tracé le tableau de ces éléments abandonnés, au secours desquels il faudrait aller.

Ce tableau, je l'attends depuis trois jours, et je ne le vois pas venir ; je ne l'ai même pas trouvé dans la parole très-élevée, très-éloquente de l'honorable ministre de l'intérieur.

Par conséquent, au point actuel du débat, je suis forcé de considérer le projet de loi sur la presse, sinon comme une conception purement utopique, au moins comme une mesure à laquelle manquent jusqu'ici les étais nécessaires, c'est-à-dire le vœu de la majorité, la gratitude de l'opposition, et les aspirations claires, nettes et éclatantes du pays. (Nouvelle approbation.)

Hier, l'honorable monsieur Thiers nous disait que la France avait demandé ce projet de loi, et que c'était le vœu de la France qui l'avait imposé au Gouvernement. Il est vrai qu'il s'est hâté d'ajouter que cette France qui appelait le projet de loi, c'était la France intelligente. Vous savez, messieurs, que pour quelques-uns de nos honorables collègues, pour l'honorable monsieur Jules Favre, pour l'honorable monsieur Thiers, il y a deux France.

M. Thiers. Non, ce n'est pas moi qui ai dit : la France intelligente! J'ai répété le mot d'un de nos honorables collègues, M. Javal.

M. Granier de Cassagnac. Vous l'avez répété, monsieur Thiers! je l'ai vérifié au *Moniteur*. Vous avez pris ce mot pour votre propre compte, et je peux vous l'appliquer.

Je vous rappelais, messieurs, que, pour quelques-uns de nos honorables collègues, pour l'honorable M. Jules Favre, pour l'honorable M. Thiers, il y a deux France : il y a d'abord la France du suffrage universel, la France des paysans ; pour ces messieurs, c'est la France des imbéciles. (Rires sur les bancs en face et à la droite de l'orateur. — Très-bien ! très-bien ! C'est cela !)

Il y a une seconde France, il y a la France intelligente ; il y a la France qui veut obtenir la liberté de la presse, afin de changer ce qu'elle nomme le gouvernement personnel, et ce que j'appelle, moi, le gouvernement constitutionnel, tel que la France l'a établi. (Très-bien! très-bien!) Messieurs, je l'avoue en toute humilité, j'aime mieux être avec les imbéciles, qui sauvent l'ordre, qu'avec les savants qui le troublent. (Nouvelles marques d'approbation.)

Après avoir examiné rapidement les bases sur lesquelles le projet de loi devrait reposer, je les trouve absentes. Je considère, je le répète, le projet de loi sinon comme une idée absolument utopique, du moins comme une mesure isolée dans le pays, et c'est là une des raisons qui m'ont déterminé à le combattre.

Ce n'est pas sans regret, ce n'est pas sans chagrin, croyez-le bien, messieurs, que je me suis déterminé à combattre un projet de loi présenté par des hommes politiques avec lesquels je m'honore d'être en communauté générale de sentiments, et signalé à la sollicitude de la Chambre par l'Empereur, pour lequel mon respect et mon dévouement sont sans bornes. Mais j'ai contre la loi, contre son principe, contre son organisation, des objections si radicales et si absolues, que ce respect et ce dévouement mêmes m'interdisent de les passer sous silence.

Nous avons tous ici la même pensée et le même but.

Ce but, je le dis bien haut, pour moi, c'est d'asseoir solidement la liberté de la presse en la conciliant avec la sécurité publique. Si le Gouvernement a la pensée de concilier ces deux... (Interruption provoquée par une exclamation partie de l'une des tribunes publiques.)

Un membre à la droite de l'orateur. Nous demandons à M. le Président de vouloir bien faire cesser les interruptions qui partent des tribunes.

M. le Président Schneider. S'il se produisait une manifestation quelconque dans une tribune, je donnerais aux huissiers l'ordre de la faire évacuer.

De toutes parts, à l'orateur. Continuez! continuez!

M. Granier de Cassagnac. Je disais que ma pensée et mon but, — et je croyais parler pour vous tous en disant : notre pensée et notre but, — c'était d'asseoir solidement la liberté de la presse en la conciliant avec la sécurité publique. J'ajouterai que, si le Gouvernement a la ferme espérance d'atteindre ce but par le projet de loi, il a bien fait de le présenter. Et si la Chambre partage cette espérance, elle fera très-bien de le voter.

Quant à moi, les travaux de ma vie m'ont placé dans une situation entièrement différente. J'aime la liberté de la presse et sa dignité. J'estime qu'avec ces deux conditions réunies, la société n'a pas, pour le progrès, d'auxiliaire plus désirable et plus utile. Mais dans ma conviction profonde, le projet de loi aura pour double résultat de troubler la société et de perdre la presse elle-même. (Très-bien!)

Ayant dans mon esprit cette conviction profondément mûrie et inébranlable, je ne me serais point pardonné de ne pas soumettre mes raisons au Gouvernement, à la Chambre, à mes commettants et à la presse elle-même, qui n'est ni la moindre, ni la moins chère de mes sollicitudes. Mais avant d'entrer dans mon sujet, il y a une interversion de rôles qui se produit ici depuis trois jours, et que je ne dois, ni ne puis, ni ne veux accepter.

Comment! j'ai pratiqué, honoré, servi la presse toute ma vie, et c'est moi qui suis son adversaire; et l'honorable M. Thiers qui a fait les lois de septembre, c'est-à-dire le régime le plus odieux qui ait jamais été imposé à la presse (Oh! oh!), et c'est lui qui est le patron de la presse! Comment! j'ai toute ma vie, dans la mesure de mes forces et de mon esprit, j'ai toute ma vie servi, honoré, pratiqué la presse, et c'est M. Jules Favre, un homme de 1848, de ce régime qui a foulé la presse aux pieds, qui l'a supprimée en un quart d'heure, qui est le patron de la presse!... Allons donc! (Applaudissements sur quelques bancs. — Murmures sur les bancs à la gauche de l'orateur.)

M. Glais-Bizoin. A l'ordre!

M. Granier de Cassagnac. Ayez, sur ce point et sur d'autres, toutes les prétentions qu'il vous plaira; mais, si vous voulez qu'on les respecte, arrangez-vous pour que, aux yeux de l'histoire et du bon sens, elles ne soient pas ridicules. (Nouveaux murmures à la gauche de l'orateur.)

M. le Président Schneider. Je prie l'orateur, quand il cite des noms propres et des opinions personnelles, de vouloir bien ne rien dire qui puisse être blessant pour des collègues. (Assentiment.)

M. Jules Favre. Cela ne blesse personne, monsieur le Président.

M. Granier de Cassagnac. Cela dit, messieurs, j'arrive à mon sujet.

Je ne me dissimule pas que la nature des sentiments que je viens d'exprimer et d'énoncer me crée de grands devoirs: j'ajoute que je n'ai compté pour les remplir, si je le puis, que sur l'indulgente bonté de la Chambre. (Parlez! parlez!)

Le projet de loi sur la presse, messieurs, repose évidemment sur deux idées générales qui sont les suivantes:

La première idée consiste à croire que la presse, placée sous le régime de liberté légale et définie qu'on lui offre, puisera dans cette concession un sentiment de gratitude, et, dans sa propre responsabilité, un sentiment de modération; si bien que, de cette modération et de cette gratitude réunies, il résultera moins de vivacité dans les allures de la presse et plus d'apaisement dans les esprits.

La deuxième idée consiste à croire que si la presse était tentée d'abuser de la liberté qu'on lui donne, la société et le Gouvernement seraient suffisamment armés par les garanties inscrites dans la loi nouvelle.

Telles m'apparaissent avec une entière évidence les deux idées générales sur lesquelles la loi repose ; elles résument, je crois, fidèlement les motifs exposés devant le conseil d'Etat ; et ces idées sont assez loyales par elles-mêmes pour avoir pu et dû déterminer la conduite du Gouvernement.

Eh bien, dans ma conviction profonde, ces deux idées, ces deux espérances sont deux pures et complètes illusions. Je vais essayer de leur donner, pour la Chambre, la clarté, l'évidence qu'elles ont pour moi-même.

Je commence par l'idée qui consiste à croire qu'il est, je ne dirai pas dans la volonté, mais dans le pouvoir de la presse d'avoir envers le Gouvernement, je ne dirai pas une attitude bienveillante, je dis une attitude impartiale.

Au point de vue général de la presse, les pays peuvent se diviser en deux grandes catégories : ceux où la presse passionne les esprits et ceux où elle laisse calmes.

Les pays où la presse trouve les esprits calmes, ce sont ceux qui, en possession d'institutions traditionnelles sincèrement et généralement acceptées, n'ont plus à résoudre de ces délicates et difficiles questions qui impliquent la forme du gouvernement ou le choix d'une dynastie.

Dans ces pays-là, — et de ce nombre sont l'Angleterre, la Suisse, la Hollande, les Etats-Unis, — dans ces pays-là on peut dire que les questions de presse n'existent pas ; les partis politiques y représentent des façons différentes d'appliquer les mêmes institutions, mais jamais aucun d'eux n'a la pensée de les affaiblir et encore moins de les détruire. La presse reflète cet état de choses ; elle discute, elle éclaire, elle contrôle, mais elle ne mine jamais le gouvernement au profit de prétendants anciens ou de régimes nouveaux.

Les autres pays dans lesquels la presse passionne vivement les esprits, ce sont ceux où des révolutions nombreuses et fréquentes ayant changé les institutions n'ont pu le faire sans froisser des principes, sans blesser des intérêts et sans détruire des traditions. Dans ces pays, la presse trouve les esprits politiques toujours vivement préoccupés ; les journaux y sont une arme de guerre, que certains principes, certaines traditions, certains intérêts retournent sans cesse contre le régime qui les a déplacés ; et, dans cette guerre, les questions de personnes viennent toujours mêler leur véhémence aux questions de choses. (C'est vrai ! c'est vrai ! — Très-bien !)

Dans cette dernière catégorie, se trouve la France.

Vous m'avez permis, messieurs, de croire que je pouvais parler ici en toute liberté d'esprit, je fais appel de nouveau à ce sentiment.

La révolution française n'a pas pu créer, n'a pas pu produire un grand nombre de principes, de sentiments, d'intérêts nouveaux qu'il a fallu satisfaire, sans ajouter aux difficultés inhérentes à tout gouvernement les difficultés propres aux gouvernements des sociétés modernes.

La position centrale de la France a encore augmenté cette complication. Un pays comme le nôtre ne peut évidemment se désintéresser de la politique de ses voisins, pas plus que ses voisins ne peuvent se désintéresser de la sienne.

Le Gouvernement, dans notre pays, après ses nombreuses et douloureuses épreuves, est une œuvre si délicate, si difficile, que quatre régimes y ont échoué, après avoir épuisé chacun sa part de force et avoir accompli sa part de bien.

Le cinquième gouvernement est à l'œuvre depuis seize années. Animé d'intentions loyales, héritier de l'expérience de ses prédécesseurs, il réussira, j'en ai la conviction profonde, à donner leur forme dernière et leur sanction définitive aux principes de 89 ; mais s'il a été appelé par la Providence et par le vœu national à reprendre et à achever l'œuvre interrompue de ses prédécesseurs, j'ai trop de franchise pour ne pas reconnaître qu'il n'a pas encore réussi complètement ni à rallier les partisans de ses prédécesseurs, ni à détruire leurs espérances, ni à décourager leurs efforts. (Marques nombreuses d'approbation.)

J'ai toujours pensé, Messieurs, qu'on ne gagne rien à ne pas envisager virilement les situations difficiles. Eh bien, indépendamment des difficultés naturelles à tout gouvernement, la difficulté spéciale de l'Empire est dans ces résistances, dans cette persistance des partisans des régimes tombés. (Nouvelles marques d'assentiment.)

L'honorable M. Thiers vous disait hier que la liberté de la presse s'est établie en Angleterre. Il avait raison, et il avait raison surtout quand il a ajouté qu'en Angleterre, la liberté de la presse a été la conséquence de l'apaisement des passions politiques. Voilà pourquoi, en France, je désire que la liberté de la presse soit la conséquence de l'apaisement des passions politiques, car elle ne saurait en être le principe.

Je ne dis pas, après vous avoir fait ce tableau de la situation de la France, qu'il faille ou s'étonner ou s'irriter, encore moins se décourager d'un pareil état de choses. Je ne sais pas une seule révolution qui n'ait laissé après elle des hommes honorablement attachés au passé. Cette persistance des vœux honnêtes, des espérances convaincues, peut gêner les pouvoirs, elle honore la nature humaine ; il faut la respecter, seulement il ne faut pas lui céder. C'est, d'ailleurs, la tâche des gouvernements qui s'élèvent de savoir se faire absoudre par les gouvernements qui tombent. On doit à ces derniers la justice, la modération, la patience, on leur doit tout, excepté la faiblesse, car on ne saurait la leur accorder sans trahir le pays. (C'est vrai ! c'est vrai ! — Très-bien !)

Si, de ces considérations générales et de ces faits, nous revenons à la thèse spéciale de la presse, n'est-il pas vrai, messieurs, que le plus grand nombre des journaux, les plus anciens, les plus importants, les plus accrédités ont leur clientèle précisément dans le personnel de ces anciens partis ? Eh bien, je vous le demande, croyez-vous, de bonne foi, que les concessions que vous leur offrez soient de nature à leur persuader d'employer leur crédit à rallier aux institutions impériales cette clientèle qu'ils n'ont conservée précisément qu'à la condition d'attaquer ces institutions ? (Mouvements divers.)

Est-ce que, si l'un d'entre eux était tenté de déserter un jour l'intérêt qui lui a donné et qui lui maintient la vie, est-ce qu'il n'en serait pas abandonné à l'instant même ? et la place qu'il laisserait vide, est-ce que d'autres ne viendraient pas la remplir à l'instant ? (C'est vrai ! c'est vrai !)

J'avais donc raison de dire, Messieurs, qu'il n'y a pas d'illusion plus profonde que celle qui consiste à croire que les droits nouveaux que vous donnerez à la presse contribueront à l'apaisement des esprits. Hélas ! Messieurs, la loi sera votée à peine depuis quarante-huit heures, que la presse tournera contre le Gouvernement les forces que vous lui aurez données. Et cela est si naturel, que vous n'aurez même pas le droit de vous en plaindre. (Mouvement.)

Ainsi, Messieurs, et en résumé, le projet donne évidemment aux adversaires du Gouvernement une force nouvelle.

Plusieurs membres. — C'est évident ! c'est évident.

M. Granier de Cassagnac. A Fontenoy, on disait : « Tirez les premiers ! » Ce n'était que fier. Le projet de loi prête son fusil ; c'est imprudent et inutile. (On rit.)

J'arrive, Messieurs, à la deuxième illusion sur laquelle me paraît reposer le projet de loi. Cette illusion consiste à croire, non pas seulement que les dispositions de ce projet de loi, mais qu'un système de répression judiciaire quelconque ait le pouvoir de contenir une presse hostile, qui se croira un intérêt sérieux à attaquer, à affaiblir et à renverser un gouvernement.

Cette illusion que vous avez, Messieurs, mais tous les gouvernements l'ont eue en France depuis trois quarts de siècle ; ils l'ont eue et ils l'ont perdue aux leçons et à l'école de l'expérience.

Permettez-moi, Messieurs, de tracer rapidement sous vos yeux ce tableau des illusions de tous les gouvernements qui ont précédé celui-ci, et de la ruine des espérances qu'ils avaient fondées sur l'efficacité d'un système exactement pareil au vôtre, et dont le vôtre n'est que la reproduction.

L'honorable ministre de l'intérieur, a déjà placé hier ces faits sous vos yeux, mais il le faisait à un autre point de vue.

Ainsi, la pensée que vous avez, mais l'Assemblée constituante l'a eue, mais la Convention l'a eue aussi, lorsqu'on a fondé la liberté en France. La Constitution de 91 et celle de 93 ont établi la liberté de la presse, sous la garantie d'un système de répression judiciaire. Le malheureux Louis XVI,

M. TROPLONG

vous savez que tout ce qu'il a pu faire, ç'a été de courber la tête jusqu'à ce qu'on la lui ait coupée. La Convention a pris la responsabilité et la direction du gouvernement au mois d'octobre 1792 ; la presse l'a harcelée, et qu'a fait la Convention ? En moins de deux ans, à la fin de juillet 1794, à la chute du système de la Terreur, le comité de salut public et la Convention s'étaient cru obligés — je n'approuve pas naturellement le système qui les faisait agir — le comité de salut public et la Convention s'étaient cru obligés d'envoyer à l'échafaud 25 journalistes.

La Constitution de l'an III (22 août 1795), qui succède à la Convention, fait comme ses aînées, elle déclare établir le principe de la liberté de la presse sous la garantie d'un système de répression judiciaire. Combien de temps le Directoire a-t-il pu résister à l'exercice de la liberté de la presse sous une pareille garantie ? Deux ans. Le 5 septembre 1797, en un seul jour et par un seul décret, le gouvernement du Directoire s'est cru obligé de supprimer 54 journaux et d'envoyer leurs rédacteurs, leurs imprimeurs, et leurs employés à Cayenne.

M. Glais-Bizoin. Il a succombé lui-même.

M. Granier de Cassagnac. Ce jour-là, le 5 septembre 1797, a commencé la sévère et trop légitime expiation des excès de la presse : elle est passée sous ce régime administratif et politique que l'honorable M. Pelletan croyait, il y a trois jours, d'invention récente, mais qui est d'invention ancienne, car il date du 5 septembre 1797, et il est d'invention républicaine. (On rit.)

La presse a été placée, le 5 septembre 1797, sous le régime administratif et politique, et savez-vous combien de temps elle y est restée ? vingt-deux ans !

M. Eugène Pelletan. C'est la preuve que vous n'êtes que des plagiaires, et que vous n'avez pas l'honneur de l'invention. (Exclamations.)

M. Granier de Cassagnac. Je disais, Messieurs, que la presse a été placée, le 5 septembre 1797, sous le régime administratif et politique, et qu'elle y est restée vingt-deux ans, c'est-à-dire pendant les trois dernières années du Directoire, pendant le Consulat, pendant l'Empire et pendant les quatre années de la Restauration, jusqu'au 17 mai 1819.

Si, en présence de ces faits, Messieurs, vous voulez bien me permettre de m'arrêter, rien qu'un instant, sur ces vingt-deux années, et si vous voulez bien vous demander avec moi quelle a été, pour la société, pour la civilisation du pays, cette éclipse de vingt-deux ans de la liberté de la presse, en voici, Messieurs, les résultats : le chaos de la révolution débrouillé, l'ordre rétabli, la Banque fondée, le Concordat signé, le Code civil, le Code pénal, le Code de procédure, le Code de commerce rédigés, toute l'administration, toutes les institutions de la France moderne fondées, et, pour couronnement, le Gouvernement constitutionnel.

M. Glais-Bizoin. Et la France avilie.

M. Granier de Cassagnac... Et, pour couronner encore ce résultat, quatorze ans d'une gloire sans égale dans le monde.

M. Eugène Pelletan. Et deux millions de Français tués ! et Waterloo pour couronnement !

M. le Président Schneider. S'il y a eu une journée douloureuse dans l'histoire de notre pays, il est malheureux de l'entendre rappeler ici. (Vive approbation.)

M. Eugène Pelletan. Soit, mais qu'on ne glorifie pas le gouvernement qui l'a amenée.

M. le Président Schneider. On glorifie un règne d'un grand nombre d'années de gloire, et il est triste qu'on vienne, à cette occasion, jeter ici le souvenir d'un jour de revers. (Très-bien ! très-bien !)

M. Granier de Cassagnac. Ces vingt-deux années que je viens de rappeler, Messieurs, elles n'ont pas été remplies par le silence de la presse, elles ont été remplies par la modération de la presse. (Interruption.)

C'est une preuve que cette modération n'est pas exclusive de l'ordre public, de la prospérité, de la grandeur d'un pays, du développement de ses institutions, ni même du développement des lettres et des arts.

Vous savez qu'à cette époque remontent les grandes œuvres de Chateaubriand...

M. Eugène Pelletan. Exilé ! (Bruit.) Et Mme de Staël aussi !

M. Granier de Cassagnac. J'ajoutais, Messieurs, que le 17 mai 1819, le gouvernement de la Restauration, reprenant les traditions interrompues, avait rétabli la liberté de la presse, toujours sous la même garantie d'un système de répression judiciaire.

Combien de temps ce gouvernement a-t-il pu résister à cette mesure ? Neuf mois ; il a rétabli la censure le 31 mars 1820.

M. le duc de Marmier. C'était la conséquence de l'occupation étrangère ! (Exclamations et bruit.)

M. Granier de Cassagnac. L'occupation étrangère, en 1820 ?

M. le Président Schneider. Franchement, cela ne valait pas la peine d'interrompre. (On rit.)

M. Granier de Cassagnac. Je disais donc que le gouvernement de la Restauration n'avait pu résister que neuf mois, du 17 mai 1819 au 31 mars 1820, à la liberté de la presse. La censure a été rétablie, maintenue en fait jusqu'au 25 mars 1822, et en droit jusqu'au 18 juillet 1828.

De telle sorte que sur ces trente-neuf années, qui commencent à 1789 et finissent à 1828, vous trouvez trente-deux ans de régime administratif et judiciaire, ce qui prouve peu ou en faveur de la modération de la presse ou en faveur de l'efficacité du système de répression judiciaire qu'on lui avait appliqué.

Ainsi que je l'ai dit à la Chambre, la Restauration rétablit la liberté de la presse pour la deuxième fois, le 18 juillet 1828. Combien de temps put-elle y résister ? Deux ans.

Vous savez, Messieurs, l'origine, l'histoire et les conséquences des ordonnances de juillet. Le gouvernement de la Restauration a voulu, en 1828, faire ce qu'il avait fait avec succès le 31 mars 1820. Il a voulu reprendre, dans l'intérêt de l'ordre public et de la sécurité générale, une liberté qu'il avait imprudemment donnée : il ne l'a pas pu ! Cela prouve, Messieurs, qu'il est quelquefois trop tard pour réparer le mal qu'on a laissé faire.

J'arrive au régime et au gouvernement de 1830.

Issu d'un mouvement politique qui avait été produit, excité, développé par la presse, il lui devait des garanties ; il lui en a donné par la Charte ; il en a donné dans la loi du 8 octobre 1830 ; alors la liberté de la presse est rétablie, mais toujours, toujours, je le répète, sous la garantie du système de répression judiciaire.

Il est arrivé au gouvernement de 1830 ce qui était arrivé à tous les gouvernements précédents, c'est-à-dire que les partisans des régimes déchus ont créé contre lui les journaux dont ils se sont fait des armes de guerre pour l'affaiblir et pour le renverser à son tour.

La monarchie de 1830 s'est défendue comme elle l'a pu, pied à pied, par une loi contre les crieurs publics, par une loi sur le timbre, par une loi sur le cautionnement. Toutes ces précautions n'ont pas pu empêcher une excitation des esprits qui s'est formulée par l'effroyable boucherie du 18 juillet 1835.

A coup sûr, il est loin de ma pensée d'en attribuer, à quelque degré que ce soit, la responsabilité directe à la presse, mais il m'est impossible aussi de séparer certains journaux de la perversion des esprits qui avait amené cet abominable attentat.

Et lorsque le gouvernement de 1830 s'est trouvé placé en présence de la nécessité qui s'imposait à lui de sauver l'ordre et la société, il a médité, il a arrêté, il a apporté et soutenu dans cette enceinte et à cette tribune le système répressif qui porte le nom de lois de septembre.

J'ai caractérisé sévèrement ces lois, parce qu'elles me paraissent mériter aux yeux de l'histoire, qui a déjà commencé pour elles, la sévérité qu'appellent toujours le manque de franchise et l'abandon des principes.

En quoi se résument ces lois de septembre ? Elles ont inventé trois crimes ; c'est peut-être le seul cas de l'histoire où on trouve des crimes inventés. On a inventé trois crimes pour avoir le droit de les punir, comme on avait violé les filles de Séjan pour avoir le droit de les assassiner comme femmes.

Oui, on a pris dans le code de la Restauration et dans le code de l'Empire trois délits : l'offense au roi, la prise d'une qualification de légitimiste ou de républicain contraire à la charte de 1830, enfin l'excitation au complot non suivie d'effet. Le cautionnement des journaux, contre lequel s'élevait hier M. Thiers, était porté à 100,000 francs ; les amendes qu'il trouve énormes dans ce projet de loi, étaient portées à 50,000 francs.

Mais, messieurs, ce n'est pas tout que de faire des lois : il faut trouver des juges pour les appliquer; oui, il faut trouver des juges pour les appliquer. C'est alors qu'on a échappé aux engagements de la Charte et aux engagements de la loi du 8 octobre 1830, en créant la juridiction de la Chambre des pairs.

Et à quoi ont servi, à quoi, je vous le demande, messieurs, ont abouti toutes ces sévérités ? Qu'ont-elles protégé ? qu'ont-elles défendu ? Rien et personne. Au bout de peu d'années, en pleine sécurité, en pleine majorité, lorsque les hommes politiques de ce temps apportaient à la tribune des questions de légalité pure, comme les anciens théologiens de Constantinople, lorsqu'ils discutaient sur des arguties scolastiques, tout d'un coup, le sol s'est effondré sous les pieds des disputeurs, et ils sont tombés dans l'abîme avec le gouvernement et avec la monarchie. (Très-bien ! très-bien !)

Enfin, messieurs, nous arrivons au régime qui, en principe et en fait, devait naturellement être le plus protecteur de la liberté de la presse; nous arrivons au régime de 1848.

Le régime de 1848 n'a rien eu de plus pressé que de mettre des journalistes dans le gouvernement, et puis ces journalistes se hâtent naturellement d'abolir les lois de septembre; on est à peine installé que, le 6 mars, on rapporte les lois de septembre.

Et combien de temps le gouvernement de 1848 a-t-il pu résister à la liberté qu'il venait de créer ? Quatre mois ! oui, quatre mois ! Le 24 juin, jour pour jour, quatre mois après la proclamation de la république, le général Cavaignac, pour sauver Paris, pour sauver la France, pour sauver la civilisation, a été obligé de mettre cette loi-là sous ses pieds, de mettre la liberté de la presse sous ses pieds, et, par le même décret, il a supprimé onze journaux et retenu illégalement pendant neuf jours un journaliste au secret.

Voix diverses. Très-bien !

M. Granier de Cassagnac. Voilà, messieurs, voilà l'histoire fidèle des tentatives faites, de très-bonne foi, par tous les gouvernements pour établir et maintenir la liberté de la presse, à l'aide du système de répression judiciaire qui se reproduit aujourd'hui.

Ainsi, comme je le disais, tous les gouvernements ont eu la même illusion, et tous en sont revenus. Et vous voudriez recommencer la même épreuve !

Je comprends qu'on reprenne la solution d'un problème que d'autres n'ont pas résolu, mais au moins, dans ce cas, il faut que le problème se présente avec des données nouvelles. Eh bien, ici il n'y en a que deux ; il faut de deux choses l'une, pour que des hommes prudents puissent espérer, avec quelque fondement, d'obtenir un succès là où d'autres n'ont trouvé que des échecs, il faut de deux choses l'une : ou que les institutions actuelles soient plus difficilement vulnérables par la presse que les institutions précédentes, ou que le système que l'on propose soit plus efficace que les anciens systèmes. Cela est bien évident. (Oui ! oui !)

Eh bien, en est-il ainsi ? Mais non ! C'est précisément le contraire qui est la vérité. Il est incontestable que les institutions actuelles se présentent beaucoup plus que toutes les institutions qui les ont précédées aux coups de la presse.

Ainsi la Constitution s'est déclarée perfectible, et par cela même elle a évidemment ouvert la porte aux ardeurs indiscrètes de tous ceux qui ne pouvant ni l'attaquer, ni la discuter légalement, prendront pour prétexte le droit d'exprimer des vœux pour l'améliorer.

Ainsi le souverain s'est déclaré responsable. Eh ! messieurs, évidemment par là même il a exposé son autorité, son prestige, beaucoup plus que tous les souverains précédents, aux coups de tous ceux qui sont intéressés à les amoindrir et à les détruire.

Ainsi enfin, messieurs, le développement graduel de l'instruction primaire initie tous les jours un plus grand nombre de citoyens à la connaissance, au jugement des affaires publiques, et par là le gouvernement étend tous les jours la surface sur laquelle peuvent porter les coups de ses ennemis.

Il est donc vrai, messieurs, que les institutions actuelles se livrent plus complétement, plus loyalement que toutes les autres à l'examen du pays. Je les en remercie, mais il n'en est pas moins vrai qu'elles présentent par cela seul, je le répète, une surface plus étendue aux coups de ceux qui veulent les attaquer et les renverser. (Très-bien ! très-bien !)

Eh bien, messieurs, si nos institutions sont plus aisément vulnérables que les institutions qui ont précédé, est-ce que le système de répression que l'on veut opposer à la presse est plus efficace ?

Vous savez bien que non ; vous avez renoncé à la prison, vous avez renoncé aux amendes...

Sur divers bancs. Mais non ! mais non ! pas aux amendes !

M. Granier de Cassagnac. Vous avez renoncé aux grosses amendes ; vous avez renoncé à toutes ces sévérités, dont je ne parle pas pour les regretter, je ne regrette ni le cautionnement de 100,000 fr., ni les amendes de 50,000 fr., ni la prison de quatre années ; mais j'en parle pour avoir le droit de dire que si des lois sévères n'ont pas protégé la société, une loi débonnaire, une loi soliveau ne la protégera pas davantage. (Mouvements en sens divers.)

Messieurs, il ne suffirait pas d'établir, de constater de la manière la plus certaine l'impuissance du système judiciaire qui vous est proposé, si je ne m'efforçais de dégager clairement les causes de cette impuissance.

Puisque, depuis trois quarts de siècle, les hommes d'Etat les plus éminents, les jurisconsultes les plus habiles ont échoué, puisqu'ils ont tous échoué dans la recherche et l'application d'un système judiciaire de nature à contenir la presse, il est bien évident que la faute doit en être non pas aux hommes, non pas aux circonstances, mais à la nature même des choses. Eh bien, oui, c'est dans la nature même des choses que se trouve le vice du système. Les esprits méditatifs, les penseurs ont trouvé cette cause depuis longtemps ; malheureusement les hommes pratiques l'ont un peu trop oubliée.

Cette cause de l'impuissance de tous les systèmes judiciaires pour contenir les délits ou les crimes commis par la voie de la presse, Royer-Collard l'indiquait avec une grande hauteur d'esprit dans la discussion des lois de septembre : ce défaut, ce vice, cette impuissance, elle est dans l'impossibilité matérielle qu'il y a à définir le délit de la presse, le crime de la presse. Royer-Collard disait, et avec raison, que cette définition est impossible, qu'il est impossible de trouver des délits, des crimes commis par la voie de la presse une définition assez claire, assez nette, assez précise, pour que le juge n'hésite pas dans l'application de la loi.

Prenons pour exemple un des crimes inventés par les lois de septembre, prenons pour exemple l'offense au roi. Eh bien ! je vous le demande, y a-t-il parmi vous quelqu'un qui voudrait se charger de définir assez clairement ce délit d'offense, — car c'est redevenu un délit, — pour que le juge puisse appliquer toujours avec le repos de sa conscience la définition que vous lui aurez donnée ?

Les Anglais, qui sont des hommes pratiques, ont cherché à définir l'offense. Savez-vous à quoi ils sont arrivés ? Le voici : Ils sont arrivés à trouver que l'offense peut se produire sous six formes différentes : elle peut être directe, détournée, interrogative, conjecturale, exclamative et ironique. (Rires.)

Trouvez-vous cela clair ?

M. Belmontet. Oh non !

M. Granier de Cassagnac. Ni moi non plus !

Il est donc bien évident que tout ce que la sagesse et le savoir des jurisconsultes, des hommes d'Etat anglais ont pu trouver pour définir l'offense, se réduit à une classification. Il est évident encore que le délit commis par la voie de la presse est indéfinissable, dans quelque langue que ce soit. Cela est vrai, surtout dans une langue comme la nôtre, qui a la faculté de tout dire à demi-mot, et avec des lecteurs comme les lecteurs français, qui ont la faculté de comprendre à quart de mot. (Rires d'approbation.)

Si vous me permettiez d'employer une expression un peu vulgaire, indigne peut-être de cette assemblée, mais qui rend bien ma pensée, je vous dirais : Il est aussi impossible d'enfermer les délits de la presse dans une définition qu'il serait impossible de porter de l'eau avec une écumoire. (Nouveaux rires.)

Eh bien, messieurs, quelle est la conséquence de cette impossibilité de définir les crimes ou les délits commis par la voie des journaux ?

Cette conséquence est grave, et la voici : Le juge, ayant devant lui un cas vague, par conséquent discutable, le juge s'abstient, et il a raison, car il cesserait d'être juge s'il mettait même sa conscience à la place de la loi.

Ce n'est pas un autre sentiment que celui-là qui détermina le législateur de 1835 à déférer les crimes et les délits de la presse à la cour des pairs. Ce qu'il n'osait pas espérer de la loi, il le demandait aux juges.

Et, qu'on me permette de le dire, sans offenser les intentions de personne, ce n'est pas une autre pensée qui a déterminé, en tout temps, en 1835 comme aujourd'hui, ceux qui ont demandé et qui demandent que les délits de la presse soient déférés au jury. Toutes les fois qu'il doit y avoir appréciation personnelle et en quelque sorte jugement discrétionnaire dans l'application de la loi, il est tout naturel que chacun cherche à bénéficier des obscurités et des défaillances du texte.

Aussi MM. Marie, Jules Favre et leurs amis ont proposé un amendement ayant pour but de déférer les délits de la presse au jury. Pourquoi l'ont-ils fait ? Parce qu'ils espèrent que les délits vagues et mal définis de la presse échapperont plus facilement aux jurés, hommes du monde, qu'aux magistrats dont l'esprit est pratique et exercé.

Je ne veux pas examiner la théorie du jury ; vous devez vous rappeler que l'honorable M. Thiers, dans la discussion des lois de septembre, a vidé définitivement cette question de l'application des délits de la presse au jury ; il l'a traitée et vidée avec une hauteur de raison et une puissance de bon sens auxquelles il n'y a rien à ajouter.

Maintenant, messieurs, je vous prie de me permettre d'appeler, en finissant, vos méditations sur ce point, sur cet accord des hommes de gouvernement et des hommes d'opposition pour se défier de l'efficacité de la loi. Ecoutez les uns, ils vous disent : si vous ne déférez pas les délits de la presse au jury, la liberté est perdue ! Ecoutez les autres, ils vous disent : si vous ne déférez pas les délits de presse aux magistrats, la société est perdue !

Dans ma conviction profonde, ils ont raison les uns et les autres. La loi ne défendra rien, elle ne protégera quoi que ce soit, ni la presse ni la société. Des écrivains ardents, passionnés, imprudents, jetteront au vent de leurs fantaisies et de leurs rancunes ces seize années de sécurité, de paix, de liberté, de prospérité, de gloire, qui sont dues à l'accord des grands pouvoirs de l'Etat. (Marques nombreuses d'approbation.) La société ne tardera pas à se sentir profondément menacée, et comme la société ne doit et ne veut pas périr, elle réagira violemment contre ceux qui l'auront compromise.

Que ceux qui ne voient pas ou ne redoutent pas ces deux résultats passent outre, c'est leur affaire ; c'est un point qui ne relève que de leur conscience et de leur responsabilité ; mais, quant à moi, qui ai les deux résultats sous les yeux, qui les vois éclairé de la double lumière de l'expérience et de la raison, je m'arrête au bord du précipice où la presse périra, quand bien même la société y périrait avant elle.

Je conclus, messieurs, en demandant l'ajournement de la loi jusqu'à ce que l'apaisement des passions politiques, jusqu'à ce que le désarmement

M. DE LESSEPS.

des partis nous permettent d'appliquer à la France le régime anglais et le régime américain, c'est-à-dire nous permettent de ne faire relever la presse que des mœurs publiques.

Je demande que le Gouvernement conserve et applique avec modération, comme il l'a fait, le décret du 17 février 1852. Ce décret, il a protégé la France et la liberté pendant seize années, et il les protégera encore ; il est accepté par le pays et sanctionné par l'expérience. Oui, il protégera encore notre pays, surtout s'il est appliqué avec cet esprit d'impartialité et de libéralisme dont la pensée même du projet actuel est un éclatant témoignage. (Vives marques d'approbation et applaudissements. — L'orateur, en retournant à son banc, est entouré et félicité par ses collègues).

Il était visible pour tous, après ce discours, que l'immense majorité du Corps législatif repoussait la loi sur la presse. La séance fut levée immédiatement ; et les ministres présents à la discussion se réunirent dans le cabinet du président, M. Schneider, où il fut résolu que l'Empereur serait informé sans retard des dispositions manifestes de la Chambre.

Le conseil des ministres délibéra le 1er février. M. Rouher, ministre d'État, déclara qu'il partageait la répugnance du Corps législatif pour la loi de la presse ; il demanda à l'Empereur la permission de décliner, à cet égard, toute intervention ; et pour donner au souverain la liberté qu'il revendiquait lui-même, il donna sa démission.

Il en coûtait à l'Empereur de paraître, en retirant la loi, reculer dans la voie où il était entré le 19 janvier. Cependant, il lui répugnait de paraître faire violence au Corps législatif. M. Baroche fut chargé de sonder de nouveau le terrain à la séance du 2 février, et de faire entendre à la majorité que, tout en soutenant la loi, le gouvernement n'entendait pas l'imposer. M. Baroche, malgré son talent et l'estime dont il était l'objet, ne parut pas avoir produit un effet satisfaisant sur l'assemblée.

Inquiet et mécontent, l'Empereur fit appeler M. Rouher et le consulta. Le Ministre d'État fit observer que la loi sur la presse fesait partie d'un ensemble de mesures que le pays n'avait pas demandées, et qui inquiétaient les conservateurs ; il émit l'avis d'avoir recours à une mesure qui permettrait au pays de se prononcer ; c'était de dissoudre le Corps législatif, et de procéder à des élections générales à propos de la loi sur la presse, ce qui eût plus ou moins réagi sur la loi relative au droit de réunion. L'Empereur, frappé de la simplicité et de l'efficacité du moyen qui lui était offert, l'accepta immédiatement, et donna ordre à M. Rouher de préparer le décret, qui serait soumis le lendemain au conseil des ministres et au conseil privé réunis.

Le lendemain, 3 février, le projet de décrét fut soumis au conseil. L'Impératrice y assistait. On sait que M. Walewski en faisait partie, et M. de La Valette venait d'y être appelé. M. Rouher n'avait parlé de cette importante question à personne, pas même à M. de La Valette, auquel des liens de famille l'attachaient.

Le comte Walewski saisit du premier coup d'œil le danger que des élections, faites à propos des réformes du 19 janvier, feraient courir aux efforts qui lui étaient communs avec M. Ollivier pour arriver à établir le régime parlementaire. Autant l'Empereur était populaire, autant les théories de l'opposition l'étaient peu. Il s'éleva avec force contre le décret, au nom de la gloire de l'Empereur, lequel, le 24 novembre 1860 et le 19 janvier 1867, avait, disait-il, pris spontanément l'initiative des réformes. L'Impératrice, qui savait au contraire à quelle pression et à quelles obsessions extérieures l'Empereur avait cédé, interrompit M. Walewski avec une vivacité de langage et d'attitude qui impressionna fortement les assistants.

M. de La Valette, qui n'avait pas été prévenu par M. Rouher, et qui était arrivé tard au conseil, se jeta aussi dans la voie déjà ouverte. M. Rouher, démissionnaire depuis deux jours, crut devoir garder le silence. Finalement, l'Empereur, triste, contrarié, chagrin, leva la séance, et se retira dans ses appartements, sans avoir rien résolu.

Le 4 février au matin, M. Rouher fut mandé à dix heures dans le cabinet de l'Empereur. Là, le Souverain, ému, lui déclara qu'après réflexion, il croyait s'être trop avancé pour pouvoir reculer avec dignité. Il dit à son ministre : « Je vous traite en maréchal de France ; je ne vous demande pas un conseil ; je vous donne un ordre. Si je dis à un maréchal d'aller occuper tel point et de s'y faire tuer, il ira. Eh bien, je vous dis : Rouher, allez à la Chambre, et faites voter la loi. » La voix de l'Empereur tremblait. Le Souverain et le fidèle serviteur s'embrassèrent ; M. Rouher, avec une émotion que tout le monde comprit, vint demander l'adoption de la loi, qui fut votée par 215 suffrages contre 7.

Comme M. le président Schneider proclamait le résultat du scrutin, M. de Cassagnac, en entendant ce nombre, ce nombre de sept opposants, dont il était, dit tout haut : « Ce sont *les sept sages de la Grèce !* »

Ils étaient restés fidèles à la fois à leurs convictions et à leur souverain.

La discussion de la loi sur les réunions publiques suivit de près. Elle commença le 14 mars. M. Emile Ollivier, qui en avait été le principal promoteur, soutint, en invoquant l'autorité de Platon, de Machiavel et de M. de Vatimesnil, que la raison l'emporte toujours, dans les réunions publiques, sur les passions tumultueuses, que l'âme humaine incline vers le bien, et que les hommes réunis ont plus de sagesse et de constance qu'un seul. La loi fut votée le 25 mars ; et sa promulgation fut le signal de la réouverture de plusieurs clubs, où des hommes de désordre et des femmes dévergondées firent assaut d'attaques contre la société.

La session fut close le 28 juillet, et, au cri habituel de *vive l'Empereur,* par lequel elle se terminait, M. Bethmont ajouta celui de *vive la liberté,* et M. Eugène Pelletan celui de *vive la nation !*

Pendant le séjour habituel de la famille impériale à Biarritz, une révolution éclata en Espagne, et la reine Isabelle dut passer la frontière le 30 septembre. L'Empereur, l'Impératrice et le Prince impérial allèrent attendre l'auguste exilée à la gare de la Négresse, entre Saint-Jean-Pied-de-Port et Bayonne. La reine d'Espagne se retira à Pau, avec le roi, et le prince des Asturies, son fils.

Le comte Walewski, qui avait exercé, pendant les six dernières années, une influence regrettable sur l'Empereur, mourut subitement à Strasbourg le 27 octobre.

Un décret du 26 décembre fixa au 10 janvier l'ouverture de la session ; et, dès le 18 décembre, le marquis de Moustier avait été remplacé par M. de La Valette au ministère des affaires étrangères, et M. Pinard par M. de Forcade la Roquette au ministère de l'intérieur.

Le discours prononcé par l'Empereur à l'ouverture de la session, dans la salle des États, constatait les troubles qui résultaient déjà du vote des lois nouvelles ; en voilà les principaux passages :

... « La tâche que nous avons entreprise ensemble est ardue. Ce n'est pas, en effet, sans difficulté qu'on fonde, sur un sol remué par tant de révolutions, un gouvernement assez pénétré des besoins de son époque pour adopter tous les bienfaits de la liberté, assez fort pour en supporter même les excès.

« Les deux lois votées dans votre dernière session qui avaient pour but de développer le principe de la discussion, ont produit deux effets opposés qu'il est utile de constater : d'un côté, la presse et les réunions publiques ont créé dans un certain milieu une agitation factice, et fait reparaître des idées et des passions qu'on croyait éteintes ; mais d'un autre côté, la nation, insensible aux excitations les plus violentes, comptant sur ma fermeté pour maintenir l'ordre, n'a pas senti s'ébranler sa foi dans l'avenir.

« Remarquable coïncidence ! Plus des esprits aventureux et subversifs cherchaient à troubler la tranquillité publique, plus le calme devenait profond. Les transactions commerciales reprenaient une féconde activité, les revenus publics augmentaient considérablement, les intérêts se rassuraient et la plupart des élections partielles venaient donner un nouvel appui à mon gouvernement.

. . . .

« Soutenu par votre approbation et votre concours, je suis bien résolu à persévérer dans la voie que je me suis tracée, c'est-à-dire à accepter tous les progrès véritables, mais aussi à maintenir hors de toute discussion les bases fondamentales de la constitution, que le vote national a mises à l'abri de toute attaque.

« On reconnaît la bonté de l'arbre aux fruits qu'il porte, a dit l'Évangile, eh bien, si l'on fait un retour vers le passé, quel est le régime qui a donné à la France dix-sept années de quiétude et de prospérité toujours croissantes ? Certes, tout gouvernement est sujet à erreur, et la fortune ne sourit pas à toutes les entreprises ; mais ce qui fait ma force, c'est que la nation n'ignore pas que, depuis vingt ans, je n'ai pas eu une seule pensée, je n'ai pas fait un seul acte qui n'ait eu pour mobile les intérêts et les grandeurs de la France. Elle n'ignore pas non plus que j'ai été le premier à vouloir un contrôle rigoureux de la gestion des affaires, que j'ai augmenté à cet effet les attributions des assemblées délibérantes, persuadé que le véritable appui d'un gouvernement est dans l'indépendance et le patriotisme des grands corps de l'État..... »

Les réunions publiques étaient devenues un juste sujet d'effroi. Un homme de sens et de cœur, le baron de Benoît, député de la Meuse, adressa une interpellation au gouvernement, à ce sujet, le 1ᵉʳ février. M. Emile Ollivier, qui n'était pas encore sorti des théories sociales pour entrer dans la pratique des affaires, défendit les clubs. « Laissez dire, laissez parler, et n'ayez crainte, s'écria-t-il. Dieu, la famille, la propriété, la morale, le devoir, ce sont quatre puissances qui n'ont rien à redouter de quelques clubistes, énivrés par des idées déraisonnables. » Assurément, les clubistes n'ont pas le pouvoir de détrôner Dieu, mais ils troublent l'ordre public et inquiètent la société, que le gouvernement a l'obligation de défendre. M. Emile Ollivier ne tarda pas à s'apercevoir lui-même de la puissance des déclamations les plus creuses. Les clubs vont faire échouer son élection à Paris, et il ne sera élu, dans le Var, que grâce à une intervention extraordinaire et un peu anormale du gouvernement.

La session fut courte, le Corps législatif touchait à son terme, et il fallait le renouveler. L'ouverture des clubs et la fondation de feuilles nouvelles, à Paris et dans les départements, faisaient pressentir une guerre acharnée organisée par l'opposition, contre les candidats dévoués au gouvernement. La session elle-même fut employée à préparer cette lutte et à la rendre plus ardente. Le vote de la loi relative à la réorganisation de l'armée fut le prétexte choisi. Toutes les vieilles déclamations furent remises à neuf et employées. On reprocha à la loi de dépeupler les campagnes, et d'enlever à l'agriculture les bras qui lui étaient nécessaires. On dit qu'elle favorisait les riches aux dépens des pauvres ; on ajouta que le maintien des jeunes soldats sous les drapeaux diminuait les mariages; en un mot, on chercha à irriter l'esprit des populations rurales contre les députés qui l'avaient votée.

La France n'avait pas encore reçu la terrible leçon de l'invasion, qui a rendu nécessaire et populaire une réorganisation de l'armée bien autrement rigoureuse que celle qui était alors l'objet des critiques de l'opposition.

Pour donner une sanction et un corps à ce nouvel et dernier assaut livré à la loi militaire, un amendement fut déposé par MM. Pelletan, Magnin, Bethmont, Hénon, Picard, Garnier-Pagès, Jules Favre, Dorian et Marie, demandant une réduction de 20,000 hommes sur le contingent. Cet amendement devint l'occasion d'un tournoi de paroles, dans lequel d'ardentes invocations furent adressées au corps électoral, en vue de rapporter la loi militaire et de désarmer la France.

La session finit le 26 avril. Sa durée avait été marquée par la mort de deux hommes, diversement distingués, M. de Lamartine, mort le 1ᵉʳ mars, et M. Troplong, mort le 2 mars 1869.

M. de Lamartine, esprit élevé, noble cœur, l'un des plus remarquables poètes de ce siècle, était entré dans la politique pratique le 24 février 1848, c'est-à-dire à une époque où la société ébranlée et cherchant sa voie, avait besoin pour se diriger d'hommes ayant des principes et du caractère; et il n'avait que du talent de plume et de parole, et cette exagération de la personnalité, qui est la petitesse des grands poètes. Après avoir traversé la révolution de 1848 avec autant d'éclat que de courage, M. de Lamartine disparut de la scène tout à coup et sans retour, pour avoir méconnu l'impérieux et irrésistible besoin d'ordre que manifestait hautement la France. L'Empereur, dont il s'était déclaré l'adversaire public, à la tribune, oublia l'injure pour ne se souvenir que du talent et des services; et l'on a vu que, sur son initiative, les dernières années du poète furent consolées par un don national digne de lui.

Né en 1790, M. de Lamartine mourait à 79 ans. Plus jeune que lui de cinq ans, M. Troplong avait nourri sa longue existence des études fortifiantes du droit et de l'histoire. C'était un savant jurisconsulte, une âme honnête et un esprit droit. Après avoir monté tous les degrés de la hiérarchie judiciaire, il mourait au sommet, et comme premier président de la Cour de cassation, et comme président du Sénat.

Le Corps législatif avait été dissous le 27 avril, et les élections fixées au 23 mai. Un de ses membres les plus importants trouvait dans le renouvellement de son mandat un sujet de légitime préoccupation. C'était M. Émile Ollivier. Les opinions relativement modérées auxquelles il s'était rangé, depuis deux sessions, en le rapprochant du gouvernement l'avaient éloigné de l'opposition. Le temps de l'impopularité arrivait donc pour lui. Il craignait de n'être plus réélu à Paris, dont il était l'un des députés ; et un échec électoral aurait entraîné l'écoulement de sa fortune politique. Il fit négocier avec le gouvernement pour obtenir en province une candidature qui fût un en cas. La négociation réussit. L'Empereur demanda à un loyal député, M. l'Ecuyer d'Attainville, le retrait de de sa candidature dans le Var, qu'il représentait ; et le Préfet du département reçut de M. de Forcade la Roquette l'ordre d'appuyer M. Émile Ollivier, qui fut élu. Comme il l'avait redouté, M. Émile Ollivier n'obtint que 12,000 voix à Paris, où M. Bancel en obtint contre lui 22,000.

Une autre condescendance, celle-ci bien moins justifiée, ouvrit le Corps législatif à M. de Rochefort. La publication d'un misérable pamphlet, la *Lanterne*, lui avait créé dans le personnel des clubs de Paris une popularité malsaine ; mais une condamnation encourue précisément pour ce pamphlet l'avait fait fuir en Belgique. L'Empereur lui fit donner un sauf-conduit, et il vint soutenir sa candidature à Paris, où il fut nommé.

Les élections ne furent ni plus, ni moins mauvaises qu'il était naturel de s'y attendre. Les nouvelles lois sur la presse et sur les réunions publiques avaient à ce point perdu Paris, que M. Henri de Rochefort y était devenu possible et M. Emile Ollivier impossible. Le 1er arrondissement élut M. Gambetta. C'était un avocat inconnu et un tribun en herbe. Il avait, comme M. Rochefort, insulté l'Empereur : c'était là son titre. Paris blasé avait besoin de candidatures pimentées. M. Thiers ne fut pas élu au 1er tour de scrutin, ni M. Jules Favre non plus. Ce dernier, fort démodé, n'avait pas été élu à Lyon, ni à Mirande, ni dans quatre ou cinq autres circonscriptions, où il avait été présenté.

M. LE MARQUIS DE LA VALETTE.

L'élément légitimiste avait presque disparu ; mais le parti parementaire ou orléaniste s'était un peu renforcé. Il avait gagné comme représentants notables, M. Estancelin, dans la Seine-Inférieure; M. de Barante, dans le Puy-de-Dôme, et M. Daru, dans la Manche.

Le Corps législatif se réunit le 28 juin, et siégea jusqu'au 12 juillet en session extraordinaire, pour la vérification des pouvoirs. Toutefois, une œuvre politique considérable s'était accomplie dans son sein, dans cet intervalle.

Quelles qu'eussent été les assurances de fermeté données par l'Empereur au pays, dans le discours d'ouverture de la session, son pied glissait un peu plus chaque jour, et comme à son insu, sur le terrain incliné où il s'était placé le 2 janvier 1860. La nouvelle Chambre, quoique essentiellement conservatrice, n'en avait pas moins été élue au milieu des attaques dirigées contre la Constitution de 1852, et des appels décevants à l'esprit de liberté : le petit groupe, qui avait accepté M. Émile Ollivier pour chef, grossissait. M. de Forcade La Roquette, qui avait présidé aux élections, était un parlementaire pur. Son ambition était de devenir le collègue de M. Ollivier dans un ministère libéral. Il avait du talent et il s'en croyait assez pour se faire lui-même, dans un parlement libre, une situation plus considérable que celle qu'il tenait de l'Empereur. Le ministère d'État, agrandi encore par la haute personnalité qui l'occupait, pesait d'un poids gênant et était devenu insupportable pour des ambitions de second ordre, qui se trouvaient étiolées à son ombre; et une sorte de ligue s'organisa au sein du Corps législatif, avec la complicité d'une partie du cabinet, en vue d'agrandir les prérogatives de la tribune aux dépens de celles de la couronne.

Une requête, qui finit par porter le nom de pétition des 116, se signa pour solliciter de nouvelles concessions. D'abord peu remarquée, et portant des noms recueillis sur les frontières, elle acquit tout à coup une importance considérable, lorsqu'elle eut reçu la signature de M. le duc de Mouchy, qui avait l'honneur d'être devenu l'allié de la famille impériale. Dès ce moment, la pétition des 116 devint un document politique dont la Chambre s'émut, et sur lequel le gouvernement dut délibérer.

L'Empereur reçut le Corps législatif à Saint-Cloud, au sujet de la pétition. Ses sentiments étaient les mêmes, associer le plus possible le pays à la gestion des affaires publiques ; et sa résolution de défendre l'autorité que la nation avait placée dans ses mains n'avait non plus rien perdu de son énergie.

La situation était délicate, car il s'agissait d'ajouter encore aux concessions déjà faites.

Le cabinet se partagea.

M. Rouher, qui avait été opposé, comme on l'a vu, à toutes les dérogations déjà apportées à la Constitution de 1852, n'hésita pas à se déclarer contre la pétition des 116, qu'il trouvait dangereuse, inconstitutionnelle et destructive de l'autorité impériale fondée par la nation. Il offrit d'attaquer au Corps législatif la doctrine des 116, et se porta fort de son rejet. Seulement, il demanda que la campagne qu'il était prêt à commencer eût une sanction ; cette sanction, c'était la dissolution du Corps législatif, et des élections nouvelles, faites au nom des principes conservateurs nettement accusés. Appuyé sur une majorité nouvelle, dont il ne doutait pas, et qui n'aurait eu aucune compromission avec les doctrines parlementaires sur la pente desquelles on roulait depuis 1860, il aurait repris l'une après l'autre toutes les armes contenues dans la constitution de 1852, et remis l'autorité monarchique dans la situation que le peuple lui avait faite.

Les ministres qui fondaient des espérances de grandeur personnelle sur le jeu du mécanisme parlementaire ne pouvaient pas s'accommoder d'un pareil projet. Ils firent ressortir les difficultés et les périls d'un retour à des principes déjà écartés, et de l'abandon d'espérances fondées sur l'initiative et les promesses du souverain lui-même.

L'Empereur, qui était fermement résolu à conserver ou à reprendre sa couronne en bloc, même après l'avoir peu à peu cédée en détail, voulut encore une fois accueillir les sollicitations d'hommes qui se disaient dévoués, et dont, après tout, l'action sur l'opinion publique était loin d'égaler la sienne.

Le 12 juillet, il adressa au Corps législatif un message dans lequel il déclarait céder aux vœux exprimés par les 116 ; et le Sénat fut convoqué extraordinairement pour le 12 août, afin de formuler et de voter les nouveautés demandées et accordées ; et la session ordinaire du Corps législatif fut indiquée pour le 29 novembre.

Voici le texte du sénatus-consulte qui fut promulgué le 10 septembre :

Art. 1er. — L'Empereur et le Corps législatif ont l'initiative des lois.

Art. 2. — Les ministres ne dépendent que de l'Empereur.
Ils délibèrent en conseil, sous sa présidence.
Ils sont responsables.
Ils ne peuvent être mis en accusation que par le Sénat.

Art. 3. — Les ministres peuvent être membres du Sénat ou du Corps législatif.
Ils ont entrée dans l'une ou dans l'autre assemblée, et doivent être entendus toutes les fois qu'ils le demandent.

Art. 4. — Les séances du Sénat sont publiques. La demande de cinq membres suffit pour qu'il se forme en comité secret.

Art. 5. — Le Sénat peut, en indiquant les modifications dont une loi lui paraît susceptible, décider qu'elle sera renvoyée à une nouvelle délibération du Corps législatif.
Il peut, dans tous les cas, s'opposer à la promulgation de la loi.
La loi à la promulgation de laquelle le Sénat s'est opposé ne peut être présentée de nouveau au Corps législatif dans la même session.

Art. 6. — A l'ouverture de chaque session, le Corps législatif nomme son président, ses vice-présidents et ses secrétaires.
Il nomme ses questeurs.

Art. 7. — Tout membre du Sénat ou du Corps législatif a le droit d'adresser une interpellation au Gouvernement.
Des ordres du jour motivés peuvent être adoptés.
Le renvoi aux bureaux de l'ordre du jour motivé est de droit, quand il est demandé par le Gouvernement.
Les bureaux nomment une Commission, sur le rapport sommaire de laquelle l'Assemblée prononce.

Art. 8. — Aucun amendement ne peut être mis en délibération, s'il n'a été envoyé à la Commission chargée d'examiner le projet de loi, et communiqué au Gouvernement.

Lorsque le Gouvernement et la Commission ne sont pas d'accord, le Conseil d'Etat donne son avis, et le Corps législatif prononce.

Art. 9. — Le budget des dépenses est présenté au Corps législatif par chapitres et articles.

Le budget de chaque ministère est voté par chapitre, conformément à la nomenclature annexée au présent sénatus-consulte.

Art. 10. — Les modifications apportées à l'avenir à des tarifs de douanes ou de postes par des traités internationaux ne seront obligatoires qu'en vertu d'une loi.

Art. 11. — Les rapports constitutionnels actuellement établis entre le Gouvernement de l'Empereur, le Sénat et le Corps législatif, ne peuvent être modifiés que par un sénatus-consulte.

C'était, qu'on se l'avouât ou non, le passage de la constitution de 1852 dans un ordre d'idées nouvelles. L'article premier, en partageant entre l'Empereur et le Corps législatif l'initiative des lois, enlevait au souverain la direction générale et supérieure du gouvernement, que la Constitution lui avait donnée ; et l'article trois, en permettant aux députés et aux sénateurs d'être des ministres, rendait ceux-ci responsables devant les assemblées, et ouvrait la porte à toutes les compétitions de pouvoir.

Les changements introduits par le sénatus-consulte entraînaient la suppression du ministère d'État. Quelques ministres, qui espéraient que leurs talents et leurs services les mettraient à l'abri des intrigues parlementaires, inaugurèrent avec une satisfaction à peine dissimulée le régime nouveau. Le cabinet fut reconstitué le 17 juillet.

M. de Forcade La Roquette garda l'intérieur ; M. Magne les finances ; M. Gressier les travaux publics ; le maréchal Niel la guerre ; mais M. Baroche fut remplacé à la justice par le modeste et savant M. Duvergier ; M. le prince de La Tour d'Auvergne, aux affaires étrangères, par M. de La Valette ; M. de Chasseloup, à la marine, par l'amiral Rigault de Genouilly ; M. Duruy, à l'instruction publique, par M. Bourbeau, l'éminent doyen de la faculté de droit de Poitiers ; et le ministère de l'agriculture et du commerce rétabli, fut donné à M. Alfred Leroux.

M. Rouher, qui sortait véritablement de la politique, reçut, le 20 juillet, la présidence du sénat.

Le 14 août, le cœur généreux de l'Empereur compléta ces mesures en décrétant une amnistie générale pour tous les crimes ou délits politiques.

Parmi les événements qui remplirent l'intervalle des deux sessions, quelques-uns veulent être notés. Le maréchal Niel mourut le 13 août, et fut remplacé le 21 par le général Le Bœuf. Sa Majesté l'Impératrice, après un rapide voyage en Corse et en Savoie, exécuté à la fin d'août, avec le Prince Impérial, fit ce grand et féerique voyage d'Orient, ayant pour objet l'inauguration du canal de Suez, qui eut lieu, le 16 novembre, à Port-Saïd, et à la suite de laquelle Sa Majesté, à bord de l'*Aigle*, se rendit dans la mer Rouge, à Suez, le 29 novembre. Le 5 décembre, l'Impératrice rentrait à Paris.

Le 27 septembre, le général Fleury avait été nommé ambassadeur à Saint-Pétersbourg.

L'Empereur, qui était pénétré des conditions dans lesquelles le peuple avait fondé sa dynastie, se sentait rempli de doutes à la pensée de les modifier complétement. Il avait déjà fait des pas bien nombreux et bien compromettants vers le régime parlementaire; une hésitation suprême le saisit un peu avant l'heure où il allait y tomber tout à fait.

C'était pendant le séjour à Compiègne, avant l'ouverture de la session. Le désordre moral produit par la presse et par les réunions publiques était extrême. La liberté que l'Empereur avait accordée aux corporations ouvrières de se réunir pour discuter les problèmes du travail, était employée à fomenter des idées immorales et à hâter la fermentation de germes anarchiques; et il avait beau multiplier les concessions aux exigences parlementaires, ce qui avait été l'objet des vœux de la veille se trouvait l'objet des attaques du lendemain.

Il eut la pensée de s'arrêter sur cette pente, et il fit appeler M. Rouher, qui était à sa villa de Cercey. Le fidèle serviteur de vingt années se sentait découragé et blessé de tant d'essais qu'il avait déjà faits pour arrêter le souverain dans sa nouvelle voie. Il hésita à obéir, et il fallut renouveler l'invitation. Il se rendit enfin à Compiègne.

L'Empereur s'ouvrit à lui du dessein qu'il avait de faire un appel nouveau et solennel au pays, et de lui proposer de reprendre purement et simplement les principes de la Constitution de 1852, auxquels la France devait de si belles années de calme, de prospérité et de gloire. Il exposa les bases et les détails de son projet, et pria M. Rouher, rédacteur de la Constitution de 1852, de les coordonner et de les mettre en œuvre. Soit que ce retour à des idées simples et vraies, qui avaient pour elles la sanction du temps et la consécration de la volonté nationale, n'inspirât pas une confiance suffisante à M. Rouher, soit qu'il le trouvât tardif et inopportun, il déclina respectueusement le concours qui lui était demandé. Il était témoin des efforts multipliés pour entraîner le souverain. M. Ollivier était déjà introduit nuitamment à Compiègne, par des complices de ses idées et de son ambition; et M. Rouher n'eut pas de peine à s'apercevoir de la gêne qu'il causait aux ministres déjà embarqués sur l'esquif parlementaire. Il revint à Cercey, sans avoir encouragé et secondé l'Empereur dans sa résistance salutaire. Il eut tort; il trouvait l'occasion d'une revanche à prendre au profit des idées qui, en 1852, avaient sauvé le pays, et qui sont encore aujourd'hui sa ressource et son espérance.

Resté seul et livré aux obsessions anxieuses et tenaces des partisans du régime parlementaire, l'Empereur eut le malheur de céder; et, le 27 décembre 1869, il adressa à M. Émile Ollivier une lettre, dans laquelle il le chargeait de composer un cabinet, d'accord avec la majorité, et en appliquant le sénatus-consulte du 8 décembre.

Après quelques jours de négociations, le cabinet de M. Émile Ollivier était formé. Il parut dans le *Journal officiel* du 2 janvier 1870. Il était composé de la manière suivante :

M. Émile Ollivier, à la justice; M. Napoléon Daru, aux affaires étrangères; M. Chevandier de Valdrôme, à l'intérieur; M. Buffet, aux finances; le général Le Bœuf, à la guerre; l'amiral Rigault de Genouilly, à la marine; M. Segris, à l'instruction publique; M. de Talhouët, aux travaux publics; M. Louvet, au commerce; M. Maurice Richard, aux Beaux-Arts, qui furent séparés de la maison de l'Empereur. M. de Parieu fut nommé président du Conseil d'État.

Ce cabinet devait durer six mois, du 2 janvier au 9 août, et précéder de vingt-cinq jours, par son effondrement, la chute de l'Empire, dont il fut la principale cause.

A peine établi, le cabinet de M. Émile Ollivier trouva sur son chemin les difficultés nées de sa politique : autour de lui, les passions révolutionnaires, excitées par une presse hostile et exaltées par les orateurs des réunions publiques; devant lui, les sentiments d'ordre d'une chambre des députés à laquelle il avait été comme imposé, et dont la majorité, toujours prête à soutenir le pouvoir, n'était pas néanmoins disposée à abandonner sa politique traditionnelle.

Un événement regrettable, né de l'exaltation révolutionnaire, vint, le 10 janvier, mettre sérieusement en péril l'ordre public. Un journaliste inconnu, matamore de bas étage, nommé Victor Noir, alla insulter et frappa au visage, chez lui, le prince Pierre Bonaparte, sous prétexte de le provoquer en duel. Le prince, en état de légitime défense, dans son propre salon, tua l'agresseur d'un coup de pistolet, et se constitua immédiatement prisonnier. L'émotion causée par cet événement fut immense.

Les funérailles de Victor Noir parurent aux clubistes de toutes nuances une occasion favorable pour se compter. Une foule qui ne fut pas évaluée à moins de cent mille hommes, et qui peut-être dépassait ce nombre, se rendit à Chaillot. Rochefort se mit à sa tête, et il fut immédiatement résolu par les meneurs qu'on descendrait vers le centre de Paris par les Champs-Élysées et qu'on enlèverait le Corps législatif et les Tuileries.

Le cabinet de M. Émile Ollivier, qui portait précisément ce jour-là son programme politique dans les deux chambres, prit avec une grande fermeté les mesures nécessaires pour déconcerter les projets des clubs. Des troupes furent réunies aux Champs-Élysées, les sommations légales furent faites et les bandes se dispersèrent silencieusement. Si Rochefort, qui les commandait, ne s'était pas évanoui trois fois de suite, et si Flourens, qui diri-

A BERLIN !

geait en sous-ordre, avait pris la tête du mouvement, il est probable qu'un conflit très-grave aurait eu lieu.

La haute cour, réunie à Tours le 21 mars, jugea et acquitta le prince Pierre. Il est juste de reconnaître que le cabinet de M. Émile Ollivier tint résolûment tête au désordre matériel. Il fit mettre en prison Rochefort, malgré la résistance de la gauche; il fit opérer un très-grand nombre d'arrestations, à la suite de complots et d'émeutes; il déploya, dans quelques centres industriels et miniers, une louable énergie pour réprimer les abus de la loi sur les coalitions; mais cette fermeté était précisément dépensée pour maîtriser les excitations nées de sa propre politique.

La première pensée, ou la première ambition, de M. Émile Ollivier, avait été d'obtenir le renouvellement du Corps législatif. Il dut y renoncer, n'étant pas encore assez considérable par ses services pour obtenir le désaveu d'une majorité qui avait fait, depuis dix-huit années, ses preuves de dévouement. Il prit même de bonne grâce son parti à cet égard, déclarant à la tribune que la Chambre était l'expression fidèle des sentiments du pays, et que son ambition était de gouverner avec son concours.

La situation de M. Émile Ollivier était difficile. Il s'était dit républicain, et la gauche ne lui pardonna jamais sa défection. Elle l'acceptait comme instrument de ses rancunes, non comme représentant de ses doctrines, encore moins comme associé de ses projets. La droite n'avait aucune confiance dans sa nouvelle foi monarchique. Elle se sentait blessée par la guerre qu'il avait déclarée aux candidatures officielles, et qui tendait à affaiblir l'autorité morale de la majorité; guerre d'autant moins loyale que M. Émile Ollivier, ce n'était un secret pour personne, devait sa dernière élection à l'influence du gouvernement, énergiquement exercée, et que M. Segris, l'un des membres de son cabinet, menacé d'un échec certain, avait dû, à la dernière heure, solliciter *par écrit* du préfet de la Loire-Inférieure l'appui de l'administration. Il flottait donc entre la droite et la gauche, n'ayant ni base solide pour son pouvoir, ni fixité bien démontrée dans ses principes. Quoique prodigue de questions de cabinet, qu'il posait à tout propos, il ne se sentait pas assis. Le 23 mai, sur un amendement de M. Picard à la loi de la presse, qu'il avait énergiquement combattu, le cabinet obtenait deux voix de majorité, 99 voix contre 97. L'extrême droite avait voté toute entière pour le ministère.

La situation générale dans laquelle se trouvaient les pouvoirs publics, depuis les dernières réformes du mois de juillet dernier, appelait une régularisation indispensable. Une lettre de l'Empereur à M. Émile Ollivier, du 31 mars, l'invita à lui soumettre un projet de sénatus-consulte fixant d'une manière invariable les dispositions du plébiscite de 1852, réglant le partage du pouvoir législatif entre les deux Chambres, et restituant à la nation la part du pouvoir qu'elle avait légué au Sénat.

Quatre principes devaient dominer le nouveau sénatus-consulte; il devait : 1° partager entre l'Empereur, le Sénat et la Chambre des députés le pouvoir législatif; 2° restituer à la nation le pouvoir constituant attribué au Sénat par les articles 31 et 32 de la Constitution de 1852; 3° déclarer que la Constitution ne pouvait être modifiée que par le peuple, sur la proposition de l'Empereur; et 4° enfin, établir que l'Empereur était responsable devant le peuple français, auquel il avait toujours le droit de faire appel.

Ce projet de sénatus-consulte souleva deux questions : l'une dans la presse, l'autre dans le cabinet.

Le journal le *Pays*, dirigé par M. Granier de Cassagnac, soutint énergiquement, dans une série d'articles, que le Sénat ne pouvait pas se dessaisir lui-même de l'autorité constituante dont la nation l'avait investi en 1852; que le peuple seul pouvait reprendre ce qu'il avait délégué, et que le sénatus-consulte serait constitutionnellement nul, s'il n'était sanctionné par un plébiscite. Cette doctrine prévalut, et, dans un conseil tenu le 3 avril, sous la présidence de l'Empereur, le ministère décida que le sénatus-consulte serait soumis à l'approbation directe du suffrage universel.

La seconde question était relative au droit de l'Empereur de faire toujours appel à la nation. Elle amena un remaniement du Cabinet.

Balloté entre la gauche et la droite, le ministère avait cherché un appui dans le milieu orléaniste et parlementaire, tenu depuis dix-huit ans hors des affaires par le suffrage universel. M. Daru avait un salon, M. Emile Ollivier n'était pas fâché d'en avoir un. Il appela auprès de lui M. Guizot, M. Odilon Barrot, et les mit à la tête de commissions extra-parlementaires, auxquelles il livra l'examen de notre système administratif et de nos codes. Les vieux délaissés accoururent avec empressement, et l'on rencontra chez les nouveaux ministres de l'Empire tous les ennemis de l'Empereur. Le public, quelque peu surpris de voir appelés à reformer la France ceux dont le peuple ne voulait pas, se moqua des assises de ce parlement forain, qu'on nomma le *Salon des Refusés* ; mais dont les membres, rendant à M. Emile Ollivier politesse pour politesse, ouvrirent au jeune ministre, qui n'avait encore rien produit, les portes de l'Académie française. Le parti orléaniste et parlementaire avait donc pris une assez grande influence sur le cabinet. Il essaya de faire refuser à l'Empereur le droit permanent d'en appeler au peuple, à moins que la Chambre des députés n'eût consenti au plébiscite. C'est M. Thiers qui avait suggéré cette combinaison, qui annulait le droit du Souverain. L'Empereur résista, ce qui amena la retraite de M. Daru et de M. Buffet.

Reprise par M. Grévy, sous la forme d'une interpellation, la Chambre eut à se prononcer, le 5 avril, sur le droit plébiscitaire de l'Empereur. L'opinion de M. Thiers eut en sa faveur 53 votes, y compris le sien.

Tout se prépara donc pour le plébiscite, fixé au 8 mai, et qui avait à répondre à une question ainsi posée :

« Le peuple approuve les réformes libérales opérées dans la Constitution depuis 1860 par l'Empereur, avec le concours des grands pouvoirs de l'Etat, et ratifie le sénatus-consulte du 20 avril 1870. »

Dans une proclamation au peuple français, l'Empereur lui disait : VOTEZ OUI ; VOUS RENDREZ PLUS FACILE DANS L'AVENIR LA TRANSMISSION DE LA COURONNE A MON FILS.

Le parti républicain accepta la question ainsi posée ; et, dans un manifeste délibéré rue de la Sourdière, n° 31, lieu ordinaire de ses réunions, il déclara ouvrir la lutte contre l'Empereur, et conseilla de voter NON.

Paris, gagné à la démagogie, donna la victoire à la République ; le scrutin offrit le résultat suivant :

Oui, 138,406.
Non, 184,945.

La France resta ce qu'elle était ; elle donna une formidable majorité à l'Empire. Voici les chiffres :

Oui, 7,350,000.
Non, 1,560,709.

Et cependant, c'est appuyé sur une telle force morale, que l'Empire va tomber.

Quelques étincelles précédèrent l'incendie. Le 26 mai, le roi de Prusse, en clôturant la session du Reischtag, avait dit : « J'espère que la nation allemande *acquerra la place à laquelle elle est appelée et destinée !* » Le 9 juin, un député conservateur, M. Mony, demanda à interpeller le gouvernement sur un projet de chemin de fer du Saint-Gothard, à l'établissement duquel M. Delbruck, ministre d'Etat de l'Allemagne du Nord, proposait de contribuer pour 24 millions. L'interpellation fut acceptée pour le 20 juin, et M. le duc de Gramont, qui avait remplacé M. le comte Daru au ministère des affaires étrangères, donna des explications qui ajoutèrent à l'animation générale et déjà ancienne de l'opinion publique contre la Prusse. La question était de savoir si cette intervention pécuniaire de l'Allemagne du Nord dans le chemin de fer dont il s'agissait, ne pourrait pas avoir pour conséquence la destruction ultérieure de la neutralité et de l'indépendance helvétiques. M. de Gramont accepta cette hypothèse au nom du gouvernement, et déclara que « si l'indépendance de la Suisse était mise en péril par le chemin de fer du Saint-Gothard, nous la défendrions. »

La tension et l'irritabilité des esprits était extrême. L'opposition sonnait le tocsin perpétuel de Sadova. « Nous reprochons au gouvernement Sadova » disait M. Thiers à la tribune, le 30 juin. M. Jules Ferry jetait de son banc aux conservateurs l'injure de « majorité de Sadova ! » Tout le monde voulait énergiquement ce qu'on appelait une revanche, une réparation des agrandissements excessifs et menaçants de la Prusse ; et, le 15 juillet, dans la discussion sur la paix ou la guerre, toute l'opposition de M. Thiers se résuma dans ces paroles : « Vous saisissez mal l'occasion de LA RÉPARATION QUE JE DÉSIRE AUTANT QUE VOUS ! »

C'est au milieu de cet état surexcité et maladif des esprits qu'une note du *Constitutionnel*, du 4 juillet, annonça que des agents du maréchal Prim s'étaient rendus à Berlin et avaient offert la couronne d'Espagne au Prince de Hohenzollern. Le fait était vrai. Un député de la gauche, M. Cochery, déposa, le 5 juillet, une demande d'interpellation sur la candidature éventuelle d'un prince de la famille royale de Prusse au trône d'Espagne.

M. le duc de Gramont donna le lendemain à la tribune du corps législatif les explications suivantes : « La négociation nous a été cachée ; nous sommes restés neutres entre tous les candidats, par respect pour les droits du peuple espagnol ; mais nous ne pensons pas qu'une puissance étrangère, en plaçant un de ses princes sur le trône de Charles-Quint, puisse déranger, à notre détriment, l'équilibre actuel des forces de l'Europe.

« S'il en était autrement, forts de votre appui, Messieurs, et de celui de la nation, nous saurions remplir notre devoir sans hésitation et sans faiblesse. »

Ces fermes paroles soulevèrent un immense applaudissement, dans l'enceinte du corps législatif, dans la presse et dans l'opinion publique. On se sentait, depuis trois ans, poussé à la guerre ; et ceux qui depuis lors l'ont violemment reprochée à l'Empire, sont les mêmes qui l'avaient rendue imminente par leurs déclamations contre les envahissements de la Prusse.

Cette guerre était-elle juste? On va en juger. La déclaration lue simultanément, le 15 juillet, au Sénat et au Corps Législatif, contenait les deux passages suivants :

« Le roi de Prusse a soutenu qu'il était resté étranger aux négociations, quoi qu'il en ait été informé par M. de Bismarck, et qu'il n'était intervenu que comme chef de famille, non comme souverain.

« Nous demandions qu'à l'avenir aucun prince de la famille royale de Prusse ne se porte candidat à la couronne d'Espagne.

« Le Roi *a refusé*, en déclarant qu'il SE RÉSERVAIT DE CONSULTER LES CIRCONSTANCES. »

Un tel langage constituait une menace perpétuellement suspendue sur la France ; pouvait-on, devait-on la supporter? Non ! M. Thiers ne le croyait pas non plus ; il disait dans cette séance du 15 juillet, en répondant à M. Émile Ollivier : « M. le garde des

Sceaux a dit AVEC RAISON, que NOUS NE POUVIONS SOUFFRIR L'ENTREPRISE DE LA PRUSSE.

La guerre était donc juste, même aux yeux de M. Thiers, qui se bornait à conseiller de l'ajourner, et disait : « VOUS CHOISISSEZ MAL L'OCCASION DE LA RÉPARATION. »

En résumé, toute la question se réduisait à savoir si l'on était prêt. Le ministère l'assurait ; M. Thiers le croyait. Il avait dit à la tribune, le 30 juin : « Savez-vous pourquoi la paix est maintenue ? C'est parce que vous êtes forts... Si vous voulez la paix, restez forts. »

C'est parce qu'on se croyait prêt et que la guerre était juste, que les subsisdes, à l'octroi desquels elle était subordonnée, furent votés d'enthousiasme, par 248 suffrages contre 10 ; et parmi ceux qui votèrent *oui*, se trouvaient les plus fougueux républicains, M. Gambetta, M. Pelletan, M. de Kératry et M. Picard !

Il est indispensable, au moment où la guerre est déclarée, d'indiquer avec détail et précision où en était l'opinion publique à ce sujet. Dans l'étude de la guerre de 1870, deux points de vue doivent surtout nous guider, et nous en ferons les deux divisions principales et nécessaires de ce livre.

Le premier point de vue est celui-ci : Qui a voulu la guerre ?

Le deuxième : Qui doit être rendu responsable de ses désastres ?

L'opinion publique tout entière était surexcitée d'une façon incroyable contre la Prusse. Il s'était passé ce phénomène bizarre dans nos mœurs que l'ancienne et séculaire inimitié de la France contre l'Angleterre s'était tout d'un coup modifiée, mettant à Berlin l'objectif qui était à Londres.

Et dans un pays comme le nôtre il y a ceci de curieux, c'est que l'impressionnabilité des esprits semble avoir toujours besoin d'un côté sentimental. Pendant des centaines d'années, depuis Crécy, Poitiers et Azincourt, la haine de l'Anglais avait d'une façon étrange passionné le peuple français, et excité l'idée patriotique qui paraît avoir besoin, chez nous, d'un stimulant particulier.

La grande réconciliation de l'Angleterre et de la France est un phénomène extraordinaire dans la vie de notre nation. Il n'avait pu être accompli que par la dynastie napoléonienne qui en avait le plus souffert et qui seule pouvait en effacer le souvenir. En effet, la victime seule a le droit de pardonner au bourreau sans avoir à redouter d'être l'objet des soupçons. Le neveu du martyr de Sainte-Hélène, tendant la main aux compatriotes de Hadson Lowe, aux compatriotes de Pitt et de lord Castelreagh, et cela au nom des grands intérêts de la prospérité publique et de l'humanité, pouvait seul réconcilier dans une abnégation patriotique deux nations que le passé semblait diviser pour toujours.

Alors, et par un effet naturel, la passion française se porta sur un autre point. Ce point c'était la Prusse. La France féodale avait pour adversaire l'Angleterre féodale ; la France moderne, la France démocratique devait avoir pour adversaire la puissance européenne qui, la première, tenta de s'opposer à l'idée révolutionnaire.

Les événements voulaient que les souvenirs de 1793 fussent encore vivants parmi nous et vibrassent encore d'une façon éclatante à notre pensée. On se rappelait l'invasion de la Champagne, on se rappelait les proclamations insolentes de Brunswick voulant se rendre l'arbitre de nos destinées politiques ; on se rappelait surtout Waterloo, on se rappelait l'entrée des alliés en 1815, et la corde que les soldats de Blücher nouèrent autour du cou de la statue de bronze de la place Vendôme réveillait en nous plus de colère que n'en réveilla autrefois la captivité du roi Jean ou l'entrée d'Henri V d'Angleterre à Paris.

De plus, la France moderne qui avait lutté contre l'Europe coalisée considérait la Prusse comme le seul pays qui n'eût pas encore payé la dette nationale. On avait réglé les comptes avec l'Autriche et avec la Russie : Sébastopol et Solférino réclamaient un pendant qui manquait encore.

C'est dans cet ordre d'idées que s'est présentée l'affaire Hohenzollern. La question eut été soulevée par toute autre nation qu'elle n'eut pas eu la même importance. Suscitée par la Prusse, elle atteignait tout de suite des proportions incalculables.

Et quand on vient nous dire que c'est l'Empire qui a voulu la guerre, on ment, on ment sciemment, et c'est à la nation tout

PREMIER MOUVEMENT DES TROUPES.

entière, et non à l'Empereur, qu'incombe la responsabilité de la résolution prise.

Qui de nous, en effet, ne se souvient de l'enthousiasme populaire manifesté par l'opinion publique, sans distinction de nuances ou de partis.

Qui ne se rappelle les bandes se promenant à travers Paris, précédées de drapeaux, dans un appareil belliqueux, demandant la guerre à cor et à cris, et criant : *à Berlin* ! Partout, dans les théâtres, on réclamait la *Marseillaise*, le *Rhin allemand*, à tel point que le ministère du 2 janvier n'eut pas le courage de s'opposer à l'élan populaire et crut bien faire en le suivant aveuglément.

Les journaux de cette époque sont unanimes pour forcer la main au Gouvernement, et nous devons à l'histoire véridique, à l'histoire impartiale de rappeler leur langage à cette époque.

Voici ce que disait le *Soir*, dirigé alors par M. Edmond About, lequel maintenant s'est fait notre ennemi le plus acharné à la rédaction *du XIXme Siècle* :

« Quoi, on permettrait à la Prusse d'installer un proconsul sur notre frontière d'Espagne ! mais alors nous sommes trente-huit millions de prisonniers ! » (7 juillet 1870.)

Le *Temps* disait :

« Si un prince prussien était placé sur le trône d'Espagne, ce n'est pas jusqu'à Henri IV seulement, c'est jusqu'à François Ier que nous nous trouverions ramenés en arrière. »

Le *Siècle* disait :

« La France enlacée sur toutes ses frontières par la Prusse ou par les nations soumises à son influence, se trouverait réduite à un isolement pareil à celui qui motiva les longues luttes de notre ancienne monarchie contre la maison d'Autriche. La situation serait à beaucoup d'égards plus grave qu'au lendemain des traités de 1815. »

Le *Rappel* disait :

« Les Hohenzollern en sont venus à ce point d'audace qu'il ne leur suffit plus d'avoir conquis l'Allemagne, ils aspirent à dominer l'Europe. Ce sera pour notre époque une éternelle humiliation que ce projet ait été, nous ne dirons pas entrepris, mais seulement conçu. « Signé : François-Victor Hugo. »

Le *Gaulois* qui, à cette époque, faisait de l'opposition et ne s'était pas, comme depuis, rallié à l'Empire avec le désintéressement et le patriotisme que l'on sait, le *Gaulois*, sous l'inspiration de M. Pessard, le républicain, disait :

« Nous espérons que le Gouvernement français ne pourrait sans trahison, vis-à-vis de la France, supporter un jour de plus les agissements prussiens. On pourrait pardonner au cabinet d'avoir manqué à ses promesses, ravivé nos colères, on ne lui pardonnerait pas de n'avoir pas su être Français. »

Pour obéir au sentiment national, le Gouvernement de l'Empereur se résout à la fameuse déclaration Grammont par laquelle il s'oppose nettement à la candidature Hohenzollern. C'était le 7 juillet.

Dès le jour même, la presse française recommença de plus belle dans ses incitations guerrières.

Le *Gaulois* s'exprime ainsi :

« Pour la première fois depuis le 23 février, le ministère a parlé aujourd'hui le seul langage digne d'un cabinet français, digne du pays qui l'écoutait. Si nous avions supporté ce dernier affront, il n'y avait plus une femme au monde qui eût accepté le bras d'un Français. »

Le *Figaro* :

« Le concours que le Gouvernement peut attendre du pays a été caractérisé par les applaudissements de la Chambre, devant les déclarations de M. de Grammont. La gauche elle-même a dû céder devant la libre manifestation de l'opinion publique. »

Le *Journal de Paris* :

« Si M. de Grammont n'avait pas parlé, on aurait pu croire, à la fin, que la politique de la Chambre était dans la résignation et dans l'effacement. »

Le *Soir* :

« Le premier devoir pour l'opposition en France est d'être d'accord avec le sentiment populaire. Tout le monde est pour le cabinet. »

La *Presse* :

« Nous sommes convaincus que la Prusse cédera. La victoire morale sera donc complète. »

Le *Gaulois* (*Echos des Chambres*) :

« Il n'y avait plus de gauche ouverte, il n'y avait plus de droite, il n'y avait dans la Chambre que des Français. Toute la Chambre se lève et bat des mains : les tribunes elles-mêmes appuient la manifestation ; les femmes agitent leurs mouchoirs, l'émotion est indescriptible. »

L'*Univers* :

« Cette déclaration était hier au soir dans les cercles et dans les lieux publics l'objet de toutes les conversations : le ferme langage du Gouvernement était unanimement approuvé et même applaudi. Nos ministres ont été, dans cette circonstance, les organes contenus de l'opinion nationale. »

L'*Opinion nationale* :

« En restant sur ce terrain, le Gouvernement peut tenir, comme il l'a tenu, un langage haut et ferme. Il aura toute la France derrière lui. M. de Bismarck passe toutes les bornes ; s'il veut conserver la paix, qu'il recule ; quant à nous, nous ne le pouvons plus. »

Le *Correspondant* :

« Nous sommes de ceux qui applaudissent à la ferme attitude adoptée par le Gouvernement. Nous sommes soulagés de nous sentir enfin redevenus Français. Toutes les âmes patriotiques ont salué, comme la Chambre, la déclaration du pouvoir en y retrouvant avec joie le vieil accent de la fierté nationale. Si l'on réfléchit que les sentiments dont l'explosion vient de retentir étaient comprimés depuis quelques années dans toutes les poitrines, on ne s'étonnera pas que le Gouvernement lui-même ait cédé à l'entraînement universel. »

La Prusse avait cédé : le père du prince de Hohenzollern, d'accord avec le Gouvernement espagnol, décida son fils à retirer sa candidature.

Pour tout le monde, et surtout pour le Gouvernement français, les causes de la guerre disparaissaient naturellement. La solution pacifique, cherchée par l'Empereur, s'accordait avec ce que pouvait réclamer le sentiment national le plus susceptible. Mais, ce qui pouvait suffire à toute autre nation dans tout autre moment, ne suffisait plus à l'opinion publique effroyablement excitée.

Le *Constitutionnel* du 7 juillet, organe du cabinet, publie en vain la note suivante :

« Le prince Hohenzollern ne régnera pas en Espagne. Nous n'en demanderons pas davantage, et c'est avec orgueil que nous accueillons cette solution pacifique. Une grande victoire qui ne coûte pas une larme, pas une goutte de sang. »

Et le Gouvernement français était si sincère dans son désir de maintenir la paix que, lorsqu'il s'adressait au cabinet de Londres pour lui demander de l'aider à obtenir la retraite volontaire du prince de Hohenzollern, voici la dépêche que lord Lyons écrivait à ce sujet, le 8 juillet, à lord Granville :

« Il y aurait une autre solution de la question et le duc de Grammont m'a prié d'appeler sur ce point l'attention du Gouvernement de Sa Majesté. Le prince de Hohenzollern pourrait, de son propre mouvement, abandonner la prétention à la couronne d'Espagne. Une renonciation volontaire du prince serait, selon M. de Grammont, une solution heureuse d'une question difficile et compliquée. Il prie le gouvernement de Sa Majesté d'user de toute son influence pour y arriver. »

Eh bien, comment l'opinion publique, informée de cette solution pacifique, l'accueillit-elle ?

Par des huées !

Voici le langage des journaux :

La *Presse* :

« Cette victoire, dont parle le *Constitutionnel*, qui n'a coûté ni une larme ni une goutte de sang, serait pour nous la pire des humiliations et le dernier des périls. Que la Chambre intervienne donc ! Nous n'avons plus le choix qu'entre l'audace et la honte. Quel est l'orateur à la tribune ou l'écrivain dans un journal qui conseillerait d'hésiter ? »

L'*Opinion nationale* :

« Depuis hier toutes les feuilles amies du gouvernement répètent à l'envi que la paix est faite, que le différend est terminé, qu'il faut se réjouir. Cependant personne ne se réjouit. L'opinion est triste, désappointée, inquiète. »

Paris-Journal :

« La candidature espagnole était pour le Gouvernement français une occasion excellente, et qui ne se retrouverait plus, de rappeler à la Prusse qu'il existe une France frémissante depuis Sadowa. »

Le *Soir :*

« S'il y a une déclaration aujourd'hui, le Corps législatif croulera sous les applaudissements. Si la déclaration n'arrive pas, ce sera plus qu'une déception, ce sera un immense éclat de rire, et le cabinet restera noyé dans son silence. »

Le *Gaulois :*

« Paris a donné hier, la France donnera aujourd'hui le spectacle d'une grande nation plongée dans la stupeur par une nouvelle qu'on salue ordinairement avec des cris de joie. Les cœurs sont serrés ; on est triste et sombre. C'est que les masses, dix fois plus intelligentes que nos gouvernants, comprennent, avec leur instinct profond, que cette victoire pacifique coûtera, par ses conséquences fatales, plus de sang à la France que des batailles rangées. »

L'*Univers :*

« L'on ne peut nier que l'opinion ne soit presque unanime à réclamer une action énergique. Une guerre avec la Prusse serait populaire en France, l'opinion publique serait déçue si l'affaire venait à s'arranger par la diplomatie. »

Le *Figaro :*

« Le ministère doit être Français et agir en Français. D'ailleurs, tandis que les Prussiens ont intérêt à gagner du temps, nous avons intérêt à n'en pas perdre. »

Le *National :*

« C'est une paix sinistre que celle dont on parle depuis vingt-quatre heures. »

La *Liberté*, sous la signature de M. de Girardin :

« Si la Prusse refuse de se battre, nous la contraindrons, à coups de crosse dans le dos, de passer le Rhin et de vider la rive gauche. »

Ainsi donc, et pendant que le Gouvernement de l'Empereur se

cramponnait à la paix, l'opinion publique le rejetait violemment dans la guerre.

Nous terminerons cet examen rapide et concluant de l'opinion par la dépêche n° 60, adressée par lord Lyons à lord Granville :

« L'excitation du public et l'irritation de l'armée étaient telles qu'il devenait douteux que le Gouvernement pût résister aux cris poussés pour la guerre, même s'il était en mesure d'annoncer un succès diplomatique. On sentait qu'il serait bien difficile d'arrêter la colère de la nation, et l'on pensait généralement que le Gouvernement se sentirait obligé d'apaiser l'impatience, en déclarant formellement son intention de tirer vengeance de la conduite de la Prusse. »

On le voit, et la question est décidée par les documents que nous venons de donner, le seul qui ne voulût pas de la guerre en France, c'était l'Empereur. Tout le monde la désirait, tout le monde la réclamait, et il faudrait que la nation française fût bien misérable, ce qui n'est pas, Dieu merci ! pour reprocher à un homme seul, à l'Empereur, ce dont elle est uniquement responsable elle-même.

Dans cette guerre, comme dans toutes les autres guerres que nous avons racontées, nous pouvons montrer l'Empereur exclusivement préoccupé de la paix, faisant ce qu'il peut pour arrêter la guerre, et ne tirant l'épée qu'à regret alors seulement qu'il y est obligé. Mais dans cette guerre plus que dans toute autre, l'Empereur s'est efforcé, poussé évidemment par un instinct secret, d'enrayer la volonté nationale excitée jusqu'à la folie.

Avec quelle tristesse, avec quels sombres pressentiments s'exprimait-il, on ne l'a pas oublié, lorsqu'il écrivait sa dernière proclamation, au moment de partir pour se mettre à la tête de l'armée ! Quand chacun se confiait dans le souvenir enivrant des gloires d'autrefois, et s'imaginait que cette terrible guerre ne serait qu'une partie de plaisir pour la *furia* française, l'Empereur, lui, était triste, était morne, et y allait comme un homme y va malgré lui, contre son gré, et poussé par une fatalité.

Cette attitude de l'Empereur tranche et détourne au milieu de l'enthousiasme général, ce qui prouve qu'il était le seul à avoir le sentiment exact des difficultés de l'heure présente et des redoutables périls dans lesquels s'engageait l'imprévoyance de la nation.

D'ailleurs, le sentiment de l'opinion publique en faveur de la guerre ne se faisait pas jour seulement dans la presse et dans la rue. Le Corps législatif s'en montra l'écho complet.

Le 15 juillet, le Gouvernement porta devant lui la question de paix ou de guerre. Sur 257 députés votants, voici comment se partagèrent les votes :

Pour la guerre : 247 voix.
Contre la guerre : 10 voix.

Et quelle fut dans cette mémorable séance la conduite de l'opposition ?

La voici : votèrent *pour la guerre :* M. Gambetta, membre du Gouvernement du 4 Septembre ; M. Jules Simon, membre du Gouvernement du 4 Septembre ; M. Jules Ferry, M. Ernest Picard, M. Magnin, membres du Gouvernement du 4 septembre ; M. de Kératry, préfet de police du 4 Septembre ; M. Rampont, directeur général des postes, M. Steenackers, directeur général des télégraphes du Gouvernement du 4 Septembre ; M. Barthélemy Saint-Hilaire, chef du cabinet de M. Thiers, M. Larrieu, préfet du 4 Septembre, M. Lecesne, fournisseur du Gouvernement du 4 Septembre ; puis MM. Bethmont, Carré-Kérisouet, Javal, de Jouvencel, Keller, Malézieux, Riandel, Guyot-Montpayroux et Wilson, tous députés de l'opposition.

Et M. Thiers que fit-il sur la question de la guerre qu'il prétend aujourd'hui avoir vivement combattue ? Il imita les hommes prudents, et il s'abstint.

Néanmoins, et après avoir vu que toute la Chambre moins dix voix, avait voté la guerre, au milieu de l'enthousiasme indescriptible des tribunes, M. Thiers se ravisa ; et le ministre de la marine, ayant demandé immédiatement 16 millions pour commencer les opérations militaires contre la Prusse, M. Thiers les vota.

Qu'on juge maintenant, pièces en mains, de la sincérité de ceux qui ont accusé l'Empereur d'avoir excité à la guerre et qui prétendent que l'opposition l'a repoussée !

Et comme complément à tout cela, nous finirons par deux cita-

LE SÉNAT, LE 15 JUILLET.

tions bien instructives. Le lendemain de la déclaration, *l'Univers*, feuille catholique, royaliste, disait :

« La guerre où nous entrons n'est pour la France ni l'œuvre d'un parti, ni une aventure imposée par le souverain. La nation s'y donne de plein cœur. »

Et le journal le *Soir* du républicain About s'écriait :

« Ce n'est pas l'Empereur Napoléon III qui de son chef a déclaré la guerre actuelle : c'est nous qui lui avons forcé la main. »

Cela rappelait le langage de la *Gazette de France*, jalouse de l'attitude patriotique qu'elle voyait prendre au Gouvernement, et demandant à l'Empereur, dans une ignoble inquiétude de parti :

« Qu'allez-vous faire de la victoire, et comment l'emploierez-vous ? »

Voyons, et quel est l'homme de bon sens, quel est l'homme honnête et impartial qui peut, après avoir parcouru les textes que nous venons de citer, dire encore que c'est l'Empereur qui a voulu la guerre, et qu'il a violenté la France pour la faire ?

Voilà le premier point traité par nous, et sans réplique. Il ressort que l'opinion publique tout entière a précipité le Gouvernement malgré sa résistance dans la guerre. Mais avant de traiter le deuxième point et d'établir que l'Empire n'est pas responsable des désastres, il nous faut en passant et rapidement, écraser du talon une calomnie stupide qui a eu son cours.

Que de fois les adversaires de l'Empire n'ont-ils pas cherché à faire croire que l'Empire avait fait la guerre dans un intérêt dynastique ! Un simple examen suffit pour mettre à néant cette affirmation odieuse et mensongère.

En 1870, l'Empire était parvenu à son apogée. Comme force, comme grandeur, comme puissance, comme gloire, il pouvait défier tous les gouvernements qui l'avaient précédé sur le trône de France. Son prestige était immense : il était considéré comme l'arbitre des destinées du monde, et aucun événement n'avait lieu en Europe, en Asie, en Amérique, partout, sans qu'il fût consulté et écouté avec un respect religieux et craintif.

Le plébiscite du 8 mai était venu briser toute opposition, et avait imposé un frein définitif à toutes les revendications qui essayaient de survivre au premier plébiscite de décembre. Sept millions de suffrages, c'est-à-dire près d'un million de plus qu'à l'avénement, affirmaient, après dix-huit ans de règne, que la nation française avait plus que jamais confiance dans le souverain de son choix. S'il était alors un grand souverain dans l'univers, c'était l'Empereur. S'il était une dynastie qui parut à tout jamais fondée, c'était la dynastie napoléonienne.

Quel besoin l'Empereur avait-il de se lancer dans une aventure ? Aucun, s'il n'avait à considérer que son propre intérêt. Au contraire même, tout le lui défendait.

Avait-il besoin d'autorité ? Les sept millions de voix du plébiscite la lui donnaient formidable, incontestée, en face de l'opposition vaincue et terrassée.

Avait-il besoin de gloire ? Non. Le dôme des Invalides pavoisé par les étendards conquis en Crimée, en Italie, au Mexique, en Chine, en Algérie suffisait largement pour établir que le deuxième empire n'avait rien à envier à l'illustration du premier.

Qu'ajoutaient de nouveaux succès, comme chance de durée et de stabilité pour la dynastie ? Rien, et à aucune époque dans l'histoire, une race souveraine n'eut moins besoin de lauriers.

Mais, en revanche, quelles étaient les chances contraires ? Elles étaient effrayantes. Si on était battu, c'était l'humiliation après la gloire, c'était la faiblesse après la force, c'était la ruine après la prospérité, c'était ce que nous avons vu, la petite maison de Cambden-Place après les Tuileries, l'exil et la mort après l'apothéose.

L'Empereur le savait, l'Empereur le sentait, et c'est pour cela qu'il ne s'est résolu à la guerre qu'avec l'immense regret que l'on a vu et dont la dernière proclamation est un écho lugubre et saisissant.

Il faut être fou et malhonnête pour oser dire que l'Empereur a fait la guerre dans un intérêt dynastique, puisque dans la situation magnifique, merveilleuse, et sans précédents où il se trouvait, il avait tout à perdre, loin d'avoir quoi que ce soit à gagner.

Son intérêt lui commandait de jouir en paix de l'influence presque surnaturelle qu'il exerçait sur la population française, de s'endormir dans la grandeur qui l'entourait et de ne pas commencer, malade et sur le déclin de la vie, une des ces guerres qu'il jugeait lui-même longue et pénible, et qui pouvait en quelques heures lui ravir tout le fruit de dix-huit années d'un bonheur inouï.

L'enthousiaste acclamation du plébiscite qui reliait la chaîne du père au fils, et faisait naturellement le passage de Napoléon III à Napoléon IV, lui interdisait toute tentative aléatoire, et en présence de ces considérations qui s'imposent, on en est vraiment à se demander si les adversaires politiques de l'Empire n'ont pas eu, comme secret mobile, en poussant l'Empereur à la guerre malgré lui, de courir la chance d'une catastrophe imprévue, qui seule dans l'état présent des choses pouvait les débarrasser d'une dynastie rendue inexpugnable par le respect et l'amour de la France !

Et cette idée d'une grande trahison qui couvait déjà, qui consentait dans son infamie à sacrifier la France tout entière à une haine politique, ne fût-elle pas établie, est prouvée d'une façon irréfutable par la joie que ressentirent les ennemis de l'Empire en apprenant nos désastres, et par cette opinion qu'ils essayaient de répandre, dès les premières défaites, à savoir que la France n'avait rien à voir dans cette guerre, et que l'Allemagne n'en voulait qu'à la personne de l'Empereur.

C'est au nom de cette opinion que Jules Favre demandait la déchéance de l'Empereur dès le 10 août, offrant ainsi à l'ennemi vainqueur ce que le 4 Septembre devait réaliser quelques jours après, la France désorganisée, sans gouvernement et sans défense.

Et lorsque l'*Électeur libre*, journal des frères Picard, lorsque Beslay, l'orléaniste, écrivirent plus tard que *ce n'était pas trop de dix milliards dépensés et de deux provinces perdues et de deux cent mille hommes tués pour être débarrassés de l'Empire*, il y avait là l'explication du véritable but de cette guerre prêchée surtout par l'opposition, et ce but était, comme ils le disent, un but dynastique, c'est vrai, mais ce but dynastique n'était pas celui qu'ils essaient de faire croire : il consistait à perdre la France, à la ruiner, à la déshonorer, à l'assassiner dans l'espoir, même pas contenu, que l'Empire y resterait !

Maintenant, arrivons au deuxième point que nous avons indiqué et sur lequel nous ne nous étendrons pas longuement, le sujet ayant été traité déjà précédemment. Il s'agit de savoir à qui incombe la responsabilité de la guerre ?

La guerre a été, on l'a vu, rendu nécessaire et indispensable par les clameurs qui s'élevèrent, surtout des divers côtés de l'opposition, et c'est cette même opposition qui ayant rendu la guerre obligatoire, l'a rendue ensuite désastreuse.

L'Empereur avait été forcé de faire la guerre ; il a dû la faire sans être suffisamment prêt, et, cela, parce que les parties adverses coalisées lui avaient enlevé tous les moyens de s'y préparer.

Qui donc avait refusé les contingents ?

L'opposition.

Qui donc avait refusé les armes ?

L'opposition, toujours l'opposition !

C'est elle qui est cause qu'on n'avait ni hommes, ni fusils, ni canons; les débats du Corps législatif, que nous avons cités, sont là pour en faire foi.

Après avoir désarmé la France, ils l'ont donc forcée de se jeter impuissante, la poitrine nue, sur les baïonnettes, qui nous attendaient de l'autre côté du Rhin !

Ah ! s'il nous était permis, dans notre pieux respect pour la mémoire de Celui qui n'est plus, d'adresser un reproche à l'Empereur, nous lui dirions que les seuls torts qui lui reviennent sont contenus dans sa bonté, dans sa loyauté.

Au lieu de demeurer l'observateur fidèle et rigoureux d'une Constitution libérale, fatalement accordée, il aurait dû ne tenir aucun compte des déclamations anti-patriotiques et ignorantes des ennemis de la gloire française ; il aurait dû faire taire tous les braillards de la tribune et de la presse et agir comme ce roi Guillaume, notre vainqueur, qui sut, dans un jour de prophétique vigueur, passer par dessus de vaines barrières et forcer son pays à être prêt, à être armé, à être triomphant.

Mais l'Empereur fut trop bon, il fut trop confiant dans ses ennemis politiques ; il ne les crut pas capables de sacrifier la France par haine de l'Empire, et il se trouva subitement acculé à la guerre sans avoir eu ni le temps, ni les moyens d'y pourvoir suffisamment.

Donc la guerre était déclarée, l'Empereur partit; fidèle aux traditions de sa race, il allait pour payer de sa personne emmenant avec lui son fils, le Prince impérial, pour lui faire partager les dangers communs.

L'Empereur ne commandait pas l'armée, tout le monde le sait, et le plan de campagne conçu librement par ses généraux n'était pas de lui.

Nous n'avons pas ici à faire l'histoire de cette guerre, de cette campagne sanglante et douloureuse, qui comprend Forbach, Reischoffen et qui aboutit à la séparation de notre armée, dont une partie fut l'armée de Metz, sous le maréchal Bazaine, et l'autre l'armée de Châlons, sous le commandement du maréchal de Mac-Mahon.

L'Empereur, nous le répétons, fut complétement étranger aux opérations de ces deux armées, et dans deux procès solennels : celui du général Trochu et celui du général de Wimpffen, il a été démontré pour tous les gens d'honnêteté et de bonne foi qu'aucune responsabilité ne saurait monter jusqu'à lui.

Le procès du général Trochu a amené le maréchal de Mac-Mahon à faire une déclaration qui n'est pas la moindre gloire de ce noble soldat et par laquelle il revendiquait, pour lui seul, tout ce qui s'était passé de Châlons à Sedan.

Voici cette déclaration :

Je dois donc dire ici, car il faut rendre justice à tous, que, dans le cours des opérations, jamais l'Empereur ne s'est opposé aux mouvements par moi ordonnés, et que ces opérations ont toujours été commandées par moi, et non par lui.

A Reims, au Chêne-Populeux, l'Empereur était d'avis de reporter l'armée sur Paris : c'est moi seul qui ai prescrit le mouvement dans la direction de Metz.

Je déclare hautement et de toutes mes forces que la capitulation de Sedan, on peut l'appeler désastreuse, mais non honteuse.

Par le fait, ce n'est pas une capitulation préméditée, c'est une armée qui a livré bataille dans de mauvaises conditions, qui a été acculée par des forces supérieures à une rivière, à une place dont il lui était impossible de déboucher.

Dans le procès du général de Wimpffen, on a pu voir les plus illustres généraux de l'armée française s'entendre d'une façon unanime pour décharger la mémoire de l'Empereur et rejeter tout le poids du désastre de Sedan sur la tête du seul coupable, sur la tête de ce général vaniteux et incapable que le verdict de la Seine a justement marqué au front d'un signe indélébile.

Un troisième procès, et qui a eu plus de retentissement que les deux autres, le procès de Trianon, a établi victorieusement, et malgré les efforts de nos adversaires conjurés, que l'Empereur n'était pour rien dans les événements malheureux qui se sont accomplis autour Metz.

Donc, à l'armée de Metz, comme à l'armée de Châlons, l'Empereur n'était qu'un simple spectateur des faits militaires. Jamais l'idée ne lui vint de sortir de son rôle constitutionnel et de s'ingérer dans le commandement. Devenu irresponsable de par la loi, il laissait aux autres le droit de prendre les décisions qui leur revenaient.

Et quelle amère dérision que cette irresponsabilité ministérielle, telle que l'histoire nous la montre dans sa lugubre application !

C'est en vain que le souverain, quel qu'il soit, abdique l'autorité suprême et la partage entre ses ministres prétendus responsables ; la nation qui n'entend rien aux nuances insaisissables du parlementarisme, ne connaît qu'une chose, le souverain, et c'est à lui seul quelle fait remonter la culpabilité des agents secondaires.

Voyez Louis XVI, il est déclaré inviolable et on lui coupe le cou ;

Voyez Charles X, il est chassé, pendant que ses ministres vivent et meurent honorés dans leur pays.

Voyez Louis-Philippe, le même sort lui est réservé, et pourtant la constitution le proclamait irresponsable !

La même chose est arrivée à Napoléon III, et, pendant qu'il mourait tristement dans l'exil et en proie à toutes les insultes, à toutes les malédictions de ses ennemis, ses ministres responsables, MM. de Gramont, Émile Ollivier et tous les autres se promènent tranquillement parmi nous, ce dont nous ne nous plaignons pas, mais évitent toute espèce de sanction définitive.

Ce qui prouve que dans un pays comme la France, un souverain ne doit jamais se démunir, se dessaisir de la responsabilité politique, car le peuple n'admet pas ces subtilités, et tout ce qui est mal fait sous un gouvernement retombe, bon gré mal gré, sur la tête de celui qui est au pouvoir.

La responsabilité ministérielle est une simple fiction et une fiction néfaste, car elle enlève au souverain tous les moyens de faire dans un moment donné son devoir d'énergique décision.

L'histoire de l'Empereur pendant la campagne ne présente rien de particulier; c'est celle de chacun de ses soldats; il mangeait, couchait et marchait parmi les troupes, ne voulant jamais se séparer d'elles, même quand l'ennemi nous suivait de près, et quand les généraux pleins d'anxiété lui conseillaient de prendre le chemin de fer et de suivre, hors de la portée de l'ennemi, le Prince impérial, qu'on avait décidé à aller à Mézières. L'Empereur, plus le danger approchait, se sentait plus attaché encore à cette brave armée française qu'il aimait tant, et pour laquelle il devait bientôt se sacrifier héroïquement.

Nous n'avons pas ici pour objet de décrire les opérations de la guerre; c'est l'histoire de l'Empereur seul qui nous préoccupe, et d'ailleurs ce que nous avons de douloureux à dire au sujet de l'Empereur ne doit pas s'augmenter encore du récit détaillé et vraiment cruel pour nos âmes, de cette agonie de la France sur les champs de bataille.

L'Empereur arriva à Sedan avec le gros de l'armée, suivi d'une escorte des plus simples; et loin de présenter cet appareil pompeux et encombrant de voitures, que ses ennemis se sont complus à énumérer perfidement.

Il était malade, très-malade, de cette maladie qui devait le tuer peu de mois après; et sa figure, si insensible pourtant, portait les traces irrécusables de souffrances atroces. Mais il ne voulait pas que le soldat s'en aperçût et en tirât des motifs de découragement; et ses efforts devaient être surhumains pour cacher l'état vraiment affreux dans lequel il était.

On sait comment débuta la bataille de Sedan. Le maréchal,

LE 15 JUILLET AU CORPS LÉGISLATIF

blessé dès le commencement de la bataille, résigna le commandement suprême entre les mains de l'officier général le plus capable, le général Ducrot, qui lui était désigné par la voix publique et par son expérience personnelle.

Avec un admirable coup d'œil militaire, le général Ducrot comprit que rester plus longtemps dans cette position intenable qui s'appelle le champ de bataille de Sedan, c'était vouloir se faire écraser par les masses ennemies.

L'armée française comptait, en effet, quatre-vingt mille combattants à peine, fatigués, privés du nécessaire, découragés d'avance, et les ennemis étaient près de quatre cent mille avec une artillerie formidable.

Le général Ducrot eut, dès le premier moment, l'instinct de ce qui allait se passer; il vit l'ennemi s'efforçant de nous entourer, de nous enchâsser, et il n'eut qu'une idée dès le début de son commandement, lui échapper à tout prix, en prenant la route de Mézières.

C'est dans ce but qu'il ordonna la retraite et qu'il fit ses préparatifs pour se retirer en bon ordre.

Les rapports allemands, l'opinion unanime des hommes compétents ont démontré que ce plan était le seul sage, et nous savons que le maréchal de Mac-Mahon pense encore aujourd'hui, que c'était l'unique moyen d'éviter le terrible désastre qui nous attendait.

Mais alors, il se passa un fait inouï, tel que l'histoire guerrière de plusieurs siècles n'en saurait présenter un autre. Le général de Wimpffen, arrivé de Paris depuis la veille à peine, ne connaissant rien de l'état de l'armée, de ses forces, ignorant jusqu'à la géographie de la contrée, tira soudain un ordre du ministre de la guerre, qu'il tenait secret depuis deux heures et demie que le général Ducrot commandait, et il exigea qu'on lui remît la direction de l'armée.

Qu'est-ce qui s'était donc passé ? Il s'était passé que l'ennemi qui nous avait attaqué sur le village de Bazeilles était repoussé victorieusement par le brave général Lebrun et que, pour le général de Wimpffen, le triomphe se dessinait.

Ce triomphe, il ne voulait pas le laisser à un autre; tant qu'il avait cru à la défaite il s'était tenu coi ; quand il vit, ou plutôt quand il crut voir la possibilité d'être vainqueur, il s'élança jaloux et envieux, et pressé d'arracher la victoire aux autres.

Il ne comprit pas, dans son aveuglement, que le combat livré à Bazeilles n'était qu'une feinte de l'ennemi pour nous y retenir, pendant qu'on nous coupait la retraite, et au lieu de continuer le mouvement en arrière savamment combiné par le général Ducrot, il cria dans sa folle jactance : en avant ! c'était le contraire qu'il eût fallu crier.

Bien plus même, rencontrant l'Empereur qui s'étonnait de ce brusque changement dans la marche de l'armée, il lui dit : « dans deux heures, nous les aurons jetés dans la Meuse ! »

C'est alors que le général de la Moskowa aide-de-camp de l'Empereur se prit à murmurer tout haut : « Pourvu que ce ne soit pas nous qui y soyons ! »

Pendant que le général de Wimpffen nous enlevait toute chance de salut et engageait cette funeste bataille que le général Ducrot comme le maréchal de Mac-Mahon voulait éviter à tout prix, l'Empereur allait et venait par le champ de bataille, risquant cent fois d'être tué et courant aux endroits les plus périlleux.

Ceux qui l'ont accusé d'avoir été lâche sont d'infâmes menteurs, et qui n'ont jamais vu la mort de si près que l'Empereur l'a vue à plusieurs reprises dans cette fatale journée.

Lâche l'homme qui fit Boulogne et Strasbourg !

Lâche, l'homme du coup d'État du 2 décembre et qui osa sauver son pays ce jour-là !

Lâche, l'homme que le pistolet de Pianori, que les bombes d'Orsini, que les tentatives de vingt autres assassins, laissèrent calme et souriant et qui ne frissonnait même pas quand la mort le frôlait !

Lâche l'homme du pont de Magenta et qui brava la mitraille au milieu de ses grenadiers pendant six heures !

Lâche enfin, l'homme qui passa sa journée sur le champ de bataille, y cherchant la balle qui devait le tuer ; c'est en vérité à douter de tout ; et il faudrait désespérer de l'histoire, si déjà et par un cours naturel, l'opinion publique n'avait pas fait justice de cette ignominie !

Vers deux heures de l'après-midi, ce qui avait été prévu prophétiquement par le général Ducrot arriva ; nous étions entourés, nous étions pris.

L'ennemi retiré sur les hauteurs nous canonnait de loin et nous écrasait petit à petit sans que la lutte pût même sembler possible encore.

Chaque minute qui s'écoulait coûtait la vie à des centaines de malheureux.

L'armée, après une défense courageuse et désespérée, était presque toute entière réfugiée au milieu des fortifications démantelées de Sedan, et, dans cet entassement de chair humaine, chaque projectile entrait, sans rien perdre de ses éclats meurtriers.

Il n'y avait plus de bataille ; les corps d'armée étaient décimés, dispersés, détruits.

Leurs chefs héroïques, Ducrot, Douay, Lebrun, Gallifet, étaient seuls, sans soldats, abandonnés sur le terrain sanglant, qu'ils quittèrent les derniers.

Le général de Wimpffen lui-même essayait en vain de rallier quelques braves et de renouveler une inutile boucherie, pour le compte de sa gloire personnelle.

C'est alors que l'Empereur, dans un élan d'humanité merveilleux, prit sur lui de faire lever le drapeau blanc et d'arrêter le massacre.

Oh ! il n'ignorait pas qu'en agissant ainsi il se perdait aux yeux de ses ennemis, mais que lui emportait le sacrifice de sa personne, de sa dynastie, de son honneur même, si l'armée qu'il aimait y trouvait le moyen d'échapper à une tuerie certaine et sans profit pour personne.

L'Empereur le savait ; d'avance il prévoyait l'usage détestable qu'on ferait de cette sainte et superbe abnégation, et néanmoins il persévéra.

N'ayant pas pu mourir pour les siens, il fit davantage, il osa vivre !

Que d'insultes a valu à l'Empereur cette conduite héroïque ? que d'outrages l'ont abreuvé, venant de la part de tous les scélérats qui pillaient alors la France et qui parlaient de courage sans jamais oser se battre et de patriotisme quand ils ne donnaient cours qu'à leurs ignobles appétits !

Mais l'histoire est là, l'histoire impartiale, et qui a porté sur tous ces événements son flambeau vengeur ; et la vérité est connue maintenant, car il est impossible à l'heure qu'il est de prononcer le nom de Sedan devant un bon citoyen, sans qu'une bénédiction ne s'élève pour la mémoire de celui qui sauva son armée, sans s'occuper un instant de lui-même.

Et il semble que la Providence elle-même s'en soit mêlée, pour que la justice se fît et pour que tous ceux qui trahirent la confiance de leur souverain fussent sévèrement punis.

Pris d'une espèce de vertige et conduits par une fatalité bizarre, le général Trochu et le général de Wimpffen sont venus s'asseoir dans le prétoire criminel, et s'y sont trouvés successivement transformés d'accusateurs en accusés.

C'est la main de Dieu qui les conduisait pour y recevoir le châtiment mérité par leur odieuse conduite.

Et il est nécessaire ici de reproduire une partie des débats qui eurent lieu devant la Cour d'assises de la Seine, car l'histoire de la journée de Sedan, l'histoire de l'Empereur et de l'armée, y sont tracées de main de maître, par les généraux eux-mêmes qui y prirent une si glorieuse part :

Le journal *le Pays* avait attaqué le général de Wimpffen dans les termes suivants :

On peut dire que le général de Wimpffen est l'unique auteur du désastre militaire de Sedan.

Il perd d'abord la bataille par sa faute en ne laissant pas s'achever le mouvement de Ducrot ; puis, la bataille perdue, il récrimine, proteste et ne veut plus accepter la responsabilité qu'il revendiquait auparavant.

Et vous ne méritez aucune pitié, pas même celle qui s'adresse aux généraux malheureux, car vous n'avez eu aucune grandeur dans la défaite, aucune noblesse dans le malheur.

Vos fautes, vous les rejetez sur les autres ; vos actes, vous les niez, et vous avez eu le rôle odieux d'un homme trahissant son Empereur, le livrant aux calomnies, aux haines, aux mensonges de ses ennemis, pour pouvoir vous sauver indemne, pendant que tous les ennemis s'acharnent sur celui que vous leur avez donné en pâture.

Voilà ce que vous avez fait.

Eh bien ! si vous avez le droit de défendre ce que vous appelez votre honneur et le respect de la vérité, nous aussi nous avons le droit de défendre notre honneur et le respect de la vérité, et nous le ferons, pour venger vos collègues, pour venger l'Empereur, pour venger les milliers de soldats qui reposent sur le champ de bataille de Sedan, et pour attacher votre nom détesté sur ce vaste cimetière, votre œuvre, et où gisent pêle-mêle, sous l'herbe épaisse, l'intégrité de notre territoire et la gloire militaire de la France !

PAUL DE CASSAGNAC.

Le général de Wimpffen eut l'audace de vouloir faire un procès, conseillé qu'il était par M. Jules Favre. Seulement il voulut faire le procès devant le tribunal civil qui interdit la preuve et qui empêchait tout débat contradictoire.

M. Paul de Cassagnac, assisté d'un illustre avocat, de M. Grandperret, demanda d'être renvoyé devant la Cour d'assises afin que la vérité toute entière pût enfin apparaître.

Le général de Wimpffen ne voulait pas suivre son adversaire sur ce terrain dangereux, mais il y fut obligé par de véhémentes apostrophes, et le 13 février 1875, un solennel débat s'engagea.

Tous les généraux de l'armée française étaient là, cités à la requête de M. de Cassagnac, comme témoins.

M. le général de Wimpffen n'en avait aucun.

Personne n'avait voulu s'asseoir à côté de cet homme et lui prêter un appui quelconque.

Cela seul réglait d'avance, le différend, et faisait pronostiquer l'issue du procès.

Quand il était de son devoir de laisser le commandement au général Ducrot, il le lui arrache ; quand il était de son honneur de le conserver, il le récuse !

En un mot, il refuse de signer la capitulation à laquelle il a acculé son armée.

Après avoir rempli ce rôle odieux, qui consiste à disputer le commandement à un de ses collègues les plus éminents au plus fort du danger, alors qu'il n'y avait pas une minute à perdre, alors que l'esprit d'unité avait une si haute importance ; après avoir par ses fautes rendu la capitulation inévitable, il cherche, pour sauver sa considération, à entraîner son souverain dans d'impossibles aventures. Il lui demande de faire inutilement massacrer ses troupes exténuées, découragées, débandées, affolées par les mouvements indécis ordonnés par Wimpffen.

Puis, abandonnant son souverain, il l'insulte et passe avec armes et bagages dans le camp républicain.

Oui, quand on est le général de Wimpffen, on devrait observer plus de réserve. Pour lui, le moyen de faire oublier le désastre de Sedan, dont il est le principal auteur, ce n'est point de protester, de récriminer, d'accuser, c'est de garder le silence. En se taisant, il pourrait faire croire qu'il n'a été que malheureux ; en abusant comme il le fait de la parole et de la plume, il ne fait pas oublier qu'il est coupable.

Le général de Wimpffen devenu simple rédacteur du *XIXe Siècle* et qui mettait sa plume au service des haines républicaines, répondit au journal le *Pays,* par des dénégations calomnieuses pour la mémoire de l'Empereur.

Le *Pays* riposta, et nous extrayons de la polémique engagée les passages suivants :

. . . .

Et il vous sied bien de venir faire le délicat et de reprocher à l'Empereur d'avoir hissé le drapeau blanc !

A l'heure où le drapeau blanc a été hissé, de l'avis de tous les généraux et de votre propre avis il n'y avait plus de bataille possible, et le seul devoir qui s'imposât à un honnête homme, à un bon Français, était de sauver les débris de l'armée, de les soustraire à une lutte qui n'était plus qu'une boucherie inutile.

Entre vous qui avez sacrifié dix mille hommes à votre incapacité, à votre orgueil, et l'Empereur, qui en a sauvé cinquante mille à ses dépens, l'histoire n'hésitera pas, vous pouvez être tranquille.

. . . .

Vous avez voulu une explication publique. Vous l'avez eue. Tant pis pour vous si elle se trouve sanglante !

Voyez-vous, général, vous appartenez à une école avec laquelle il faut en finir, école de ceux qui déclarent qu'ils ne *capituleront pas* et qui, en effet, disparaissent au moment de la capitulation amenée par leur ignorance, leur imprévoyance et leur orgueil.

C'est à cette école fatale que nous devons Forbach, Beaumont, Sedan, Paris.

Vous n'êtes qu'un avocat égaré dans un pantalon rouge ; vous ne saviez ni la grammaire, ni la géographie, ni rien de votre métier.

Tous vos collègues, Ducrot, Douay, Lebrun, sont unanimes sur la responsabilité effroyable qui pèse sur vous dans la journée de Sedan.

C'est au milieu d'un religieux silence que les généraux

Ducrot, Douay, Lebrun, Robert, Galiffet, vinrent déposer et dire ce qu'ils savaient et ce qu'ils avaient vu.

Il est indispensable de citer quelques fragments de ces dépositions si importantes.

Dans celle du général Ducrot, nous lisons :

> L'Empereur m'a fait entrer dans son cabinet, et comme nous étions là depuis un instant, il est arrivé plusieurs obus, qui mirent le feu à des maisons assez rapprochées, et l'Empereur m'a dit : « J'ai fait mettre le drapeau parlementaire, il faut entrer en pourparlers ; il faut faire cesser le feu ; mettez-vous là, écrivez... » Et c'est alors qu'il me dicta quelques lignes qui étaient conçues à peu près en ces termes : « Le drapeau parlementaire est arboré, les pourparlers vont commencer ; donnez les ordres pour faire cesser le feu sur toutes les lignes. » J'écrivis alors sous sa dictée.
>
> Quand j'ai eu fini, Sa Majesté me dit : « Signez. — Oh ! non, Sire, je ne veux pas signer cela ; je n'ai aucun caractère pour le faire. J'exerce le commandement du 1ᵉʳ corps, je n'ai pas caractère pour donner des ordres à l'armée entière. — Par qui voulez-vous que je le fasse signer ? — Il y a le général de Wimpffen ou son chef d'état-major ; mais en tout cas, pour moi, je n'ai aucun caractère pour signer, je m'y refuse absolument, je ne puis pas signer. — Eh bien, alors le chef d'état-major signera, tâchez de lui faire parvenir ce papier. »
>
> Je sortis immédiatement, je trouvai mon chef d'état-major, et je lui dis : « Allez porter cela au général Faure, vous verrez s'il veut signer. » Le colonel Robert alla trouver le général Faure, qui lui répondit : « Non, je ne veux pas signer cela. Je viens de faire abattre le drapeau parlementaire qui était sur la citadelle, et je ne veux pas le remettre. »
>
> Quant à savoir s'il était possible de percer sur Carignan d'abord, à aucun moment de la journée cela n'était possible ; attendu que le chemin de Douzy par Balan passe dans le fond de la vallée, dominé de tous les côtés par des hauteurs, et qu'on serait venu se buter contre les défilés de Douzy.

Mᵉ Grandperret. — M. le général Ducrot voudrait-il dire ce qui s'est passé entre lui et le général de Wimpffen dans la soirée du 1ᵉʳ septembre, dans le cabinet de l'Empereur, quand le général de Wimpffen voulait donner sa démission ?

M. le général Ducrot. — Ces souvenirs sont bien douloureux ; est-ce qu'il est nécessaire que je rentre encore dans ce récit ? Il est écrit tout au long dans le livre que j'ai publié, dans le temps, en réponse au général de Wimpffen. Je confirme ce récit : si l'un des avocats veut le lire ? Vous me torturez bien inutilement, puisque ce récit est écrit.

M. P. de Cassagnac. — Je demande à M. le président de vouloir bien insister, parce que MM. les jurés peuvent ne pas connaître ce livre.

LA MARSEILLAISE A L'OPÉRA.

M. LE GÉNÉRAL DUCROT. — Il était à peu près de six à sept heures du soir, lorsque l'Empereur m'a fait appeler et m'a dit : « Le général de Wimpffen m'a envoyé sa démission ; il faut que vous preniez le commandement de l'armée pour aller traiter de la capitulation. — Sire, je ne peux pas accepter ce rôle-là, ce n'est pas le moment de prendre le commandement de l'armée maintenant. Le général de Wimpffen n'a pas le droit de donner sa démission dans ce moment-ci. Insistez, Sire, insistez pour qu'il vienne prendre vos ordres. »

Alors l'Empereur écrivit de nouveau au général de Wimpffen, qui vint : J'étais dans le cabinet de l'Empereur, assis derrière son fauteuil, quelques personnes causaient lorsque le général de Wimpffen entra, marchant à grands pas, ouvrant les bras, et son premier mot fut celui-ci : « Sire, si j'ai perdu la bataille, si j'ai été vaincu, c'est la faute de vos généraux, qui n'ont pas exécuté mes ordres, qui ont refusé de m'obéir. » En entendant cela, je me levai subitement, je me mis en face du général de Wimpffen et lui dis : « A qui faites-vous allusion ? Est-ce à moi par hasard ? Je ne les ai que trop bien exécutés, vos ordres, nous ne les avons que trop bien exécutés, car si nous sommes dans la plus affreuse situation qu'on puisse voir pour une armée, c'est à vous que nous le devons, c'est à votre folle présomption ; et, si vous aviez voulu suivre mon conseil, nous serions en sûreté à Mézières. » Le général de Wimpffen me répondit : « Eh bien, raison de plus, si je suis incapable, qu'on donne le commandement de l'armée à un autre. — Non, non, vous avez envié le commandement de l'armée quand il y avait honneur et profit, c'est vous qui devez porter la responsabilité et la honte, s'il y en a, de la capitulation. » Là-dessus l'Empereur et ceux qui m'entouraient me calmèrent : je m'en allai ; le général de Wimpffen resta avec Sa Majesté et je n'ai pas su ce qui s'est passé.

. . . .

Maintenant, il y a une chose qu'il faut dire... On nous a reproché de n'avoir pas exécuté les ordres qui nous ont été donnés : ce reproche est tout à fait injuste ; car nous les avons exécutés avec une obéissance complète, avec un dévouement absolu et, je dois le dire, avec une abnégation entière, car à partir du moment où nous nous sommes reportés de l'ouest à l'est, nous ne pouvions plus nous faire d'illusion.

Nous savions très-bien qu'à partir de cet instant c'était uniquement pour l'honneur des armes que nous combattions, et quand je dis nous, je ne parle pas de moi personnellement, mais de tous les braves enfants qui étaient sous mes ordres ; j'avais l'honneur de commander le premier corps d'armée dont une division, à Wissembourg, a lutté toute la journée, 4,000 hommes contre 40,000 ; ce premier corps d'armée, qui à Frœschwiller, a lutté toute une journée, 35,000 hommes contre 120,000, et, je vous l'affirme, à Sedan comme à Frœschwiller, comme à Wissembourg, nous avons fait notre devoir jusqu'au bout : la division Lartigue a défendu pied à pied les hauteurs de la Moncelle et le village de Daigny ; elle a été écrasée par des forces sans cesse renouvelées.

Quand l'ennemi est entré, toutes les rues étaient pleines de morts et de blessés ; le général Lartigue était blessé cruellement, un autre général également blessé grièvement, le colonel d'Andigné était laissé pour mort sur le champ de bataille, tous les officiers supérieurs étaient tués ou blessés. Il n'y avait plus rien ; à gauche, le général Wolff a lutté sur les hauteurs jusqu'à deux heures et demie ou trois heures ; il n'a quitté cette position que quand il a été débordé, et il est rentré dans Sedan grièvement blessé. La brigade Carteret a également combattu jusqu'à la fin de la journée ; son général a été blessé.

Quant à nos batteries, que nous avons portées du côté de l'ouest, sur cette crête, elles ont lutté contre des forces dix fois supérieures comme nombre, et bien inférieures comme portée, comme justesse ; ces batteries, se sont fait écraser, broyer : il y en a dans lesquelles il n'est resté ni un servant, ni un cheval ; les caissons sautaient comme un feu d'artifice ; la cavalerie de Margueritte, ces vieux chasseurs d'Afrique à moustache grise, ces braves gens ont chargé trois fois, et trois fois il se sont brisés. Ils ont fait leur devoir ; mais la force humaine a des limites, et, quand nous sommes entrés dans Sedan, nous n'avions plus rien... (Applaudissements.) ils n'étaient plus capables de rien. (Applaudissements.)

Et le général Ducrot termine par cette phrase si nette et si claire : « Si on m'avait laissé accomplir ma retraite, nous pouvions perdre des bagages, des canons, peut-être beaucoup de monde, mais il est certain que la masse de cavalerie et d'infanterie aurait passé et que nous n'aurions pas eu sur notre honneur militaire cette sombre tache de la capitulation de Sedan. »

Le général Ducrot avait malheureusement vu juste et il avait bien raison, le matin de la bataille, quand le présomptueux Wimpffen lui arrachait le commandement en lui disant : « ce n'est pas une retraite qu'il nous faut, c'est une victoire. » Et Ducrot lui répondit avec tristesse « nous serons bien heureux si nous avons une retraite ce soir ! »

Nous trouvons plus loin le détail suivant qui jette une éclatante lumière sur l'humanité de l'Empereur :

M^e· JULES FAVRE. — Est-ce que dans l'entrevue avec l'Empereur le général Ducrot ne lui a point dit qu'une sortie était possible le soir ?

M. LE GÉNÉRAL DUCROT.—Pas le soir, mais dans la journée. L'Empereur paraissait beaucoup compter sur la générosité de l'Empereur Guillaume ; je lui dis : « Sire, vous avez bien tort de compter sur leur générosité, ils nous serreront le nœud autant qu'ils pourront ; il n'y a plus qu'une chose à faire, réunir les troupes la nuit et percer n'importe comment. »

« — C'est bien impossible, me répondit l'Empereur, cela ferait tuer quelques braves gens de plus sans aucune espèce de résultat. »

La débâcle était en effet à son comble ; quant à mon corps d'armée, je le répète, il n'existait plus...

Le général Ducrot avait déjà déclaré que l'Empereur ne s'était mêlé en aucune façon du commandement, le général Lebrun en dit autant :

Mᵉ LACHAUD. — M. le général Lebrun croit-il que l'Empereur ait paralysé M. le général de Wimpffen ?

M. LE GÉNÉRAL LEBRUN. — Rien ne m'a prouvé que l'Empereur eût donné aucun ordre.

Le général Lebrun cite également les belles paroles prononcées au moment où il faisait lever le drapeau blanc, pour épargner la vie de ses soldats :

Mᵉ LACHAUD. — M. le général Lebrun a vu l'Empereur vers deux heures. Quelle conversation a-t-il eue avec lui et que s'est-il passé ensuite ?

M. LE GÉNÉRAL LEBRUN. — Voyant le désordre épouvantable qui régnait dans la ville, je me dirigeai vers la Préfecture. On me jeta dans le cabinet de l'Empereur plutôt qu'on ne m'invita à y entrer. J'étais seul, absolument seul avec l'Empereur. Il me dit absolument ceci : « Comment se fait-il que la lutte continue ? Il y a environ une heure que j'ai fait arborer le drapeau blanc ; eh bien ! malgré cela la lutte continue ; il y a déjà trop de sang versé ! »

Voici l'opinion très-importante du général Lebrun sur l'initiative prise par l'Empereur :

Mᵉ JULES FAVRE. — Quand vous êtes venu à Sedan et que vous y avez trouvé le drapeau parlementaire, est-ce que vous n'avez pas considéré ce fait comme une ingérence fatale à l'armée ? Vous disiez que l'Empereur n'avait pas donné d'ordre : il avait donné l'ordre suprême.

M. LE GÉNÉRAL LEBRUN. — Pardon il y a deux faits bien distincts : d'une part, le fait du drapeau arboré sur la citadelle de Sedan : je ne l'ai connu que vers deux heures. J'ai dit que ce drapeau, dans la pensée de l'Empereur, voulait dire : « Nous demandons un armistice. »

Quant à l'ingérence de l'Empereur dans un fait qui n'était pas de sa compétence, elle provenait du désir de faire trêve à l'effusion du sang, quand nous avions encore un semblant d'armée. Si nous avions pu obtenir une capitulation à ce moment-là, sans doute ç'eût été un immense malheur, mais pas aussi grand que si la question eût été traitée le lendemain.

Le général Douay dégage, comme l'ont fait d'ailleurs les autres généraux, la mémoire de l'Empereur et nous arrivons à la déposition du général Pajol, qui avait accompagné l'Empereur pendant toute la journée.

M. PAUL DE CASSAGNAC. — M. le général Wimpffen a particulièrement taxé l'Empereur de lâcheté. Je désire savoir ce que pense le témoin de la conduite de l'Empereur au feu.

M. LE GÉNÉRAL PAJOL. — La conduite de l'Empereur devant l'ennemi ne peut pas être mise en doute. Quatre officiers ont été blessés à ses côtés ; un général, son aide de camp, trois officiers d'ordonnance.

Le général de Wimpffen lui-même, dans son livre si venimeux et si mensonger, rend hommage à la bravoure froide de l'Empereur et donne ainsi une leçon à ses nouveaux amis les républicains qui ne craignirent pas d'élever contre l'Empereur, la seule accusation qui ne puisse se tenir un instant debout, l'accusation d'avoir manqué de cœur.

Et au sujet de la fameuse sortie sur Carignan dont il a été tant question et que les généraux Ducrot, Douay, Lebrun ont parfaitement traitée de folie, le général Robert dit :

Me JULES FAVRE. — Entre trois et quatre heures, le général de Wimpffen était rentré à Sedan. Vous savez qu'il avait fait appel à tous les hommes de bonne volonté, qu'il avait pu en trouver deux mille et deux pièces de canon, à la tête desquels il a fait la trouée sur Balan.

M. LE GÉNÉRAL ROBERT. — Je l'ai entendu dire, je ne l'ai pas vu. Mais, encore une fois, je crois qu'il eût été impossible à l'homme le plus énergique de ramasser dans Sedan même un bataillon pour suivre sérieusement le mouvement vers Carignan.

De toutes parts, on le voit, les officiers les plus illustres de l'armée sont venus laver la réputation de l'Empereur et lui rendre le prestige qu'elle avait mérité, prestige de courage et de bonté.

Il ne nous reste plus qu'à donner quelques fragments des plaidoiries, pour achever de jeter la lumière sur cette bataille de Sedan si insultée et si calomniée, par les scélérats qui consentirent à déshonorer toute l'armée française qui avait fait noblement son devoir et dans l'unique but de déshonorer l'Empereur.

Voici quelques phrases du discours prononcé par M. Paul de Cassagnac :

> Ah ! messieurs, quand le maréchal Niel, préoccupé de ce qui se passait sur nos frontières, demandait douze cent mille hommes, que répondait l'opposition coalisée ?
>
> Elle refusa l'argent, elle refusa les hommes, elle refusa les armes, et ce n'est pas l'expédition du Mexique qui nous avait épuisés, c'est cette opposition systématique, anti-française, qui confondait dans son aveuglement, dans sa haine, l'Empire et la France, et qui, pour perdre plus sûrement l'un, consentit à perdre l'autre. (*Sensation prolongée*).
>
> Oui, vous vous en souvenez : un député que je ne nommerai pas, car son nom ressemble singulièrement au nom d'un avocat que vous connaissez, interpella le ministre et lui dit : « Vous voulez donc faire de la France une vaste caserne ? »
>
> M. le maréchal Niel lui répondit : « Prenez garde d'en faire un vaste cimetière ! »
>
> Et, tous les matins, les députés de l'opposition arrivaient, disant la même chose, entravant l'armement, parlant de l'humanité, de la fraternité des nations, et, somme toute, nous livrant pieds et poings liés à l'ennemi.
>
> Vous n'avez pas perdu la mémoire, messieurs, de ces jours néfastes où la populace descendait de Belleville, avec des drapeaux en tête, hurlant *la Marseillaise* et criant : A Berlin !
>
> A Berlin ! nous y sommes allés, messieurs, mais vaincus, mais prisonniers, et par la faute de ces hommes qui avaient, par haine de l'Empire, refusé à la France le moyen de se défendre !

. . . .
. . . .

Défendant, contre le général de Wimpffen, les généraux de l'armée française, l'orateur dit :

> Alors, nous n'avons pas de généraux sérieux, nous ? Et que sont donc les généraux qui sont devant vous ? Que sont pour lui ces gloires si pures et que j'ai plaisir et orgueil à énumérer ?

Voilà Ducrot, Ducrot qui nous eût sauvés dans la journée de Sedan sans vous, sans votre fatale intervention ; Ducrot, qui voulut mourir et que la mort elle-même n'a pas osé prendre ! (*Sensation*.)

Voilà Lebrun, le héros de Bazeilles, l'homme qui s'est taillé dans une défaite une gloire supérieure à celle de bien des victoires ! (*Sensation*.)

Voilà Douay, qui dans vingt combats fut au premier rang, qui dans les premiers jours de la guerre vit mourir son frère et qui attendit que la guerre fût terminée pour le pleurer ! (*Mouvement*.)

Voilà Galliffet, ce preux d'un autre âge, qui fit à Sedan ce qu'un autre fit à Waterloo et qui eut la bonne fortune, unique dans l'histoire, de renouveler la charge légendaire de la *Haie sainte* ! (*Mouvement*.)

Et ce sont ces hommes-là que vous appelez des généraux peu sérieux, vous, tandis que la patrie en est fière ?

Puis, vous attaquez le maréchal de Mac-Mahon, vous le traitez cavalièrement, cet homme que la défaite a grandi et qui a trouvé dans nos revers sa plus grande gloire ; lui qui, à cette heure, sauve la France et se trouve être encore la seule barrière qui s'élève entre nous et cette chose haïe, détestée, la République !... (*Rumeurs prolongées*.)

M. LE PRÉSIDENT. — Monsieur de Cassagnac, je vous inviterai à être un peu plus modéré. Vous mettez de l'agitation dans l'auditoire.

M⁰ JULES FAVRE. — C'est *intolérable!*

M. PAUL DE CASSAGNAC. — Monsieur le président, je serai toujours heureux de déférer à votre désir ; mais ne demandant pas à l'auditoire des marques d'approbation, je n'ai que faire de ces marques d'improbation.

M. LE PRÉSIDENT. — Ce n'est pas un désir, monsieur, c'est un conseil.

M. PAUL DE CASSAGNAC. — Je m'incline, monsieur le président, et je poursuis.

Continuant ses attaques contre l'Empereur, M. le général de Wimpffen s'écrie : « Un autre plus grand coupable, c'est l'Empereur, qui livra les destinées de la France aux hasards des combats par *orgueil personnel, peut-être par intérêt dynastique*, ne devant pas ignorer que nous n'étions pas prêts, que l'ennemi l'était, et n'ayant à lui opposer que son fameux plan de campagne, péchant tout d'abord par la base. »

Le PEUT-ÊTRE est une simple merveille.

Il n'en sait rien, mais il essaye de déshonorer l'Empereur d'un seul mot.

Et puis, messieurs, il est temps d'en finir avec la *boue de Sedan*, avec l'*homme de Sedan*, avec toutes ces infamies et tous ces mensonges. (*Mouvement*.)

Pourquoi l'Empereur aurait-il fait la guerre par orgueil ?

Son orgueil avait largement de quoi être satisfait.

A l'extérieur, les victoires de Crimée, d'Italie, du Mexique, faisaient du drapeau français le plus glorieux qui fût au monde.

A l'intérieur, le plébiscite venait de consacrer d'une façon formidable le mandat populaire.

Ses ennemis se taisaient, confondus, et aucun souverain dans l'univers ne fut aussi puissant et aussi grand que Napoléon III avant la guerre.

Que lui indiquaient donc le bon sens, la raison, la logique ?

Tout lui indiquait de rester tranquille et de fuir une aventure. — Il ne pouvait avoir qu'une préoccupation, celle d'avoir son fils à ses côtés d'abord, et à sa place ensuite, et c'était si facile!

D'ailleurs, vous le savez, il fut le seul qui n'acceptât pas cette guerre avec joie et avec aveuglement, et sa tristesse à l'heure du départ montrait bien clairement quels étaient ses sombres pressentiments.

Puis, arrivant à la fameuse tentative de trouée, il dit :

L'Empereur n'avait donc pas à se placer au milieu de troupes qui n'existaient plus, et c'est alors qu'il a décidé d'arrêter le massacre inutile de ses soldats.

Il a fait hisser le drapeau blanc, c'est vrai ; et cet acte, qu'on lui jette au visage comme une injure, est l'acte le plus beau, le plus grand, le plus héroïque de sa vie. (*Mouvement.*)

L'Empereur, ainsi que vous l'a dit un des témoins, avait jugé qu'il y avait suffisamment de sang versé et qu'il *était temps pour lui de s'immoler.*

Il s'est immolé; son sacrifice a été complet; il a tout pris sur lui : la honte, le déshonneur, si toutefois il pouvait y avoir honte et déshonneur à faire abnégation de soi-même pour sauver les autres !

Il a bu le calice jusqu'à la lie, prenant le fiel pour lui et laissant dédaigneusement à ses ennemis le triste soin de travestir sa généreuse pensée ! (*Sensation.*)

Tout à l'heure le général de Wimpffen vous disait qu'il ne doit pas y avoir d'humanité à la guerre.

S'il veut une réponse à cette triste affirmation, qu'il la demande aux mères, aux sœurs, aux enfants de tous ceux que l'Empereur, par son intervention, a empêchés de mourir. (*Mouvement.*)

Messieurs, vous avez vu que le général était incapable, tout le monde vous l'a répété à l'envi et je relèverai ici un point, celui qui l'a tant émotionné tout à l'heure, et qui touchait à ses grades et à ses décorations.

Je n'ai pas voulu dire qu'il ne les eût pas gagnés et qu'il en est indigne. Ce que j'ai voulu dire, c'est qu'il les avait conquis tranquillement, facilement, trop facilement même, comme il arrive à beaucoup d'officiers médiocres, et malheureusement, dans cette terrible aventure, ce n'était pas un officier médiocre qu'il fallait, c'était un homme de génie, et il ne l'était pas !

J'arrive, messieurs, à la question délicate de la trahison.

Oui, le général de Wimpffen a trahi l'Empereur, et je maintiens le mot, sauf à l'expliquer.

L'ARBRE DE MAC-MAHON.

Ai-je voulu dire que le général de Wimpffen avait vendu son pays pour de l'argent?

Non, mille fois non, et ce n'est pas cela qu'il a compris.

Ai-je voulu dire que la veille de la bataille, ainsi qu'un autre à Waterloo, il est parti, portant à l'armée ennemie son plan caché sous son manteau?

Non encore! et plût au ciel qu'il fût passé à l'ennemi, la veille de la bataille, car il n'y eût pas été le lendemain, et nous n'eussions pas capitulé. (*Sensation*.)

D'ailleurs, il lui eût été difficile de livrer un plan, attendu qu'il n'en avait pas.

Il y a, messieurs, différentes formes de trahison, et celle du général de Wimpffen n'affecte pas la forme de ces quelques trahisons, heureusement bien rares dans l'histoire des peuples, et où des misérables livrèrent leur patrie à l'ennemi.

Mais il est une autre trahison, toute de sentiment, celle-là, qui s'adresse à la personne du souverain, et c'est de celle-là que le général de Wimpffen est coupable.

Oui, il a trahi, celui qui fut comblé des bienfaits de l'Empereur, qui porte sur sa poitrine, en ce moment, toutes ces décorations qui y furent attachées par la main du souverain; oui, il a trahi celui qui, le 2 septembre, au château de Bellevue, à ce nouveau jardin des Oliviers, donna à l'Empereur le baiser que l'on sait. Oui, il a trahi celui qui après tout cela écrivait sur l'Empereur cette phrase épouvantable:

« Et qui donc, dira l'impartiale histoire, a empêché Napoléon III de
« mourir en soldat? N'aurait-il pas été préférable pour lui de répondre à
« mon appel et de trouver ainsi la possibilité d'une mort glorieuse?

« Je ne sais si l'on doit attribuer à quelques-uns des personnages de
« l'entourage de l'Empereur la faute que commit ce souverain de n'être
« pas mort glorieusement à la tête de ses troupes; mais cette faute, il ne
« viendra jamais, je pense, à l'idée de personne de me l'imputer: et l'on me
« rendra cette justice que, si l'Empereur eût suivi mon conseil, il n'aurait
« pas eu la honte d'envoyer son épée à son ennemi et *bon frère* le roi
« Guillaume. » (*Sensation*.)

N'est-ce pas là l'accusation la plus complète de lâcheté.

Ah! général, vous reprochez à l'Empereur de n'être pas mort à Sedan?

Mais qui donc, de nous tous, de nous simples soldats qui y étions, de vous, général, a le droit de reprocher à quelqu'un de n'être pas tombé là-bas, quand nous sommes encore debout?

Vous êtes bien vivant, vous!

Ceux-là seuls ont le droit de nous reprocher de n'être pas morts, qui sont couchés là-bas, sous l'herbe, dans les fonds de Givonne ou sur le plateau de la Moncelle.

Et vous n'en êtes pas, vous! (*Mouvement prolongé*.)

D'ailleurs, n'est-il pas inouï d'en être réduit à défendre ici le courage de l'Empereur?

Moi, qui vous parle, je l'ai suivi pendant deux heures, le fusil au dos; il cherchait la mort et ne la trouvait pas.

Epuisé, malade, l'Empereur, je l'ai vu, a été obligé, à plusieurs reprises, de descendre de cheval, et embrassait les arbres pour résister au mal qui le minait.

J'ai là, dans la main, une lettre du colonel d'artillerie de Saint-Aulaire: il raconte comment il vit l'Empereur s'avancer calme et impassible, avec sa bravoure froide, au milieu des projectiles qui éclataient, et venir se placer au milieu de ses batteries. Soudain, un obus éclate à trois pas de l'Empereur, et les canonniers, électrisés par son intrépidité, poussèrent alors, et ce fut la dernière fois que ce cri fut poussé, le cri: Vive l'Empereur!

D'ailleurs, Napoléon III n'est pas le seul, dans l'histoire, qui n'ait pas pu mourir quand il le voulut.

Napoléon Ier chercha en vain la mort à Waterloo, et, après Arcis-sur-Aube, il disait avec tristesse: « Je n'ai pas pu me faire tuer; je suis un homme condamné à vivre! »

Laissez-moi vous le dire, général: il ne vous a pas fait longtemps attendre cette mort que vous souhaitiez avec tant d'ardeur pour lui, et vous devez l'en excuser.

Quelques mois après, il s'éteignait en exil, au milieu d'une atroce agonie et mourant de la bataille de Sedan. (*Mouvement.*)

Et puisque nous y sommes, laissez-moi porter la main encore sur une légende abominable... car, en France, vous le savez, la légende s'attache aussi facilement au mal qu'au bien, au mensonge qu'à la vérité:

Dans un dessin qu'on a répandu à profusion, on a montré l'Empereur partant en voiture découverte traînée à quatre chevaux, fumant insoucieusement une cigarette, et foulant sur son passage les soldats blessés qui se redressaient pour le maudire et pour lui montrer le poing.

Eh bien! j'y étais, moi; j'ai vu ce qui s'est passé: c'est sur mon épaule que l'Empereur s'est appuyé pour monter en voiture, et quand j'ai fermé la portière, je lui ai dit : « Sire, je suivrai l'Empereur jusqu'à Sainte-Hélène! »

Et vous voyez que j'ai tenu ma promesse.

Et quand l'Empereur, triste et éclatant en sanglots, a traversé la ville, les soldats qui le voyaient passer se découvraient, loin d'avoir un sentiment de haine ou de colère!

Et où allait-il ainsi?

Il allait, précisément, sur les conseils du général de Wimpffen, espérant fléchir le roi de Prusse, comptant sur sa générosité, et disposé à l'implorer en faveur de l'armée française.

Voilà pourquoi il est allé au camp du roi de Prusse, et c'est pourtant de cette visite qu'on a essayé de lui faire un crime!

Arrivons maintenant à ce qui suivit la capitulation.

Le général de Wimpffen, dans les préliminaires qui l'ont précédée, et où, d'ailleurs, il s'est conduit d'une façon patriotique, eut une conversation avec M. de Moltke et M. de Bismarck, qu'il est utile de rappeler.

Dans cette conversation, répétée par lui, il demandait pour l'armée française qu'on lui accordât des conditions meilleures, telles qu'on en accorda à l'armée de Mayence, et il sollicita du vainqueur que l'armée française, en récompense de sa valeur, pût se retirer avec armes et bagages derrière la Loire. M. de Bismarck lui répondit, et cela est consigné dans le livre du général de Wimpffen: que cela était impossible, vu *l'instabilité des gouvernements en France.*

Cela veut dire, messieurs: Que c'est à la révolution du 4 Septembre que nous devons le triste sort éprouvé par l'armée de Sedan.

La capitulation étant signée, voici ce qui se passa: le 2 au soir et le 3 au matin, nous partîmes de Sedan entre deux rangées de soldats qui nous frappaient à coups de crosse quand nous nous écartions d'un seul pas.

Exténués, en butte à la pluie, nous allâmes camper dans la presqu'île d'Iges, dans ce champ de boue, surnommé par les soldats le *camp de la Misère*, où jusqu'au 14 nous mourûmes de faim, n'ayant que quelques légumes crus à manger et n'osant pas boire dans la rivière où les cadavres, qui suivaient le fil de l'eau, nous arrivaient jusqu'aux lèvres.

Et si je vous raconte toutes ces misères et toutes ces douleurs endurées par nous, c'est que le général de Wimpffen n'y était pas ; et pendant que nous croupissions là, le général en chef abandonnait ses soldats, sollicitait de l'ennemi un ordre de prompt départ, choisissait la résidence de Stuttgart, qui lui était particulièrement agréable, et suppliait l'ennemi de lui accorder la permission d'emmener ses officiers, ses domestiques, jusqu'à ses deux chevaux, *vieux serviteurs*, disait-il, et dont il ne voulait pas se séparer.

Quelle amère dérision! Cet homme songeait à lui, songeait à ses bêtes, songeait à ses domestiques, et de ses soldats pas un mot! (*Sensation.*)

Et, pendant ce temps-là, le général Ducrot restait parmi nous, était l'objet de mille avanies, allait mendier à l'ennemi du pain pour ses soldats!

Le général Douay était là aussi; et le général Lebrun, quand le général Ducrot fut obligé de partir, réclama cet héritage superbe de douloureux dévouement! (*Sensation.*)

Messieurs, j'ai presque fini: je vous rappellerai seulement quel a été le cortége imposant des témoins qui sont venus m'accompagner ici et appuyer mon dire.

Il ne m'appartient pas de discuter la valeur des témoins de mon adversaire; mais je dois vous faire remarquer que sur les trente généraux de l'armée de Sedan, aucun n'est venu prêter son aide au général de Wimpffen.

Un seul a été appelé par lui, et il n'est pas venu, c'est le général de Palikao. (*Mouvement prolongé.*)

Messieurs, je vais m'asseoir tout à l'heure, mais je dois vous dire tout d'abord que ma confiance en vous est absolue, illimitée. Il est impossible, en effet, que vous ne fassiez pas la différence entre les mobiles divers qui nous amènent devant vous, mon adversaire et moi.

Lui ne cherche qu'une chose, une popularité malsaine ; il n'a qu'un but, offrir en pâture à ses amis la mémoire de l'Empereur, la ternir, et souiller en même temps l'honneur de ses frères d'armes. Pour éviter sa part de responsabilité dans le désastre, il jette tout à la mer : tout ce qu'il y a de plus respectable et de plus respecté.

Moi, Messieurs, j'ai pour but unique : rendre à mon Empereur le prestige qui lui appartient, la gloire qu'il a méritée, et donner à son auguste Veuve, à son Fils, là-bas, sur la terre de l'exil, la consolation suprême d'une éclatante et tardive réparation !

J'ai pour tribune une tombe ; je parle pour un mort, et je demande pour sa cendre la paix, la tranquillité auxquelles elle a droit. (*Mouvement.*)

Ah ! si le vieil Empereur était encore debout ; si du haut des côtes d'Angleterre il pouvait encore menacer la quiétude de ce pays trop tourmenté, je comprendrais que votre verdict se ressentît d'une certaine crainte ; mais non, l'Empereur n'est plus, l'Empereur est mort, et il ne coûtera pas à votre conscience de lui rendre une dernière justice. (*Mouvement prolongé.*)

Et n'aurai-je obtenu que ceci, que Celui qui fut votre souverain, qui fut le souverain de la France, soit lavé d'un odieux outrage, que l'armée française soit débarrassée de l'affront qu'on lui fait d'une capitulation fatale et noblement supportée, que ce serait déjà pour moi une œuvre superbe de l'avoir tentée, de l'avoir essayée !

Messieurs, vous allez m'acquitter, je le sens, je le crois, et, permettez-moi de vous le dire, si une condamnation intervenait, et je ne l'admets pas un seul instant, j'aurais encore la fierté de l'avoir encourue avec tous les généraux les plus illustres de notre armée, avec tous les témoins distingués qui m'ont apporté le concours considérable de leur bienveillance, de leurs affirmations écrasantes et contre lesquelles ne sauraient prévaloir un seul instant les affirmations timides et impuissantes de mes adversaires ! (*Applaudissements.*)

Il serait injuste de ne pas citer quelques paroles éloquentes de ce grand avocat, au cœur si noble et à la fidélité si sûre, qui s'appelle Charles Lachaud et qu'on retrouve toujours là, chaque fois que le parti de l'Empire court un danger quelconque :

L'Empereur ! c'est lui, lui surtout qu'on cherche à rendre odieux et pusillanime. C'est contre lui que la mauvaise foi et la haine se déchaînent. Eh bien! examinons et jugez. C'est entre deux heures et demie et trois heures que les envoyés du général de Wimpffen parviennent jusqu'à lui. Est-ce qu'il était alors possible d'opérer un résultat heureux? Quelqu'un osera-t-il le dire? On pouvait faire tuer quarante mille soldats, faire massacrer ce qui restait de notre malheureuse armée sans aucune espérance et sans aucun avantage. Nous étions cernés par des forces supérieures; tout était impossible. L'artillerie ennemie nous enlaçait, elle aurait tout broyé devant elle. Il y avait autour de nous un mur d'airain et de fer, compacte, profond, qu'on ne pouvait franchir. L'Empereur n'a pas voulu laisser périr le reste de son armée. Il a voulu arrêter l'horrible carnage. Son cœur se déchirait devant le spectacle lamentable qui était sous ses yeux. Il était le père de la nation, il aimait ses soldats comme ses enfants, il n'a pas voulu immoler encore inutilement leur vie.

Osez dire que l'Empereur a reculé par lâcheté! Mais le général de Wimpffen, dans les diatribes de son livre, n'est pas lui-même allé jusque-là. Je sais bien qu'il s'est trouvé un député, que mon contradicteur connaît bien, qui a eu le courage de dire que l'Empereur avait été lâche, et je veux citer ses paroles pour montrer une fois de plus jusqu'à quelle injustice la haine peut conduire :

Ce député a dit :

« Je savais que l'Empereur s'était rendu par *lâcheté*, pour éviter la res-
« ponsabilité politique de ses fautes ; — ceux qui l'ont reçu prisonnier me
« l'ont dit et le tenaient à peu près de sa bouche. — Il lui aurait été facile
« de s'en aller en Belgique ; les Prussiens lui auraient ouvert le chemin. »

Si l'Empereur a pu sauver sa personne, il s'y est refusé; il a voulu suivre le sort de ses braves et malheureux soldats et partager leur désastre.

Mais je le répète, cette accusation de lâcheté est si monstrueuse, je puis bien ajouter si absurde, qu'au milieu de ces dénigrements contre l'Empereur le général de Wimpffen a dû lui-même rendre justice à la bravoure de Napoléon III.

Et à cette audience, M. le général Pajol a ému vos cœurs en vous rapportant le calme admirable de ce malheureux souverain, qui, toute la matinée avait parcouru le champ de bataille cherchant la mort qui n'est pas venue, car Dieu le faisait survivre à nos désastres pour montrer au monde la grandeur de son âme dans la calamité.

Ah! s'il est un fait incontesté par les ennemis de Napoléon III eux-mêmes, c'est sa bravoure et son courage, son mépris pour le danger personnel.

Voilà le lâche! ne sentez-vous pas, messieurs, qu'il y a des indignations qu'il est impossible de soutenir devant certaines calomnies basses et ignobles. Ah! je comprends les fureurs des partis et toutes leurs injustices, mais il est des insultes tellement odieuses que le dégoût public doit en faire justice. Discutez l'Empire tant qu'il vous plaira, discutez son origine, sa politique, répétez toutes ces accusations misérables. Vous le pouvez sans danger pour nous. Les dents de nos ennemis ne mordent pas, elles ne mordent plus et leurs rages sont devenues impuissantes. Mais, au moins, respectez la nature humaine, arrêtez-vous devant l'instinct d'humanité que Dieu a donné à chaque homme et lorsqu'un souverain ne veut pas laisser périr 30 ou 40,000 soldats, les conduire à un massacre inévitable sans profit pour la France, sans nécessité pour l'honneur, ne dites pas qu'il a eu peur. Mais inclinez-vous et admirez cet homme que son infortune rend plus grand encore, qui sait bien que les rhéteurs et les poltrons n'auront pas assez de paroles pour l'outrager, et qui accepte l'injure pour le salut de ceux qu'il aime si tendrement et qu'il ne veut pas immoler.

En finirons-nous enfin, messieurs, avec ces généraux : *En avant!* comme disait mon contradicteur, avec ces excitateurs malsains qui enfièvrent le peuple, qui crient : la guerre à outrance ; qui jettent le délire dans nos populations affolées et qui, après les avoir lancées en avant, comme ils disent, ne connaissent, eux, qu'un chemin : non pas celui de la bataille, mais celui de l'hôtel de ville.

Enfin le ministère public lui-même rejette sur le général de Wimpffen la responsabilité du désastre en termes précis.

Mais le témoignage qui écrase le plus complétement le général de Wimpffen, c'est le témoignage de l'intègre président de la Cour d'assises, M. Douet d'Arcq, qui, après avoir résumé les débats si émouvants, s'exprime ainsi :

Il y a là une question bien embarrassante ; ce serait plus qu'une page d'histoire qu'on vous demanderait d'enregistrer et de signer ; ce serait plus que de la politique même : ce serait un verdict définitif dont on pourrait s'armer. Il y a là un danger que l'avocat général vous signalait, et vous le comprenez. Avez-vous les éléments de décision, avez-vous les preuves qui vous autorisent à faire une aussi grave réponse, qui vous autorisent à engager l'avenir? M. l'avocat général ne le croit pas, et il vous rappelle ceci : c'est que cette question si grave, qui touche à tant d'honneurs et qui est peut-être une page qu'on n'écrira jamais, elle a été tranchée en quelque sorte par le conseil d'enquête, compétent à tous égards, qui a recueilli tous ces renseignements et qui est venu dire au général de Wimpffen : « Oui, vous avez une large part de responsabilité dans le désastre de Sedan, » vous ne pouvez point y échapper ; ce sont vos pairs qui l'ont dit. En conséquence, messieurs, sur cette question, M. l'avocat général estime que vous ne pouvez pas répondre affirmativement sans engager gravement vos consciences ; il vous appelle à une mûre réflexion ; vous ferez ce que vous voudrez.

Et pour finir, cette phrase qui plane sur tout le procès, comme si elle en était la morale et la conclusion :

Pourquoi vous en parlerais-je? Cela n'est point au procès : aucun article de M. de Cassagnac ne l'y a introduit. Oh! ce n'est pas qu'on déserte le débat sur un semblable point. Il est certain, en droit, que l'Empereur n'avait pas le droit d'arborer le drapeau; en fait, il n'est pas moins certain, et ce sont d'illustres généraux qui nous l'ont dit: ce drapeau n'a eu aucune espèce de conséquence sur les opérations militaires. Alors que reste-t-il? Il reste une question d'humanité. Je ne dis peut-être pas assez: il reste une œuvre de charité. C'est peut-être le vrai mot, et, devant ce sentiment-là, à quelque parti que nous appartenions, nous devons tous nous incliner!

Une question d'humanité! Tout est là, et c'est la plus belle, comme la plus sensible des justifications de l'Empereur!

L'acquittement de M. Paul de Cassagnac était l'acquittement de la mémoire de l'Empereur, car c'était ainsi que l'accusé avait posé la question au jury.

Aussi, depuis cette époque, nos ennemis sont-ils accablés par cette décision judiciaire, qui met à néant toutes leurs infamies et qui rétablit la vérité dans toute sa lumineuse étendue.

Le lendemain de la capitulation, l'Empereur, dès six heures du matin, descendait de la sous-préfecture de Sedan et montait en voiture pour aller supplier le roi de Prusse en faveur de sa malheureuse armée.

Si l'Empereur s'est rendu, si l'Empereur a remis son épée, c'est qu'il avait fait le sacrifice absolu de sa personne et qu'il n'avait qu'une pensée, sauver ses soldats, obtenir pour eux les meilleures conditions.

Le reste lui importait peu.

Néanmoins, il n'ignorait pas que l'Impératrice régente était suffisamment autorisée par la Russie à s'appuyer d'une gracieuse et bienveillante intervention et il n'avait, dans ce cas-là, qu'à disparaître, pour laisser la France, et non l'Empire, en face du vainqueur.

On avait tant répété que c'était à l'Empereur seul qu'on faisait la guerre. Dès lors l'Empereur s'en allait, pour ôter toute raison à la continuation de la guerre.

CAMDEN PLACE — CHISLEHURST.

Malheureusement, toutes ses prévisions furent trompées par les événements.

D'abord, il ne put pas voir le roi Guillaume avant la signature de la capitulation. M. de Bismarck s'y était opposé, redoutant un attendrissement de la part de son souverain.

Et puis le 4 Septembre avait eu lieu, le 4 Septembre qui désarmait la patrie devant l'ennemi, qui désorganisait la France et la livrait pieds et poings liés, sans défense, sans force, sans courage ! Ignoble révolution et dont l'histoire n'a jamais donné l'horrible pendant ! Les autres peuples se serrent autour du souverain vaincu ; la Russie après Sébastopol, l'Autriche après Sadowa, le Danemarck après Duppel, redoublent de dévouement pour le gouvernement frappé par le malheur et trouvent dans cette attitude patriotique l'espoir d'une prompte revanche. En France, cela se passa autrement.

L'Empire vaincu fut abandonné, lâchement, misérablement, et ces fous furieux qui reprochaient à l'Empire de faire une guerre imprudente, quand l'armée de Sedan était debout, quand l'armée de Metz était debout, et qui allaient se jeter, sans armée, sans argent, sans rien, dans une guerre encore plus imprudente, dans une guerre insensée, et qu'ils décorèrent du nom de défense nationale, de lutte à outrance.

A outrance ! c'est vrai, mais ce fut vrai surtout pour notre dernier écu, qui s'y dépensa inutilement, et pour nos dernières gouttes de sang, qui s'y répandirent sans rien sauver, stériles qu'elles demeurèrent.

De plus, l'Europe cessa de nous être sympathique. La fameuse dépêche russe qui promettait à l'Impératrice l'intégrité du territoire, fut reçue par Jules Favre le 4 septembre au soir, et celui-ci, croyant que les promesses du Czar s'adressaient à la République tout aussi bien qu'à l'Empire, partit de là pour écrire son fameux programme dans lequel il refusait de *céder un pouce de terrain et une pierre de forteresse.*

Mais la Russie n'avait promis qu'à la France Impériale. La France devenue républicaine n'avait plus droit à rien et elle n'eut rien.

Et, si le 4 Septembre l'Empire n'eût pas été renversé, il faisait la paix et nous perdions en moins ces deux belles provinces et deux ou trois milliards, sans parler des cent mille hommes détruits par la misère, la faim et les obus, et les dix milliards que coûta la continuation de la guerre.

Voilà ce qui est vrai, voilà ce que personne n'a jamais démenti, voilà ce qui restera comme la honte éternelle des scélérats du 4 Septembre qui, pour arborer le nom maudit de la république, ont épuisé la France et ont retardé d'un demi-siècle peut-être, la possibilité d'une résurrection éclatante.

Quelle autre preuve en voulez-vous que ce document que nous allons donner et qui n'a jamais été démenti :

Paris, 19 mars 1875.

A Monsieur le Président et Messieurs les Membres de la Commission d'enquête sur les actes du gouvernement de la Défense nationale.

Messieurs,

Un rapport de votre commission, dans l'examen des faits se rattachant à *l'Entrevue de Ferrières*, a visé la discussion qui a eu lieu, sur le même sujet, devant l'Assemblée, dans les séances des 2, 16 et 17 juin 1871. La lecture de ce rapport m'amène à vous prier, Messieurs, de vouloir bien insérer, parmi les pièces justificatives de l'enquête, le procès-verbal de la délibération du 8e bureau, séance du 17 février 1871, à Bordeaux.

Ce procès-verbal constate que :

Le 17 février 1871, le 8e bureau s'est réuni à quatre heures au palais de l'Assemblée nationale, sous la présidence de M. Baze, pour délibérer sur la déclaration présentée à l'Assemblée par M. Keller, au nom des provinces d'Alsace-Lorraine.

MM. Baze, président, Amy, de Beauvillé, comte de Brettes-Thurin, René Brice, Brisson, de Chabrol, de Corcelle, Duréault, comte de Durfort de Civrac, Ernoul, baron Eschassériaux, Jules Favre, de Féligonde, de Fontaine, de Fourtou, marquis de Franclieu, Fresneau, Flottard, Gailly, Gallicher, Gambetta, Gueidan, L'Ebraly, de Lespinasse, de Lestapis. Lestourgie, Paris, de Chavannes, Saint-Marc Girardin, Thurel, Toupet des Vignes, comte d'Hespel, Humbert (Moselle), Leroux (Aimé), Baultre et de Valon, secrétaire, étaient présents.

Une première discussion s'engagea à laquelle prirent part MM. Baze, président, de Corcelle, Humbert (de la Moselle) et Toupet des Vignes.

Un membre du bureau, M. de Valon, exprima le regret que la déclaration des députés de l'Alsace et de la Lorraine, par le caractère qui lui était donné, plaçât la Chambre dans la douloureuse alternative, ou de déclarer la guerre à outrance par un acquiescement complet, ou de consentir à l'avance à l'abandon des deux provinces par une nuance d'hésitation. Il était pour ainsi dire impossible, disait-il, de trouver une formule qui, par une habileté de langage, évitât la difficulté. Ne pourrait-on pas se borner à donner acte des sympathies unanimes qui venaient d'accueillir dans l'Assemblée les paroles de M. Keller et s'en rapporter d'ailleurs aux négociateurs ?

M. Gambetta ne crut pas qu'il y eût lieu de regretter en rien la déclaration des députés d'Alsace et Lorraine. Elle ne pouvait pas ne point avoir lieu. Il acceptait en partie la proposition du préopinant ; mais il désirait que l'on s'en tînt à la constatation du fait matériel des applaudissements donnés au concours de M. Keller et que l'on passât à l'ordre du jour.

Survint M. Jules Favre, ministre des affaires étrangères.

Dans sa pensée, la démonstration faite au nom des provinces d'Alsace et de Lorraine, qui était toute naturelle, aurait dû rester une simple protestation. Le caractère qui lui avait été donné plaçait la Chambre dans la nécessité de commettre une faute, et, quoi que nous fissions, cette faute inévitable serait exploitée contre nous.

Cette démonstration, ajoutait-il, dans la forme pressante qui lui était donnée, était prématurée. Nous ne savons rien, disait-il, des intentions de la Prusse. Il est possible qu'elle ne la demande pas ; peut-être aussi s'agirait-il d'une neutralisation.

Si la session était demandée, conviendrait-il de la refuser tout d'abord ?

Non, il fallait savoir accepter les réalités. Il n'y aurait pas de déshonneur à céder l'Alsace et la Lorraine après avoir fait tous ses efforts pour les conserver. Notre histoire fournit plus d'un exemple de cession de territoire. Le déshonneur serait, au contraire, de compromettre l'existence même de la nation française dans la poursuite d'une guerre qui serait reconnue impossible.

Il ne fallait donc pas s'engager à l'avance. Il ne fallait pas s'associer aux paroles de M. Keller.

Elles vont nous causer dès à présent, disait l'orateur, un premier dommage au sujet de l'armistice. Quand le ministre des affaires étrangères s'est rendu à Versailles, il n'a pu obtenir une prolongation de plus de cinq jours. M. Jules Favre ne dissimula pas qu'un grand parti en Prusse regrettait la convention du 28 janvier, voyait avec peine la réunion de l'Assemblée nationale, et conservait le désir de traiter avec un autre pouvoir. Quand la demande en prolongation a été présentée, dit-il, on a voulu profiter de l'occasion pour reprendre tout ce qui avait été accordé. Le ministre des affaires étrangères, qui voit un adoucissement aux malheurs de la France en ce qu'elle est redevenue libre d'elle-même et n'a plus de maître, n'a pu obtenir que cinq jours, le temps de réfléchir.

Dans cette situation, et ne sachant d'ailleurs, il le répétait, quelles seraient les conditions de la paix, M. Jules Favre proposa la rédaction suivante de l'ordre du jour.

« Attendu que l'Assemblée convoquée pour statuer sur la question de « paix ou de guerre doit se réserver la plénitude de la souveraineté dans « les négociations qui vont s'ouvrir ;

« Que d'ailleurs la protestation des députés de l'Alsace et de la Lorraine « est prématurée, aucune condition de paix n'ayant été encore proposée ;

« L'Assemblée, prenant acte de cette protestation, passe à l'ordre du « jour. »

M. Saint-Marc Girardin exprima la satisfaction que devait éprouver le bureau de compter parmi ses membres l'honorable M. Jules Favre, qui pouvait éclairer ses décisions par de si utiles renseignements.

Puis le débat s'engagea entre M. Gambetta et M. Jules Favre.

M. Gambetta voyait un danger dans la rédaction de M. Jules Favre. « Laisser pressentir, disait-il, que l'on céderait au besoin deux provinces, c'était dire à l'ennemi : *Prenez-les.* »

M. Jules Favre croyait qu'il était indispensable d'avoir une attitude sincère.

« Une autre attitude, disait-il, dénoterait la faiblesse ou ne pourrait que la produire »

M. Gambetta proposa un ordre du jour ainsi conçu :

« L'Assemblée nationale donne acte de la déclaration déposée sur son « bureau par les députés d'Alsace et Lorraine, et passe à l'ordre du jour. »

Le bureau procéda à la nomination d'un commissaire. Ce fut M. Jules Favre qui fut élu.

Une lacune existe, messieurs, dans le document auquel je viens de me référer ; il n'y est pas question de la déclaration de M. Jules Favre, relativement à l'offre à lui faite, à Ferrières, par M. de Bismarck, d'entrer en négociations pour la paix, moyennant la cession de Strasbourg et de sa banlieue. Il n'est pas moins vrai que c'est dans le discours même, dont l'analyse vient d'être reproduite, que M. Jules Favre a entretenu de ce point important les 35 députés présents à la séance. Si M. Jules Favre a eu de plus, à ce sujet, dans un groupe de collègues, avant ou après la levée de la séance du bureau, une conversation particulière, je l'ai ignoré.

J'étais secrétaire du bureau, et si je n'ai pas relaté, dans le procès-verbal, cette partie de la discussion, c'est qu'on me fit observer qu'il s'agissait là d'une déclaration étrangère à l'objet de la délibération ; il fut convenu que le bureau lui-même serait appelé à décider si la mention serait insérée. Une discussion eut lieu, en effet, à cet égard, dans le bureau, le 18 février 1875. On alla aux voix, et la majorité, qui adopta le procès-verbal, décida que la mention réservée ne serait pas faite. Je dois dire que cette décision, devant laquelle je dus m'incliner, contribua plus tard à me faire considérer comme un devoir personnel, puisque j'avais été appelé à rédiger le procès-verbal, d'opposer à M. le général Trochu, argumentant des déclarations de

M. Jules Favre au mois de septembre 1870, les déclarations contraires de M. Jules Favre à Bordeaux.

C'est au procès-verbal, dans le paragraphe commençant par ces mots « Elles vont nous causer, dès à présent, un premier dommage au sujet de l'armistice..., » qu'auraient dû trouver place les quelques phrases relatives à Strasbourg, et je puis affirmer qu'elles étaient au fond celles-ci : Après avoir rappelé qu'un grand parti en Allemagne regrettait la convention du 28 janvier, et avait profité de la demande de prolongation d'armistice pour chercher à tout reprendre, le ministre des affaires étrangères ajoutait :

« Et je ne vous cacherai pas, messieurs, qu'à Ferrières, il m'eût été possible d'engager des négociations pour la paix, à des conditions moins cruelles que celles que nous pouvons craindre aujourd'hui. A Ferrières, en effet, M. de Bismarck m'avait parlé d'une paix paisible au prix de la session de Strasbourg et de sa banlieue, et je ne sais si ma conscience ne me reprochera pas de n'avoir pas saisi l'occasion qui m'était offerte ; mais je n'eus pas le courage de désespérer de la victoire pour mon pays, et si nous avons une consolation dans nos malheurs, c'est que du moins la France est libre d'elle-même et n'a plus de maître, etc., etc.

Je vois encore, messieurs, sur les visages de mes collègues, l'impression produite par cette déclaration inattendue.

Veuillez agréer, Messieurs, etc.,

A. DE VALON,

Député du Lot.

L'Empereur, traité partout avec un inaltérable respect, partit pour Cassel, où il se renferma dans une dignité que rien ne démentit jamais.

C'est à peine s'il daigna le 3 octobre écrire au général de Wimpffen la lettre suivante, destinée à rétablir la vérité outrageusement traverstie :

« Général,

» J'ai lu votre rapport officiel sur la bataille de Sedan. Il contient deux assertions que je dois relever.

» Si je n'ai pas répondu à votre appel pour faire une trouée vers Carignan, c'est qu'elle était impraticable, comme l'expérience vous l'a prouvé, et la tentative, je le prévoyais, ne pouvait avoir d'autre résultat que de coûter la vie à un grand nombre de soldats.

» Je n'ai consenti à faire arborer le drapeau blanc, que lorsque, de l'avis de tous les chefs de corps d'armée, toute résistance était devenue impossible. Je n'ai donc pas pu contrarier vos moyens d'action.

» Croyez, général, à mes sentiments.

» Napoléon. »

Le général de Wimpffen commençait alors, mais timidement encore, sa campagne de calomnie et de mensonges, qui devait aboutir plus tard, comme on l'a vu, à une complète confusion.

C'était lui pourtant qui écrivait à cette époque, cette phrase qui est la meilleure des réponses à ceux qui persistent encore à mettre en doute la valeur héroïque de Napoléon III.

« Je suis loin de contester, en quoi que ce soit, la froide bravoure personnelle que l'Empereur a pu montrer dans la matinée du 1er septembre, depuis l'instant où Sa Majesté est montée à cheval avec les officiers de sa maison militaire. Je sais que l'un deux a été tué et deux autres, dont le brave général de Courson, blessés près de lui. »

Qui donc, en effet, parmi les soldats de l'armée de Sedan eut jamais la pensée de mettre en doute l'intrépidité de l'Empereur ? Il a fallu plusieurs mois de réflexion, de réflexion infâme, pour qu'on en arrivât à cette monstrueuse invention, dont le bon sens public a fait justice depuis.

En captivité, l'Empereur passait son temps à travailler, à méditer sur l'avenir et à le préparer.

Hélas ! il avait à peine quitté sa captivité ; il était à peine rentré en Angleterre auprès de sa femme et de son fils, qu'il était cruellement pris par la maladie que les fatigues de la guerre avait rendue mortelle et qui devait l'enlever à l'amour des siens, et à l'admiration de tous les honnêtes gens!

Pourtant et avant de quitter Cassel, il écrivit cette belle et magnifique page qui nous émeut encore, quand nous la relisons après quatre années écoulées, et qui reflète cette confiance sereine en sa conscience, en son droit et en son peuple.

PROCLAMATION DE NAPOLÉON III

AU PEUPLE FRANÇAIS.

« Français,

« Trahi par la fortune, j'ai gardé depuis ma captivité le profond silence qui est le deuil du malheur. Tant que les armées ont été en présence, je me suis abstenu de toutes démarches, de toutes paroles qui auraient pu diviser les esprits. Je ne puis, aujourd'hui, me taire plus longtemps devant les désastres du pays, sans paraître insensible à ses souffrances.

« Au moment où je fus obligé de me constituer prisonnier, je ne pouvais traiter de la paix. N'étant plus libre, mes résolutions auraient semblé dictées par des considérations personnelles. Je laissai au gouvernement de la Régente, siégeant à Paris au milieu des Chambres, le devoir de décider si l'intérêt de la nation exigeait la continuation de la lutte.

« Malgré des revers inouïs, la France n'était pas domptée ; nos places fortes étant encore debout, peu de départements envahis, Paris en état de défense, l'étendue de nos malheurs pouvait être limitée.

« Mais, pendant que tous les regards étaient tournés vers l'ennemi, une insurrection éclata dans Paris ; le siége de la représentation nationale fut violé, la sécurité de l'Impératrice menacée, un gouvernement s'installa par surprise à l'Hôtel de Ville, et l'empire, que toute la nation venait d'acclamer pour la troisième fois, abandonné par ceux qui devaient le défendre, fut renversé.

« Faisant trève à nos justes ressentiments, je m'écriai : « Qu'importe la dynastie, si la patrie peut être sauvée ! » et au lieu de protester contre la violation du droit, j'ai fait des vœux pour le succès de la défense nationale, et j'ai admiré le dévouement patriotique qu'ont montré les enfants de toutes les classes et de tous les partis.

« Maintenant que la lutte est suspendue, que la capitale, malgré une résistance héroïque, a succombé et que toute chance raison-

MORT DE L'EMPEREUR — LA CHAPELLE ARDENTE.

nable de vaincre a disparu, il est temps de demander compte, à ceux qui ont usurpé le pouvoir, du sang répandu sans nécessité, des ruines amoncelées sans raison, des ressources du pays gaspillées sans contrôle.

« Les destinées de la France ne peuvent être abandonnées à un gouvernement sans mandat, qui, en désorganisant l'administration, n'a pas laissé debout une seule autorité émanant du suffrage universel.

« Une nation ne saurait obéir longtemps à ceux qui n'ont aucun droit pour commander. L'ordre, la confiance, une paix solide, ne seront rétablis que lorsque le peuple aura été consulté sur le gouvernement le plus capable de réparer les maux de la patrie.

« Dans les circonstances solennelles où nous nous trouvons, en face de l'invasion et de l'Europe attentive, il importe que la France soit *une* dans ses aspirations, dans ses désirs comme dans ses résolutions. Tel est le but vers lequel doivent tendre les efforts de tous les bons citoyens.

« Quant à moi, meurtri par tant d'injustices et d'amères déceptions, je ne viens pas aujourd'hui réclamer des droits que quatre fois en vingt ans vous m'avez librement conférés. En présence des calamités qui nous entourent, il n'y a pas de place pour une ambition personnelle : mais, tant que le peuple régulièrement réuni dans ses comices n'aura pas manifesté sa volonté, mon devoir sera de m'adresser à la nation comme son véritable représentant, et de lui dire : « Tout ce qui est fait sans votre participation directe est illégitime. »

« Il n'y a qu'un gouvernement issu de la souveraineté nationale qui, s'élevant au-dessus de l'égoïsme des partis, ait la force de cicatriser vos blessures, de rouvrir vos cœurs à l'espérance comme les églises profanées à nos prières, et de ramener au sein du pays le travail, la concorde et la paix.

« Napoléon.

« Wilhelmshœhe, le 8 février 1871. »

Cette page restera et subsistera comme un programme et elle

servira de base, un jour, nous n'en doutons pas, au plébiscite qui ramènera l'Empire, légalement et de par la volonté nationale.

Retiré dans sa petite maison de Camden Place, l'Empereur n'avait plus que l'idée d'élever son fils et de le mettre à la hauteur des brillantes destinées qui l'attendaient. Tous les jours, il lui parlait comme il savait parler, lui enseignant les hommes et les choses, et développant chez lui cette intelligence précoce et cette froide détermination qui fait du Prince Impérial le Prince le plus accompli qu'on ait jamais vu.

Mais la souffrance était là, l'horrible souffrance qui le minait, sans que l'on pût néanmoins pressentir le terrible dénoûment.

On s'était décidé à une consultation de médecins choisis parmi les plus distingués de l'Angleterre. Il fut décidé qu'on ferait l'opération, une opération douloureuse et redoutable.

L'opération fut commencée, avec des alternatives de bien et de mal; puis, le 9 janvier, à dix heures quarante-cinq minutes, sans qu'aucun symptôme plus grave eût donné l'alarme aux dévoués qui l'entouraient, sans fièvre, sans agonie, l'Empereur cessa de vivre.

Ses médecins, les docteurs Corvisart, Conneau et Thompson étaient venus successivement le matin, auprès du lit de l'Empereur, et chacun d'eux trouva S. M. dormant mieux que les nuits précédentes, profondément. Le pouls était bon et fort de quatre-vingts pulsations.

A 9 h. 1/2 du matin, l'Empereur fut encore visité par ses médecins et le docteur Claver : une opération fut décidée pour midi tant l'état du malade parut satisfaisant; puis, tout d'un coup, vers dix heures, les mouvements du cœur se ralentirent : le pouls cessa de battre, et l'Empereur rendit le dernier soupir.

Le Prince Impérial n'a pas subi la suprême et douloureuse épreuve de fermer les yeux à son père. Il était au collége de Woolwich, et il n'arriva à Chislehurst qu'à midi.

L'Empereur était mort !

Ceux qui regrettaient qu'il ne fût pas tombé sur le champ de bataille le 1er septembre 1870 purent se réjouir, car il était mort des suites de Sedan. Les médecins l'ont dit, ce sont les cinq heures passées à cheval sur les plateaux de la Moncelle, aux ravins de

Givonne, qui rendirent les soins inutiles et l'opération fatale. Il mourait pour son pays, pour ses soldats, pour la France !

Ce fut une consternation générale, quand on apprit cette épouvantable nouvelle.

Puis les deux organes du parti impérialiste se mirent intrépidement à l'œuvre pour remonter le courage des fidèles.

Le *Pays* s'exprimait ainsi :

Debout !

Debout ! bonapartistes, essuyez vos yeux, refoulez vos sanglots, et debout tous. Serrons-nous autour de son fils en répétant le vieux cri de l'ancienne Monarchie française : « L'EMPEREUR EST MORT, VIVE L'EMPEREUR ! »

Quelle que soit notre douleur, quelle que soit notre angoisse, soyons stoïques devant cette noble femme, devant le jeune prince courbés tous les deux sur un cercueil, et, sauf à nous reporter ensuite sur la terre d'exil, où notre cœur nous appelle, causons virilement comme il convient à des hommes.

Avant de penser à nous, pensons à la dynastie, pensons à la France, et puis nous pleurerons après, si toutefois les malheurs de la Patrie nous en laissent le loisir !

L'Empereur est mort !

Et puis après ?

En quoi serions-nous donc découragés ? En quoi perdrions-nous notre espoir, notre assurance, notre certitude dans le retour de l'Empire ?

On le sait, nous n'avons jamais demandé ni souhaité la Restauration impériale avant la complète libération du territoire. Or, vers cette époque le prince entrera dans sa vingtième année et à l'âge où on est soldat en France, on peut bien bien être Empereur, il nous semble ! . . . . .

. . . .

. . . .

Et devant la tristesse énorme des Impérialistes, devant la joie indécente de nos ennemis, M. Paul de Cassagnac continuait :

L'Empereur dans ses derniers jours n'avait qu'une préoccupation unique et constante, éviter à la France cette crise aiguë que nous ne cessons de prédire et qui s'avance graduellement à la vue des plus incrédules.

Cette chance de l'éviter a disparu tout à coup avec l'Empereur ; le sort en est jeté, nous y passerons.

Et, après cela, quand il y en aura assez, quand la misère, la ruine, le déséspoir auront enfin tiré la nation de son aveuglement, eh bien! si elle a besoin de nous, et elle en aura besoin, nous serons là!

L'Empire n'a plus un seul pas à faire : la France viendra vers lui d'elle-même. Notre devoir est donc plus que jamais d'attendre, et qu'on se rassure, ce ne sera pas si long qu'on se l'imagine !

Peut-être même Dieu ne s'est-il servi de cet épouvantable malheur que pour l'avenir de la dynastie, qui est aussi l'avenir de la France, et l'Empire n'est-il un peu retardé que pour demeurer plus longtemps.

Notre rôle qui est celui de porte-drapeau dans la bataille, était aujourd'hui celui de consolateur dans le deuil. C'était à nous qu'il appartenait de surmonter notre premier moment de faiblesse et d'exercer cette mission d'honneur qui consiste à relever les courages abattus et à ranimer les espérances éteintes.

L'*Ordre* disait :

Pas de défaillance !

L'Empereur est mort. En lui s'éteint une pensée pleine des destinées et de la grandeur de la France, un cœur dévoué à tous sans distinction, mais surtout aux faibles et aux pauvres, un caractère élevé et chevaleresque, une âme bienveillante, douce, consolatrice, qui n'a jamais vu un succès sans l'applaudir, une larme sans la sécher. Le premier mouvement, non-seulement de tous ceux qui l'ont connu, servi, aimé, mais encore de tous ceux qui pendant dix-huit ans lui ont dû la sécurité et la prospérité de leurs familles, sera donc de gémir profondément sur un malheur si grand, qui frappe inopinément la France et la famille impériale.

Mais cette immense et légitime douleur une fois acceptée et satisfaite dans la mesure des consolations possibles, il reste à tous les partisans de Napoléon III, aux générations du 10 décembre 1848 qui l'élevèrent à la présidence, du 20 décembre 1851 qui sanctionnèrent son pouvoir dirigeant, du 20 novembre 1852 qui proclamèrent l'Empire, du 8 mai 1870 qui le sanctionnèrent, il leur reste à accepter respectueusement mais fièrement les coups mystérieux de la Providence, à se souvenir de leurs votes et à se tenir prêts à les renouveler.

L'Empereur est mort, mais l'Empire est vivant et indestructible. Ce qui dure ce ne sont pas les hommes, mais les institutions. La mort de César fonda l'Empire d'Auguste.

L'Empire est vivant par le besoin qu'a la France d'institutions à la fois populaires et énergiques; il est vivant par l'épouvante qui va gagner les intérêts sociaux, à la disparition inopinée d'un bras qu'on savait capable de les protéger et résolu à le faire ; il est vivant par le jeune héritier du nom et des œuvres de Napoléon, qu'aucun blâme, aucune responsabilité dans les malheurs de la patrie ne sauraient atteindre, qui, né sur le trône, a poursuivi son éducation dans le malheur et l'achève dans l'exil ; il est vivant par cette intelligente et noble femme qui a vécu assez longtemps dans les affaires heureuses pour les comprendre, dans les affaires néfastes pour les braver.

Enfin l'Empire est vivant dans la sympathie, l'amour, le respect, la pitié de la France, qui éclateront dès aujourd'hui dans toutes les demeures modestes, dans toutes les chaumières où le nom de Napoléon est gravé, et ses images affectueusement exposées.

Donc essuyons nos pleurs, étouffons nos sanglots, pressons nos poitrines et empêchons nos cœurs de battre plus fort et plus vite qu'il ne convient à des natures viriles.

Le rétablissement de l'Empire perd un homme, il ne perd ni une chance, ni une espérance. Ce n'est point par ses aspirations ou même par ses agissements qu'un régime politique s'assure l'avenir, c'est par sa nécessité.

Or, l'Empire est nécessaire à l'ordre public, aux intérêts. La France en a besoin pour fonder un régime durable, placé sur de fortes assises populaires ; elle en a besoin pour être rassurée contre les périls plus imminents que jamais que lui font courir la démagogie et le socialisme.

C'est pour cela que l'Empire se rétablira !

A. Granier de Cassagnac, Dugué de la Fauconnerie.

On le vit, la presse impérialiste fit vaillamment son devoir, pendant que des milliers de pèlerins partaient pour assister à l'imposante cérémonie des funérailles, pendant que l'Angleterre tout entière assistait émue à ce deuil immense.

En France le recueillement était général.

D'ailleurs rien que le bonheur des ennemis de l'Empire prouvait quelle terreur ils avaient de lui. En effet, tous les misérables qui, pendant dix-huit ans, avaient courbé le front humblement sous le talon de l'Empereur, s'empressèrent de relever la tête, maintenant qu'il n'était plus et qu'ils ne redoutaient pas son retour inopiné.

Les corbeaux et les vautours au cou rouge s'abattirent sur le cadavre et le disputèrent au cimetière.

Lâches, lâches que la douleur d'une femme, le désespoir d'un fils laissait insensibles, et que l'immobilité glaciale de la mort encourageait, vous êtes bien les descendants de ces fossoyeurs sacriléges qui violèrent les tombeaux de Saint-Denis, et dont la haine n'est atténuée ni par les siècles écoulés, ni par ce qu'il y a de saint, de vénérable dans le champ du repos !

Et qu'il fait bon reposer loin de ces bords de la Seine et

de ce peuple français qu'aimait tant Napoléon Ier, si l'on tient à n'être pas un jour brutalement enlevé de son cercueil, qu'on s'appelle Saint-Louis, Louis XIV ou Bonaparte !

Qu'il reste donc en exil notre vieil Empereur bien-aimé, qu'il dorme sur la terre étrangère et nous n'irons pas le chercher, comme disait Victor Hugo de l'autre, car le sol en France est tellement agité par les convulsions souterraines qu'il est impossible aux morts d'y sommeiller en paix !

Cela dit, et laissant les hommes de proie déchiqueter encore les draperies funèbres et entamer encore le cercueil avec leurs ongles, parlons de la seule chose qui nous fait surmonter notre douleur, parlons de notre avenir politique.

C'est avenir est certain — aveugle qui ne le voit pas. La mort de l'Empereur, loin d'affaiblir l'Empire et de le retarder le rend plus solide et plus certain.

Si l'Empereur avait vécu, il aurait toujours porté difficilement le poids des dernières infortunes. Tandis que le prince impérial est indemne, est neuf, est vierge de tout passé.

Waterloo et Sainte-Hélène, l'agonie de la défaite et de l'exil, avaient payé d'avance à Dieu le prix des dix-huit années de gloire et de prospérité échues à Napoléon III.

Sedan et Chislehurst ouvrent au prince impérial une ère prochaine de compensations grandioses.

La Providence ne semble frapper les Napoléons que pour les rendre plus dignes de la haute mission qu'ils viennent remplir, à des époques déterminées, comme des envoyés de la volonté divine.

Autrefois il en fut de même pour les Bourbons; et les légitimistes doivent comprendre que nous ne désespérions pas, eux qui n'ont pas désespéré après Crécy, après Poitiers, après Azincourt, pas plus qu'après l'échafaud de Louis XVI ou le départ de 1830.

Et s'il y a pour nous une immense consolation, une preuve palpable de la force de notre parti, c'est l'écho formidable qu'eut dans toute l'Europe la mort de l'Empereur.

Charles X et Louis-Philippe, eux aussi, sont mort en exil, et leur mort fit saigner quelques cœurs sans émouvoir l'opinion publique.

Napoléon, lui, souleva une angoisse générale, et ce n'est qu'en voyant le vide causé par lui, qu'on peut juger exactement de la place qu'il occupait.

Amis et ennemis sont depuis cette époque comme Henri III soulevant la tapisserie derrière laquelle est étendu par terre Henri de Guise; et, qu'ils le disent hautement ou qu'ils le pensent seulement tout bas, sur leur physionomie terrifiée on lit cette phrase : « Comme cet homme était grand ! »

Voilà pour le passé !

Maintenant, et avant de finir, un dernier mot sur l'avenir !

Et qu'importe l'âge de celui qui représente à cette heure nos opinions et nos croyances ! Qu'importe même l'époque de la restauration impériale !

Est-ce que deux ans, trois ans, dix ans comptent dans l'histoire d'une dynastie et dans les annales d'un peuple ?

La royauté bourbonienne a attendu de 1791 à 1815.

Et elle attend encore depuis 1830.

Et cela n'empêche pas ses fidèles d'escompter l'avenir, même sans successeurs, et étant obligés, comme Abel, d'avoir Caïn pour héritier.

La République de 1804 à 1848 n'était pas revenue.

Puis elle partit encore pour dix-huit ans.

Ses partisans ont-ils désespéré pour cela ?

Pourquoi perdrions-nous courage, nous qui sentons notre foi s'appuyer sur d'autres choses que sur des mots, et qui nous savons puissants, parce que le jour où nous jugerons utile de marcher, nous aurons la nation tout entière levée et frémissante derrière nous.

Que la République n'ait pas peur de nous; notre heure n'a pas sonné, nous le savons, et pour rien au monde nous ne l'avancerons.

Il nous faut, avant de parler de retour, que tous ceux qui se proposent de sauver la France, depuis M. Thiers jusqu'à M. Gambetta, aient fait leur œuvre et constaté leur impuissance.

Allez-y donc tous, républicains de différentes nuances, monarchistes blancs ou tricolores ; jamais dans l'histoire vous n'aurez eu plus belle occasion de prouver que vous avez en vos mains le salut de la patrie !

Mettez-y le temps que vous voudrez, nous ne sommes pas pressés. Et loin de vous troubler dans votre essai, nous vous aiderons au besoin.

Mais si, dans un jour plus ou moins éloigné et dont la France seule demeurera juge, vous n'avez rien pu réunir pour rendre au pays sa stabilité, son calme, sa prospérité, il est bien entendu, n'est-ce pas ? que vous trouverez naturel que, mettant à notre tête l'héritier de Napoléon III, un vrai prince, allez ! celui-là, et qui a le sentiment de ses devoirs, nous tentions de faire ce que vous n'aurez pas pu faire.

Et n'oublions pas ce qui se passa, quand le convoi funèbre de l'Empereur s'approchait de l'église de Chislehurst, ayant en tête l'héritier de Napoléon III ; il s'est élevé de toutes les poitrines un cri formidable, un cri unanime, celui de : Vive l'Empereur !

L'héritier de Napoléon III s'est alors retourné vers la foule et a dit : « Messieurs, l'Empereur est mort, vive la France ! »

Il faut admirer chez le jeune prince brisé par la douleur, le sang-froid patriotique avec lequel, au milieu de ses larmes, il a su ne songer qu'à son pays et mettre le nom de la France à la place du nom de l'Empereur ; et il faut d'autant plus l'admirer, que toute la politique de notre parti est là, dans ces trois mots. Oui, l'héritier de Napoléon III avait raison, car jamais ces deux noms ne se trouvent séparés dans l'esprit, dans l'âme et sur les lèvres de tous ceux qui conservent pieusement la tradition impérialiste.

Nos prétendants, lorsqu'ils sont en exil et qu'ils attendent l'heure du retour, ne sauraient oublier qu'ils n'ont dû la consécration souveraine qu'à l'assentiment général de la nation. La pensée ne leur viendra donc jamais de s'introduire par la ruse ou par la force, en s'imposant à la France ou en se glissant au milieu d'elle.

Libre à d'autres monarchies de s'appuyer sur des principes, respectables il est vrai, mais qui sont d'un autre temps ! Libre à des républiques de s'installer par surprise, et de vouloir passer du provisoire au définitif sans que le pays donne son opinion sur toutes ces modifications successives.

L'Empire, lui, laissera faire les événements, laissera s'accentuer les besoins, s'imposer les nécessités, et, se bornant pour tout rôle, à défendre son passé calomnié, il attendra tranquillement que chaque parti se soit épuisé en de vains efforts, et que la France, tout entière, revienne à lui pour lui demander le rétablissement de l'ordre qui semble être la mission providentielle des Napoléons.

Oui, nous reviendrons ; oui, l'Empire sera restauré, et cela sans conspirations, sans agitations, sans émeutes, et par la seule impulsion des regrets du peuple se changeant bientôt en espérance.

L'Empire représente la volonté populaire librement exprimée ; l'Empire c'est l'ancienne Assemblée de mai du peuple franc, c'est le plébiscite, la nation tout entière acclamant l'homme de son choix, l'homme issu d'une famille plébéienne, le monarque moderne, enfin, c'est la dynastie qu'elle a choisie pour continuer à travers les siècles le sillon lumineux que tracèrent les autres races aujourd'hui éteintes, et qui est la seule héritière légitime de Clovis, de Charlemagne et de Hugues Capet !

Or le temps n'y fait rien ; l'exil grandit et épure et le peuple se souvient, on le verra !

FIN

TABLE DES MATIÈRES

PAGES

Livre septième. — L'Empire rétabli. — Protestation de M. le comte de Chambord et des réfugiés de Londres et de Jersey. — Reconnaissance de l'Empire par les Puissances. — Mariage de l'Empereur. — Discours de l'Empereur aux grands corps de l'Etat. — Cérémonie solennelle à Notre-Dame. — Composition de la maison de l'Empereur et de celle de l'Impératrice. — Liste civile. — Réalisation des projets de l'Empereur pour activer le travail. — Sociétés de Crédit foncier et mobilier. — Œuvre générale de l'Empereur pour les pauvres, — pour les paysans. — Les chemins de fer. — Œuvre agricole : la Sologne, les Landes. — Œuvre des écoles. — Réformes de M. Fortoul. — Œuvre religieuse. — Transformation de Paris, étudiée et tracée par l'Empereur, et exécutée par M. Haussmann. — Détails authentiques. — Œuvre de l'Impératrice. — Sa générosité, son courage. — Bienfaisance du règne, 90 millions donnés par l'Empereur. — Collaborations politiques de l'Empereur, au Sénat, au Corps législatif, au Conseil d'Etat. — Œuvre économique de l'Empire. — Abolition de l'échelle mobile. — Compensation pour le prix du pain. — Caisse de la boulangerie. — Œuvre morale de l'Empire. — Réglementation du colportage. — Fausses idées de la bourgeoisie sur les crimes politiques. — Réformes des articles 86 et 87 du Code pénal. — Faiblesse de la commission du Corps législatif. — Lutte de la bourgeoisie contre la souveraineté nationale. — Le principe de l'Empire n'est pas bien compris par la génération politique qui le soutient. — Opposition parlementaire. — M. de Montalembert. — L'opposition bourgeoise cantonnée à l'Académie française. — Lettres de M. Berryer et de M. Mocquard. 1

Livre huitième. — Conspirations contre la vie de l'Empereur. — Complots de l'Hippodrome et de Lille. — Attentat de Pianori. — Tibaldi et ses complices. — Tentative d'Orsini. — Complots des Italiens et de Beaury. — Guerre de Crimée. — Bataille de l'Alma. — Mort du maréchal de Saint-Arnaud. — Siège de Sébastopol. — Traité de Paris. — Exposition universelle de 1855. — Naissance du Prince Impérial. — Inondations du Rhône, de la Loire, de la Saône et de l'Allier. — Élections de 1857. 90

Livre neuvième. — Guerre d'Italie (1859). — Batailles de Magenta et de Solférino. — Traité de Zurich. — Annexion de Nice et de la Savoie (1860). — Événements d'Italie de 1860 à 1864. — Convention du 15 septembre 1854. — Guerre de la Chine (1860). — Expédition de Cochinchine (1858-1861). — Expédition de Syrie (1860-1861). — Organisation de l'Algérie. — Guerre du Mexique (1861-1867) — Deuxième expédition de Rome (1867). — Bataille de Mentana 171

Livre dixième. — Situation en 1860. — Politique intérieure. — Réforme économique. Agitation des esprits. — L'Empereur s'ouvre à M. Rouher pour étendre les attributions du Sénat et du Corps législatif. — M. Rouher résiste. — M. Billaut et M. Magne ministres sans portefeuille. — Discussion brillante, mais violente des adresses. — Carrière politique de M. Billault. — Sa mort. — M. Rouher le remplace. — Proposition d'un congrès fait par l'Empereur. — Question des duchés du Holstein et du Schleswig. — La Prusse et l'Autriche les envahissent et se les approprient. — Conférences de Londres. — L'Angleterre propose à la France d'intervenir par les armes en faveur du Danemark. — Hésitation de l'Empereur. — Il se résout un jour trop tard. — Rivalité déclarée de l'Autriche et de la Prusse. — Réserve de la politique française. — Illusion générale sur l'issue de la lutte imminente. — Pourquoi l'Empereur favorise l'union de l'Italie et de la Prusse. — Custozza et Sadowa. — Le Luxembourg. — Etats des esprits en France. — L'opposition pousse à la guerre. — Retrait de l'adresse du Sénat et du Corps législatif. — Droit d'interpellation. — L'Empereur veut faire entrer M. Ollivier au ministère. — Résistance de M. Rouher. — Loi sur la presse. — Discours de M. Granier de Cassagnac. — Incident qu'il amène. — Hésitation de l'Empereur. — Conseil privé. — L'Empereur dit à M. Rouher qu'il le traite en maréchal de France. — Il lui ordonne de soutenir la loi sur la presse. — Elle est votée. — Les sept sages. — Présentation et discussion de la loi sur l'armée. — Le maréchal Niel. — Élections de 1869. — Agitation qui les domine. — Les 116. — M. Rouher offre de résister. — Il donne sa démission. — Formation du ministère du 2 janvier 1870. — Affaiblissement graduel de l'autorité. — Retour des émeutes. — Plébiscite du 8 mai 1870 — Pensée qu'il suggère à l'Empereur. — Incident imprévu qui amène la rupture avec la Prusse. — 15 juillet 1870, et déclaration de guerre 201

www.ingramcontent.com/pod-product-compliance
Lightning Source LLC
Chambersburg PA
CBHW060552170426
43201CB00009B/752